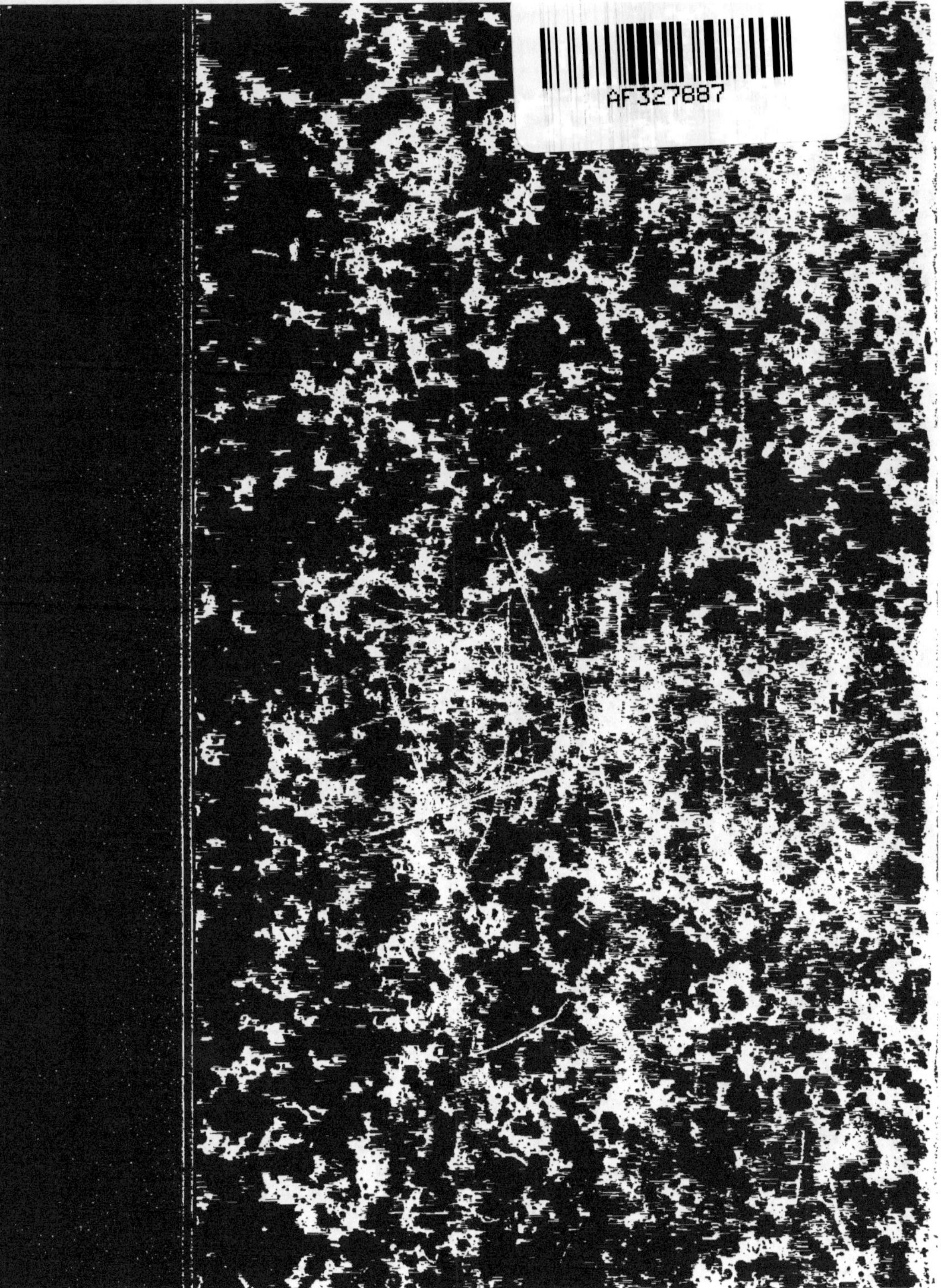
AF327887

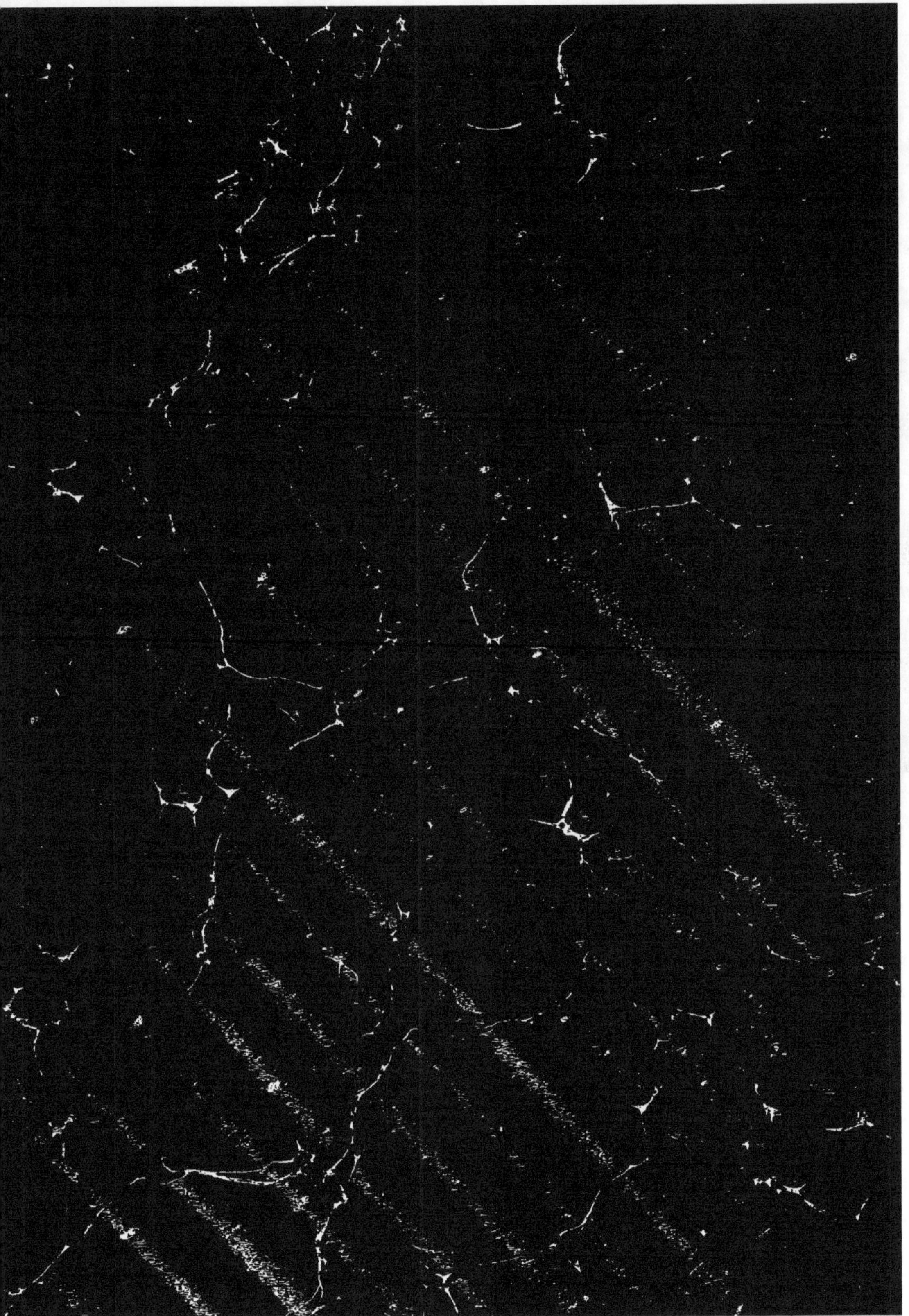

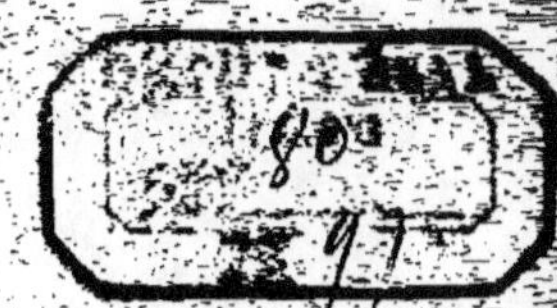

SOUVENIRS MILITAIRES

DU

COMMANDANT PARQUIN

Châteauroux. — Typ. et Stéréot. A. Majesté et L. Bouchardeau.

SOUVENIRS MILITAIRES

DU

COMMANDANT PARQUIN

ÉDITION POUR LA JEUNESSE

AVEC UN AVANT-PROPOS ET DES NOTES HISTORIQUES

PAR

M. PAUL LAURENCIN

ATTACHÉ AUX ARCHIVES DU MINISTÈRE DE LA GUERRE

Illustré de gravures, d'après les tableaux d'Horace Vernet, Gros,

Debret, Raffet, etc.,

et de dessins originaux de M. L. Sergent.

PARIS

LIBRAIRIE D'ÉDUCATION A. HATIER

33, QUAI DES GRANDS-AUGUSTINS, 33

1897

SOUVENIRS MILITAIRES

DU

COMMANDANT PARQUIN

AVANT-PROPOS

En 1803, la jeunesse de France vivait dans une atmosphère de batailles et de gloire qui la passionnait et la transportait, lui faisait voir la carrière des armes comme la plus belle et la plus noble de toutes, lui en cachait les terribles périls. Ainsi que tous ses jeunes contemporains, Parquin (Denis-Charles), né à Paris le 20 décembre 1787, fut saisi de la fièvre, et c'est avec impatience qu'il attendit le moment où son âge lui permettrait de faire partie de ces légions fameuses qui, des Vosges et des Alpes jusqu'aux Pyrénées, n'avaient cessé de s'illustrer, venaient de conquérir la Belgique et la Hollande, avaient donné à la France sa frontière naturelle, la ligne du Rhin, et rendu tributaires la Suisse et l'Italie. Aussi, à peine avait-il atteint sa dix-septième année, que le jeune Parquin, en compagnie d'un ami ardent comme lui, allait à Abbeville s'engager dans le 20ᵉ régiment de chasseurs à cheval. La paix régnait alors sur le continent, à la suite du traité d'Amiens, paix éphémère qu'allait bientôt rompre la haine envieuse de l'Angleterre.

Les Mémoires ou Souvenirs de Parquin commencent à partir du jour de son engagement volontaire, le 1ᵉʳ janvier 1803, et se poursuivent jusqu'à la fin de l'Empire. Nous ne dirons pas ce que fut la vie de ce brave et aventureux soldat, nous ne résumerons pas sa vie militaire que lui-même a si vivement racontée. Nous rappellerons seulement qu'il fut nommé brigadier le 25 octobre 1803, fourrier le 1ᵉʳ mai 1806, maréchal des logis le 2 février 1809, sous-lieutenant le 30 avril 1809, toujours au 20ᵉ régiment de chasseurs à cheval, et, le 27 juin 1813, lieutenant, pour passer au 13e régiment de même arme. Il quittait ce régiment, pour passer au 1er régiment de chasseurs à cheval de la garde impériale, le 10 mars 1813 ; puis, le 21 décembre de la même année, était nommé capitaine au 2e régiment de chasseurs de la garde impériale. Napoléon ayant abdiqué, la garde impériale, réduite dans ses effectifs et devenue la garde royale, le capitaine Parquin se vit désigné pour un emploi de son grade au 11e régiment de cuirassiers ; et enfin, le 6 mars 1816, il passait au régiment des chasseurs du Cantal. C'est là qu'à la chute définitive de l'Empire vint le surprendre la nouvelle de sa mise en réforme.

En 1822, la vie de Parquin, jusqu'alors mouvementée, même agitée, comme celle de tous les officiers du premier Empire que la Restauration avait mécontentés, se calma à la suite de son mariage avec Mlle Cochelet, amie et lectrice de la reine Hortense. Parquin a raconté dans ses Souvenirs sa première rencontre avec cette jeune personne qui, élevée à Écouen par Mme Campan, en même temps qu'Hortense de Beauharnais, belle-fille de Napoléon, était restée son amie intime, même quand Hortense eut épousé Louis Bonaparte, frère de l'Empereur, et fut ainsi devenue reine de Hollande. Le mariage de Parquin et de Mlle Cochelet eut lieu en 1824, au château d'Arenenberg ; le prince Eugène, frère d'Hortense, et marié à une archiduchesse de Bavière, signa au contrat en qualité de témoin de Mlle Cochelet. Les jeunes époux se fixèrent sur les bords du lac de Constance, dans le petit château de Wolfsberg, qu'ils avaient acheté pour rester tout près d'Arenenberg où continuait de résider la reine Hortense. Afin de rester auprès de sa femme et de ses amis, Parquin obtint sa mise en réforme.

Ce calme bonheur ne devait pas durer.

Mme Parquin et la reine Hortense moururent à peu d'intervalle l'une de l'autre, et, de cette union si courte, il ne resta à Parquin, avec le souvenir, qu'une fille, Mlle Claire Parquin, devenue par la suite baronne de Stingel, par son mariage avec un noble bavarois.

Désormais seul, Parquin, aussitôt après la Révolution de 1830, sollicita sa réintégration dans l'armée, et, le 12 septembre suivant, une ordonnance royale le nommait chef d'escadron commandant la compagnie de gendarmerie du Bas-Rhin. Moins d'une année après, le 27 août 1831, il passait au commandement de la compagnie de gendarmerie du Doubs ; mais, le 1er novembre de la même année, obtenait un congé d'une durée indéterminée. Ce congé prit fin le 31 décembre 1835, par la nomination de Parquin à l'emploi de chef de bataillon, avec rang de lieutenant-colonel, dans la garde municipale de Paris.

Mais l'ancien officier des armées de Napoléon était resté l'ami dévoué des châtelains d'Arenenberg : au lit de mort de la reine Hortense, il avait juré de veiller sur le jeune Louis-Napoléon, son fils, qui devait devenir l'empereur Napoléon III. Ce serment, pour son malheur, il le tint trop fidèlement, car, en 1836, à Strasbourg, Parquin prenait part à la tentative du prince Louis, pour fomenter en sa faveur un mouvement militaire. Arrêté, traduit devant la Cour de Paris, constituée en haute cour de justice, il eut pour défenseur son frère, l'avocat Parquin, alors en grand et juste renom, qui le fit acquitter, mais sans pouvoir empêcher sa radiation des contrôles de l'armée. Cet échec avait si peu découragé Parquin, qu'en 1840, lorsqu'à Boulogne le prince Louis essaie de nouveau d'exciter un soulèvement, il se retrouve à ses côtés, et, de nouveau arrêté, ne peut, cette fois, échapper à une condamnation de vingt ans de détention.

Cette peine, c'est dans la prison de Doullens qu'il dut la subir, et c'est pour lutter contre les ennuis d'une claustration et d'une solitude qui devaient paraître bien dures à un tel homme d'action, que Parquin songea à écrire ses Souvenirs. Il les commença à la fin de 1840, et les termina en 1843.

Qui sait ce que l'avenir eût réservé à l'ancien ami des châtelains d'Arenenberg, au compagnon des jours de détresse et des complots aventureux, si Parquin avait pu voir se réaliser son rêve, le retour d'un Napoléon sur le trône de France ? Mais le régime de la prison devait abattre cette robuste constitution : la solitude, l'existence confinée dans une cellule étroite, l'inaction, eurent raison du soldat de l'Empire, et, le 19 décembre 1845, le commandant Parquin mourait, rapidement enlevé par une affection du cœur.

Les Souvenirs de Parquin ont sauvé son nom de ce demi-oubli où il serait resté, comme celui de tant d'autres braves de l'épopée impériale. Ces Souvenirs sont remarquables, non seulement par leur mouvement, leur allure toute militaire et surtout toute française, leur bonne humeur générale, mais aussi par leur exactitude. Les noms que cite Parquin sont bien ceux de ses camarades des 20e et 13e régiments de chasseurs à cheval et des chasseurs de la garde impériale ; les actions qu'il leur attribue sont réellement relatées en regard de leurs noms sur le registre-matricule. Ces faits d'audace et de courage peuvent parfois sembler invraisemblables, mais les documents officiels, écrits au jour le jour, sont là pour affirmer leur réalité, et la véracité de l'écrivain.

P. LAURENCIN.

PREMIÈRE PARTIE

CHAPITRE PREMIER

L engagement volontaire au 20ᵉ régiment de chasseurs à cheval. — Le brigadier Tisse.
— Les armes d'honneur. — Duel d'un brigadier français et d'un colonel autrichien.
— Le voyage du Premier Consul dans le Nord. — Le général trompette. — Le major
Castex. — Parquin est nommé brigadier. — Son premier duel. — Parquin et les sœurs
de l'hôpital. — Étapes en Bretagne. — Le loup du commandant Watrin. — Garnisons
de Versailles et de Paris. — Départ pour la Hollande. — Visite de la reine Hortense.

Le 11 nivôse an XI de la République, correspondant au
1ᵉʳ janvier 1803, je descendais de la diligence de Paris à Abbeville en Picardie, avec un jeune homme de mes amis, M. Fournerat [1].

Après nous être fait indiquer la maison où demeurait
M. Idoux, capitaine-quartier-maître au 20ᵉ régiment de chasseurs
à cheval, en garnison dans cette ville, nous nous rendîmes chez
lui pour contracter un engagement dans ce corps. Ce quartier-
maître nous objecta que le régiment était au grand complet,
que d'ailleurs mon ami n'avait pas la taille pour être admis, et
que moi probablement je n'avais pas l'âge exigé pour contracter
un engagement. J'avais à peine seize ans.

— Vous avez parfaitement raison, lui répondit M. Fournerat,
mais veuillez prendre connaissance de ce mot d'écrit.

Et, en même temps, il lui présenta un billet du colonel
Marigny, que nous avions vu à Paris avant notre départ.

1. M. Louis Fournerat, sur le compte duquel Parquin ne revient plus dans ses
Mémoires, était né, en 1784, à Ancy-le-Franc, dans le département de l'Yonne. Il devint
brigadier en 1805, maréchal des logis-chef le 1ᵉʳ juin 1809, passa au 13ᵉ régiment de
chasseurs en décembre 1811, fit les campagnes d'Espagne, devint sous-lieutenant le
6 septembre 1813, et donna sa démission le 20 mars 1816.

Après la lecture de ce billet, qui était une autorisation de nous admettre, toutes les difficultés furent levées. J'avais cinq pieds six pouces (soit 1 m. 78), et je suis arrivé plus tard à la taille de cinq pieds neuf pouces (1 m. 87). A la rigueur, cette taille pouvait compenser, et bien au delà, ce qui manquait à M. Fournerat pour avoir cinq pieds deux pouces (1 m. 67), minimum de la taille exigée au régiment.

Nous dûmes, pour compléter nos masses [1], verser chacun

vingt-sept francs. C'était un usage de rigueur, et que nous suivîmes à l'instant ; puis un chasseur, de planton chez le quartier-maître, nous conduisit au quartier. Nous avions demandé et obtenu d'entrer dans la 6ᵉ compagnie, commandée par un

1. Somme destinée à pourvoir aux dépenses d'entretien de l'habillement et du harnachement de l'homme.

ami de mon père, le capitaine Lavigne, que nous avions vu à Paris chez le colonel Marigny. Ce capitaine avait promis à mes parents d'avoir soin de moi, et c'est une justice à rendre à sa mémoire, qu'il a tenu parole jusqu'à sa mort, arrivée à la bataille d'Iéna (journée du 14 octobre 1806).

Quand nous arrivâmes au quartier, le régiment était à cheval, en grande tenue, et allait être passé en revue par le commissaire des guerres chargé de la police du régiment. J'admirai, ainsi que mon ami, la beauté de ce corps, qui avait la réputation d'être un des meilleurs de l'armée, et qui venait de faire les belles campagnes de Moreau, sur le Rhin. Le général Richepanse, qui comptait dans sa brigade les 11° et 20° chasseurs à cheval, ne manquait jamais de dire, en abordant l'ennemi, qu'avec le numéro 31 il gagnait partout.

Voici la tenue du régiment : les chasseurs avaient pour coiffure un shako de drap noir, d'une forme élégante, surmonté d'une flamme de drap aurore qui se terminait en pointe. Cette flamme déployée, avec le plumet noir et rouge sur le shako, annonçait la grande tenue. On portait la queue à quatre pouces (dix à onze centimètres) de chevelure, un pouce (vingt-sept millimètres) couvert par un ruban de laine noire, et un pouce dépassant la queue. Deux longues et fortes tresses pendaient le long des joues, et étaient terminées par un petit morceau de plomb en ruban. La chevelure et les tresses étaient pommadées et poudrées. Le dolman vert, parements et passe- poils aurore, tresse en laine blanche et à cinq rangs de boutons bombés ; le pantalon hongroise, tresse également en laine ; les bottes à la hussarde, plissées sur le cou de pied ; une ceinture vert et aurore, large de huit pouces, avec glands de même couleur. Enfin des gants à la crispin complétaient ce brillant uniforme. Chaque chasseur avait la sabretache pendante environ de deux pieds (soixante et un centimètres) au côté gauche et soutenue par trois courroies au ceinturon du sabre. Cette sabretache servait aux chasseurs pour y mettre les lettres qu'ils portaient lorsqu'ils étaient d'ordonnance, et leur mouchoir quand ils en avaient un.

Le régiment était parfaitement monté. Le premier escadron avait des chevaux noirs, le deuxième escadron des chevaux bais, le troisième escadron des chevaux alezans ; enfin le quatrième escadron, les trompettes et la musique avaient des chevaux gris.

Mon ami et moi nous étions ravis de faire partie d'un corps aussi beau. C'était la musique, surtout, il faut que je le dise, qui nous transportait.

— Une seule chose me chagrine, dis-je à mon ami, c'est d'avoir les cheveux coupés à la Titus.

— C'est vrai, me répondit-il, mais ils pousseront avec le temps, et dans six mois nous pourrons porter la queue comme ces magnifiques chasseurs. L'expérience a prouvé qu'il nous fallait une année.

Le brigadier de notre escouade nous conduisit le lendemain au magasin du capitaine d'habillement, où l'on nous délivra notre uniforme au grand complet. Puis, quand nous fûmes de retour au quartier, ce brigadier dit à l'oreille de Fournerat que l'habitude de chaque recrue, en entrant au régiment, était de graisser la marmite de l'escouade où elle mangeait (la recrue, bien entendu). Mon ami et moi nous donnâmes chacun un louis de vingt-quatre francs, pour être employé à acheter un supplément de viande. C'est ainsi que se payait la bienvenue. Le brigadier nous remercia de notre générosité, et après cet acte nous fûmes classés parmi les bons vivants de la compagnie.

L'état militaire est un rude métier à apprendre, surtout dans la cavalerie. Il est vrai qu'on est récompensé d'un apprentissage rigoureux lorsqu'on a acquis un grade honorable ; mais il faut être doué d'une certaine vocation pour traverser sans trop de peine les premiers moments de cet apprentissage. Je serai cru, je l'espère, quand je dirai que j'avais un goût prononcé pour l'état militaire.

Le maréchal des logis-chef de la compagnie était un homme d'une jolie tournure, âgé de vingt à vingt-deux ans ; on le disait enfant de troupe, beau et bon militaire, sévère mais juste. Il est arrivé par la suite au grade de maréchal de camp ; et certes il ne se serait pas arrêté là, si la Restauration ne l'avait laissé dix-neuf ans lieutenant-colonel en demi-solde. M. Lacour[1] — c'était

---

1. Né à Paris en 1776. Était maréchal des logis-chef depuis le 2 avril an X.

son nom — me prit en amitié, et je puis dire que c'est lui qui m'a fait soldat.

Il y avait un mois que j'étais à la compagnie, quand, un dimanche, ce maréchal des logis-chef, passant la revue préparatoire d'inspection, s'arrêta devant moi, et, après m'avoir toisé de la tête aux pieds :

— Parquin, me dit-il, vous avez une belle tenue, vos armes sont en bon état, vous les maniez bien, mais vous n'êtes pas soldat... Ayez un regard assuré, fixez-moi jusque dans le blanc des yeux, faites-moi trembler, si vous pouvez ;... vous êtes sous les armes.

Je lui obéis à l'instant, et depuis il n'eut plus l'occasion de me faire une pareille leçon.

J'avais pour brigadier de chambre un nommé Tisse, qui avait reçu pour sa bravoure une carabine d'honneur. Il avait, lui second, délivré trois cents fantassins français, et fait prisonniers deux compagnies de grenadiers hongrois, qui les escortaient. Je me suis souvent fait expliquer ce fait d'armes, qui était transcrit sur sa carabine tel que je viens de le rapporter. Ici je laisse raconter au brigadier Tisse son exploit :

— A la bataille de Hohenlinden [1], gagnée par Moreau, disait-il, j'étais resté toute la matinée en arrière, pour faire ferrer mon cheval par Robin, maréchal ferrant de la compagnie. Lorsque nous fûmes rejoindre le régiment, nous nous égarâmes dans la forêt, où nous marchions dans la direction que nous indiquait le bruit de la fusillade et du canon.

Étant parvenus à l'une de ces prairies si fréquentes dans les grandes forêts de l'Allemagne, et qui fournissent la pâture au nombreux gibier de toute espèce que recèlent ces forêts, nous aperçûmes (sans être vus) environ trois cents de nos compatriotes désarmés et conduits par les kainserlitz [2]. Une inspiration nous vint aussitôt ; nous mîmes nos chevaux au galop, et nous nous précipitâmes sur cette colonne en déchargeant nos pistolets aux cris de : « En avant ! en avant ! en avant ! par ici ! pas de pri-

---

1. Hohenlinden, village de Bavière ; la bataille fut livrée et gagnée le 3 décembre 1800. C'est l'une des plus belles et des plus décisives des victoires modernes.

2. Surnom que les soldats donnaient aux Autrichiens.

sonniers ! » etc. — L'ennemi, surpris, se croyant tombé dans une embuscade, s'arrêta, hésita à tirer ; nos Français sautèrent sur leurs fusils, s'en emparèrent, et dans un instant les rôles changèrent ; les fantassins conduisirent les Hongrois prisonniers au quartier général, guidés par Tisse et Robin. Ce dernier était appelé au régiment, depuis cette époque, Robin des Bois.

Il y avait au corps plusieurs armes d'honneur. Le capitaine Lavigne en avait gagné une pour avoir, lors de la retraite de Moreau (à l'armée du Rhin), commandé toute une journée, lui simple capitaine, le régiment, et avoir réussi par d'habiles manœuvres et des charges faites à propos, à le dégager d'une position presque désespérée, rendant ainsi un grand service à l'armée.

Quant au capitaine Kermann, qui commandait la 3e compagnie du régiment, et qui avait aussi un sabre d'honneur, la simple demande de cette arme, faite par le colonel Lacoste qui commandait alors le régiment à l'armée du Rhin, donne la plus juste idée de la bravoure de cet officier.

Cette demande était ainsi conçue :

« Le brave capitaine Kermann[1] a tellement usé son sabre à frapper l'ennemi, que le Gouvernement ne peut se dispenser de lui en donner un autre. »

— Accordé, fut la réponse du Premier Consul.

Je ne dois pas omettre de dire ici que toute arme d'honneur valait double solde à celui qui l'avait obtenue[2].

On citait aussi, parmi les braves du régiment, un brigadier de la compagnie d'élite qui, étant trompette alors et seulement âgé de quinze ans, avait fait prisonnier un dragon de la Cour, un colosse ! Ce trompette, étant un jour avec les tirailleurs, arriva sur ce dragon sans en être aperçu, et lui mettant son pistolet sur la gorge : — Prisonnier ou mort ! lui cria-t-il.

Le dragon, à ce langage énergique, rendit son sabre et fut fait prisonnier. Lorsqu'il arriva au peloton chargé de soutenir les tirailleurs, les chasseurs se mirent à rire et à se moquer de ce dragon, un hercule qui s'était fait prendre et désarmer par

---

1. Kermann (François-Antoine), né, le 4 octobre 1768, à Bischoffheim (Bas-Rhin), avait débuté comme hussard au régiment Colonel-Général, en 1785.

2. Sous la République, les armes dites d'honneur avaient remplacé les anciennes distinctions honorifiques, pour récompenser les actes de valeur.

un enfant. L'Autrichien changea tout à coup de langage :

— Je n'ai pas été pris, j'ai déserté, dit-il.

— Comment, Henri, tu ne l'as donc pas fait prisonnier ? dirent les chasseurs du régiment.

Mais le trompette, pour toute réponse, s'adresse au dragon et lui dit :

— Ah ! je ne t'ai pas fait prisonnier ! eh bien, monte à cheval, voilà tes armes ; je vais te reprendre, puisque la première fois ne compte pas, à ce qu'il paraît !

Ce que voyant, les chasseurs du régiment ne voulurent pas que le combat recommençât, et l'Autrichien resta dûment prisonnier.

Je me liai d'amitié avec le brigadier Henri. Il était de mon âge, et me donna de bons conseils : ce fut à la salle d'armes que je fis sa connaissance. Sa mort, qui eut lieu quand il était officier au régiment, à la bataille de Raab, en Hongrie (1809), a été un véritable deuil pour le corps.

Parmi les crânes du régiment, on citait également le brigadier Popineau [1], qui avait gagné une carabine d'honneur à Lambach, lors de cette fameuse retraite sur le Rhin, par la Forêt-Noire, opérée si miraculeusement par le général Moreau : Popineau avait rappelé par un beau fait d'armes le temps de la chevalerie.

Le colonel Schwartz commandait un corps de six cents hussards de l'armée du prince Charles, et ce corps était composé de l'élite des troupes autrichiennes, car il avait la faculté de se recruter dans toute l'armée parmi les meilleurs cavaliers. Ce colonel avait carte blanche. Il chagrinait l'arrière-garde de l'armée française, enlevait les convois, coupait la colonne de route, délivrait les prisonniers, attaquait quand il trouvait une belle occasion, marchant la nuit plutôt que le jour ; enfin, c'était un terrible chef de partisans. Il avait eu plusieurs rencontres avec le régiment, et souvent ses hussards avaient eu à éprouver la rare bravoure du capitaine Kermann. Comme il avait entendu parler de

---

1. Popineau (François), né en 1776, à Pierre-Gaillard (Cher). Enrôlé volontaire le 14 brumaire an II (4 novembre 1793), membre de la Légion d'honneur le 27 frimaire an XII (17 décembre 1803), admis à la pension de retraite le 10 avril 1810.

ses brillants faits d'armes, il lui prit un jour la fantaisie de se mesurer avec lui. S'étant présenté en parlementaire devant le régiment, il y appela le capitaine Kermann en combat singulier au sabre. Il lui fut répondu que le capitaine, blessé d'un coup de feu la veille, au bras droit, était à l'ambulance.

Le colonel Schwartz, après la bravade qu'il venait de faire, avait tourné son cheval pour aller rejoindre les siens, lorsque le brigadier Popineau, de la compagnie Kermann à cette époque, mais passé plus tard à la compagnie d'élite lors de sa formation, mit son cheval au galop, et arriva en face du colonel en s'écriant :

— Mon capitaine a reçu hier un léger coup de feu qui le met hors de combat. Il regrettera beaucoup la partie que vous lui offrez ; mais si vous voulez vous mesurer avec son brigadier, je suis prêt à vous rendre raison.

— Ton audace me plaît, dit le colonel Schwartz en dégainant.

Ces paroles étaient à peine prononcées, que les deux champions faisaient voltiger leurs chevaux et leurs sabres autour l'un de l'autre. Une parade de Popineau arriva à temps pour le préserver d'un coup de sabre de son adversaire, qui reçut à l'instant, par une prompte riposte, un vigoureux coup sur la figure.

— Allez vous faire panser à l'ambulance, colonel, dit le brigadier, et, quand vous serez guéri, je vous donnerai votre revanche à pied, devant le régiment, où je vous tuerai pour vous apprendre à vivre.

Popineau était le premier maître d'armes du régiment.

— Je ne me bats jamais deux fois avec le même individu, dit le colonel Schwartz en se retirant.

— Soit, dit Popineau, en essuyant la lame de son sabre, et il rentra dans le rang.

Cette action, qui se passait, comme on l'a dit, en présence de tout le régiment, et d'autres faits d'armes non moins honorables, valurent au brigadier Popineau une carabine d'honneur.

Il y avait aussi un maréchal des logis de la compagnie d'élite du régiment, nommé Filhart, qui avait reçu un sabre d'honneur à l'armée du Rhin. Je ne me rappelle pas exactement l'action d'éclat qui lui valut une distinction aussi honorable. M. Filhart était un très brave militaire, qui devint chef d'escadron au 20ᵉ chasseurs, et officier de la Légion d'honneur. Il prit sa retraite après la désastreuse campagne de Russie, dans laquelle il avait eu les pieds gelés.

La France, au commencement de l'an XI de la République (1803), était en paix avec l'Europe ; mais il était facile de prévoir que l'Angleterre, qui se disait froissée dans ses intérêts commerciaux, ne tarderait pas à rompre le traité d'Amiens [1]. Aussi le Premier Consul vint-il faire, à cette époque, la visite des côtes de l'Océan, et choisir l'emplacement de Boulogne, où s'établit, une année plus tard, cette armée qui devait effectuer la descente en Angleterre. Tout le monde sait les causes qui empêchèrent la descente d'avoir lieu, et rendirent cette magnifique armée si fatale aux Autrichiens et aux Russes, dans la célèbre campagne d'Austerlitz (1805).

Le 1ᵉʳ juin 1803, le régiment reçut, à l'improviste, l'ordre de monter à cheval pour former des correspondances sur la route et servir les escortes depuis Amiens jusqu'à Saint-Valéry et au delà. Le Premier Consul vint coucher dans la maison du maire à Abbeville, et je fus commandé de piquet à pied, pour être de garde près du général Bonaparte. Je me rappelle encore avec quel bonheur, quelle fierté, je faisais faction au dehors de l'appartement qu'il occupait, et combien je fus heureux du salut que me fit le Premier Consul en entrant dans son appartement, lorsque je lui présentai les armes. J'étais bien loin de m'attendre alors que, dix ans après, je serais fait capitaine aux guides de l'Empereur. Eh bien, je ne crois pas j'aie jamais eu un moment plus beau que celui que je passai en faction à la porte de l'homme qui déjà attirait les regards de toute l'Europe.

Dans le voyage que fit le Premier Consul, les arcs de triomphe se succédaient partout, et je me rappelle encore que, le 1ᵉʳ juillet 1803, lorsque nous partîmes d'Abbeville pour aller tenir garnison à Caen, nous lûmes à Rouen les vers suivants, qui décoraient l'arc de triomphe élevé dans cette ville pour son passage :

> Diogène, jadis, sa lanterne à la main,
> Cherchait partout un homme, et le cherchait en vain :

1. Signé le 27 mars 1802, entre la France et l'Angleterre.

> Le Cynique ne put en mettre un sur sa carte,
> Et, les larmes aux yeux, rentra dans son tonneau...
> Mais qu'eût-il fait, s'il eût rencontré Bonaparte ?
> Le philosophe alors eût éteint son flambeau !

Certes le grand Corneille, poëte que l'Empereur eût fait prince, s'il eût vécu sous son règne [1], n'aurait pas renié ces vers d'un compatriote venu deux siècles après lui.

A notre arrivée à Caen, nous y remplaçâmes le 10e régiment de dragons. Ce régiment n'était pas en de bons termes avec la jeunesse de cette ville, jeunesse très turbulente et s'adonnant alors beaucoup à tous les exercices des armes. On y comptait plus de cent maîtres d'escrime.

Le 43e régiment d'infanterie, qui était aussi en garnison dans cette ville, avait eu beaucoup de duels, et ce régiment, attaqué de toutes parts, s'était vu obligé de sortir des murs de la ville. Le ministre de la guerre remplaça le colonel de ce corps, et plusieurs jeunes gens de la ville, impliqués dans cette affaire, furent sévèrement punis. D'après les ordres du Premier Consul, le 43e régiment fit sa rentrée, tambours battants et enseignes déployées; une députation de la ville fut le chercher en dehors des portes.

Nous arrivions sur ces entrefaites. Le colonel Marigny, qui aimait beaucoup les jeunes gens, fit donner un assaut d'armes où toute la jeunesse de Caen fut invitée, ainsi que les maîtres de la garnison.

Ce fut au café Labassée, sur la promenade, dans un très beau local, que l'assaut eut lieu. Une circonstance, quoique malheureuse, contribua à ce que les Caennais nous prissent immédiatement en amitié. Un terrible incendie s'était déclaré inopinément dans un des villages près de la ville. Le général Laroche, commandant la division, apprit cette nouvelle au moment où il se rendait à l'assaut; en passant près du quartier de cavalerie qu'occupait le régiment, il entra aussitôt dans le corps de garde, en criant :

— A cheval ! à cheval ! un village brûle !

Et s'adressant au maréchal des logis de garde :

---

1. Allusion à une parole de l'Empereur, lors d'une visite à Rouen.

— Où est le trompette de service ? dit-il.

— Mon général, je lui ai donné la permission d'aller manger sa soupe à son escouade.

— Où est sa trompette ?

— Elle est au râtelier des armes, la voici.

Le général, se saisissant à l'instant de l'instrument, sonna le boute-selle au milieu du quartier. Cette sonnerie fut répétée aussitôt par tous les trompettes du régiment, et en peu de minutes le régiment fut à cheval. Il faut que je dise ici que le général Laroche avait été trompette dans son jeune âge, et qu'il n'avait pas oublié son ancien état.

Le régiment se trouvant réuni, le général Laroche se mit à sa tête, et se porta au galop sur le village où l'incendie s'était déclaré, y apporta de prompts secours, et sauva les maisons qui n'avaient pas encore été atteintes par le feu. Grâce à cette activité, les pertes ne furent pas considérables, comme elles l'auraient été infailliblement dans un pays où la plupart des maisons étaient alors couvertes en paille.

La belle conduite du régiment dans cette circonstance, et l'assaut très brillant qui eut lieu, nous réussirent parfaitement. Non seulement la jeunesse rendit un assaut aux maîtres, mais elle y ajouta un punch énorme qui cimenta la bonne intelligence. Ces bons rapports continuèrent pendant le peu de temps que nous passâmes à Caen, et plusieurs jeunes gens de famille, très riches, de cette ville, s'engagèrent au régiment, où non seulement ils fournirent leurs masses, mais s'équipèrent et se montèrent à leurs frais.

C'est ainsi que MM. de Gonneville, de Vomel, d'Infreville et Lethermillier entrèrent chasseurs au régiment. Le premier de ces messieurs est devenu colonel, chargé des remontes à Haguenau en 1830 ; le deuxième et le troisième ont trouvé une mort glorieuse devant l'ennemi, et le dernier est mort en garnison, colonel d'un régiment de cavalerie légère.

Nous ne restâmes que deux mois à Caen, et lorsque, le 1er septembre, nous en partîmes, nous fûmes escortés par la jeunesse à une lieue hors de la ville. Ces jeunes gens nous recommandèrent leurs compatriotes, qui, comme on le voit, ont fait leur chemin.

Nous passâmes par la ville de Bayeux, où nous couchâmes le soir. C'est un pays fort réputé pour ses belles femmes, et il faut lui rendre justice : c'est là que sont les belles Normandes. Nous continuâmes notre route par Avranches, Coutances, etc. Enfin, nous arrivâmes à Rennes, le 10 septembre, pour y laisser le dépôt, sous les ordres du gros major Castex, qui venait d'arriver au régiment[1].

Cet officier supérieur, qui était parvenu, de simple soldat qu'il était au 24ᵉ chasseurs à cheval, au grade de gros major à notre régiment (ce grade équivalait alors à celui de lieutenant-colonel d'aujourd'hui), cet officier, dis-je, était fanatique de son état. Il ordonnait que les classes montassent à cheval, l'hiver, dès quatre heures du matin jusqu'à dix heures du soir. Il avait fait placer au manège des lanternes qui donnaient de la lumière comme en plein jour. Le major y montait lui-même souvent un jeune cheval à lui, qu'il appelait *Breton*, et qu'il voulait absolument dompter, d'autant plus qu'il était fort bon écuyer. Un jour, le capitaine instructeur lui faisait observer que l'animal ombrageux qu'il montait était effrayé par les lanternes, et qu'un malheur pouvait arriver.

— Un major, répondit M. Castex, ne va pas à l'armée ; il doit être tué dans un manège. C'est mourir à son poste, que mourir ainsi.

Il prononçait ces paroles avec un accent gascon qui leur donnait une si singulière expression, que personne ne pouvait retenir un sourire.

La première fois qu'il vit l'ennemi avec le régiment, à la bataille d'Iéna (14 octobre 1806), il fut fait colonel. Nous verrons plus tard l'action brillante qui lui valut ce grade. A la bataille d'Eylau, le 7 février 1807, il fut fait officier de la Légion d'honneur ; à la bataille de Friedland, il devint commandeur, baron de l'Empire, et fut doté de quatre mille francs ; à la bataille de Wagram, il gagna ses épaulettes de général. Dans la malheureuse campagne de Russie, en 1812, il fut fait lieutenant général ;

---

1. M. Castex (Bertrand-Pierre, vicomte), né à Pavie (Gers), le 29 juin 1771, avait été élu maréchal des logis aux chasseurs du Gers, le 15 juillet 1792 ; nommé sous-lieutenant au 24ᵉ régiment de chasseurs, le 18 août 1793. Il mourut à Strasbourg, le 19 avril 1842.

en 1813, dans la campagne de Saxe, il passa avec ce grade au régiment de grenadiers à cheval de la garde, comme gros major ; et enfin, dans la campagne de France, il fut fait grand officier de la Légion d'honneur. Sous la Restauration, il fut nommé vicomte, et eut le commandement de la cinquième division militaire, où il resta jusqu'à la révolution de Juillet, à laquelle il ne prit point part. Peu de militaires poussèrent plus loin leur avancement ; mais certes aucun ne surpassa en connaissances et en bravoure notre intrépide major Castex.

Le 1er mai 1804, le major Castex me fit venir chez lui pour m'annoncer que j'étais fait brigadier, sur la demande du capitaine Lavigne, et que je serais reçu le lendemain dimanche, à la parade. Il me dit, en outre, que je ferais partie, en cette qualité, d'un détachement qui allait rejoindre les escadrons de guerre détachés sur les côtes de l'Océan. Ma compagnie se trouvait à Lannion, et servait la correspondance entre cette petite ville et Morlaix. C'était à Brest que se trouvait le quartier général du général Augereau [1], commandant en chef l'armée de l'Océan. Le colonel Marigny, l'état-major et le premier escadron étaient à Saint-Brieuc ; le reste du régiment était disséminé sur la route de Rennes, pour correspondre avec le major Castex, qui, comme on l'a vu, commandait le dépôt à Rennes.

Le 15 mai, à mon arrivée à la compagnie à Lannion, je fus très bien accueilli ; mais je dus payer un dîner, à l'hôtel de l'Arbre-Vert, à mes nouveaux camarades, les brigadiers de la compagnie, pour arroser mes galons. Huit couverts à trois francs par tête, c'est-à-dire un dîner de vingt-quatre francs, me mit très bien avec mes nouveaux camarades, qui me promirent leur amitié, et ils tinrent parole. Mais je ne tardai pas à m'apercevoir que mes galons m'avaient fait des jaloux dans la compagnie.

Un mois après mon arrivée, me trouvant de service, je passais l'inspection dans les chambres ; j'aperçus au râtelier d'armes un sabre qui n'était pas dans l'état de propreté voulue, j'en fis le reproche au chasseur Hayer à qui il appartenait. Il me répondit qu'il n'y avait qu'un *blanc-bec* qui trouvait à redire à un ancien, et

---

1. Fait duc de Castiglione quand Napoléon créa une noblesse impériale, Augereau avait puissamment contribué à la victoire de ce nom, remportée le 5 août 1796.

que si je voulais essayer mon sabre contre le sien, il me prouve-
rait qu'il était meilleur.

A cette provocation inattendue, au lieu de punir le chasseur
de quatre jours de salle de police, comme j'aurais dû le faire, je
répondis en acceptant le défi, et un quart d'heure après j'étais sur
le terrain. Mon adversaire ne se fit pas attendre, et le duel eut lieu
aussitôt. Après avoir échangé plusieurs coups de sabre qui furent
portés et parés de part et d'autre, je me fendis à fond et je portai
à mon adversaire un coup de pointe qui traversa sa chemise sous
le bras droit. Le malheur voulut qu'en me retirant, pour me
remettre en garde, le chasseur Hayer m'atteignît sur le pied ;
j'étais en souliers, et je reçus au cou-de-pied une blessure profonde, d'où le sang jaillit en abondance. Je tombai sur le terrain,
où quatre chasseurs vinrent me prendre pour me porter à l'hôpital civil de Lannion, desservi par les Sœurs de la charité. —
Recevez ici, sœurs hospitalières, l'expression de la reconnaissance que j'ai vouée à votre ordre, pour tous les soins que vous
m'avez donnés.

La blessure que j'avais reçue était d'une nature très sérieuse,
et j'aurais pu subir l'amputation ou devenir boiteux toute ma vie.
Mon excessive jeunesse et la pureté de mon sang me sauvèrent.

Le chirurgien de l'hôpital plaça ma jambe entre deux draps de
lit le plus fortement roulés possible, après avoir mis mon pied sur
une planche, afin de le redresser et de faciliter la ligature des nerfs
et des muscles, si nombreux dans cette partie du pied. J'ai dû rester six semaines sur le dos, sans bouger. On peut penser combien
j'ai souffert dans cette position. Le temps de lever l'appareil étant
venu, ma blessure se trouva dans le meilleur état possible, et le
docteur m'assura que je ne boiterais pas ; mais il fallait que je
restasse encore un mois à l'hôpital. Pour rendre la force aux nerfs
du pied, j'allais, tous les jours que le boucher de l'hôpital tuait
un bœuf ou une vache, recevoir sur ma blessure le sang que
répandaient ces animaux. Ce remède, que je continuai même
après ma sortie de l'hôpital, me réussit parfaitement. Enfin, en
quelques semaines, je fus guéri, et je pris mon billet de sortie.

A mon arrivée au quartier, je fus parfaitement accueilli par
mes camarades, mes chefs et les chasseurs de la compagnie,

parmi lesquels mon adversaire fut un des premiers à venir me demander de mes nouvelles.

Comme il me présentait des excuses fort comiques, je lui dis en souriant :

— Si vous aviez fait cela avant le combat, je n'aurais pas été deux mois et demi à l'hôpital, et vous quinze jours en prison. Mais, comme on ne peut revenir sur le temps passé, voici ma main ; n'y pensons plus.

Il parut très reconnaissant de ma manière d'agir avec lui, et j'ai su depuis que ma conduite m'avait fait honneur dans la compagnie. Cependant, je n'échappai pas à une verte réprimande de la part du capitaine, à qui j'allai faire visite le lendemain matin. Il me dit que si je n'eusse pas tant souffert de ma blessure, il m'infligerait quinze jours de prison ; car je méritais la même punition que le chasseur Hayer, pour avoir tiré le sabre avec lui, mon inférieur. Ensuite il s'informa avec intérêt de ma santé, et me donna un louis. C'était le quartier de la pension que me faisait mon père. Ce n'était pas beaucoup, mais mon père, sans être pauvre, n'était pas riche ; il vivait de son travail dans le commerce d'épicerie, de droguerie et de bois des Iles. Il avait une nombreuse famille à élever : nous étions sept enfants. Ma mère, qui a eu le rare bonheur de conserver une bonne santé jusqu'à sa mort, à l'âge de quatre-vingt-trois ans, avait beaucoup d'influence sur mon père, et n'avait jamais consenti à ce que je fusse militaire : selon elle, j'avais embrassé un état de fainéant. Le lecteur verra si cet état, dans ce temps-là, devait être taxé ainsi.

Quant à mon maréchal des logis-chef, il me dit avec affection, en me serrant cordialement la main :

— Parquin, vos galons vous ont coûté cher ; vous vous êtes bravement battu ; dorénavant vous ne vous exposerez pas à de pareils désagréments. D'ailleurs j'y mettrai bon ordre, ajouta-t-il en se retirant.

M. Lacour ne pouvait pas me faire le reproche que le capitaine Lavigne [1] m'avait justement adressé. Tout le régiment

1. Lavigne (François-Laurent), né le 1er avril 1763, à Piscop (Seine-et-Oise), dragon au régiment Colonel-Général ; capitaine le 11 vendémiaire an IV, et officier de la Légion d'honneur ; tué à Iéna.

avait eu connaissance de son duel, à Abbeville, lui maréchal des logis-chef, avec un fourrier du régiment nommé Jary. Cette affaire est assez curieuse pour que je la rapporte ici.

Le fourrier était un jeune homme de beaucoup d'esprit, mais d'un esprit très caustique. Le jeu de billard, jeu auquel l'un et l'autre étaient également forts, amena une discussion. Ils en vinrent à vider leur différend sur le terrain. Le fourrier Jary[1] était très brave, le maréchal des logis-chef ne lui cédait en rien sur cet article, mais il lui était bien supérieur sur les armes; aussi n'avait-il accepté le duel que le fourrier lui avait proposé, que pour lui donner une leçon en lui laissant la marque de ce duel sur la figure. Quand ils furent en garde, le maréchal des logis-chef porta à son adversaire un coup de sabre sur le pied. Ce n'était qu'une feinte ; et tandis que le fourrier arrivait à la parade, il lui rasa la figure avec la lame de son sabre. La pipe que le fourrier tenait à sa bouche vola en éclats. Aussitôt le fourrier s'arrêta, et, du ton le plus sérieux du monde, il dit aux témoins :

— Messieurs, je remets le combat à demain, et j'aurai soin de me munir d'un casque ; car Monsieur que voilà est un grand maladroit qui finirait par me crever un œil.

Cette plaisanterie fit pouffer de rire tout le monde. La bonne harmonie régna à l'instant, et les deux combattants s'embrassèrent.

A la bataille d'Eylau le fourrier Jary eut la tête emportée en fumant la pipe, et je suis sûr que, s'il avait pu parler, il aurait dit que c'était une plaisanterie de fort mauvais goût.

Mais revenons au quartier. Je fus étonné d'y remarquer deux pièces de quatre et deux caissons que je n'avais pas vus la veille.

— C'est de l'artillerie arrivée ce matin, me dit un de mes camarades ; le régiment va apprendre l'exercice à feu d'artillerie.

Et il m'annonça qu'il était alloué quatre sous par jour à chaque chasseur, pour la solde de cet exercice ; je m'en réjouis, comme tous mes camarades.

---

1. Jarry (Étienne-Edme), né le 11 décembre 1795, à Versailles. Entré au service le 3 fructidor an VII, et maréchal des logis-chef le 16 germinal an XIII : fait prisonnier de guerre en 1808, et rayé des contrôles le 20 juin 1809, comme n'ayant plus donné de ses nouvelles.

Le capitaine m'ayant exempté de service pendant un mois, je n'eus qu'à soigner mes armes et à blanchir mes buffleteries, qui en avaient grand besoin à la sortie du magasin, où ces effets avaient été enfermés pendant mon absence. Mais je trouvai dans un très bon état mon cheval, dont un de mes amis avait pris soin pendant que j'étais à l'hôpital.

Du jeudi, jour de ma sortie de l'hospice, au dimanche, jour de mes visites futures dans la rue de Kérempont, le temps me parut long. Le jour désiré arriva enfin. Depuis que j'étais brigadier, j'avais obtenu de mon capitaine la permission de me faire confectionner à mes frais un uniforme de drap fin. Sur mon dolman figuraient mes galons, qui auraient dû être en laine, et qui étaient en poils de chèvre très blancs. Les cinq rangs de tresse du dolman étaient aussi en poils de chèvre au lieu d'être en laine. La hongroise de drap fin et des bottes légères et bien faites auraient dû compléter ma tenue ; mais ma blessure ne me permettait pas de sortir avec des bottes. Je pris donc des souliers, et je dus à mon grand regret laisser là ma hongroise, et sortir en pantalon de cheval de drap fin. Mes cheveux, depuis dix-huit mois que j'étais au régiment, avaient poussé ; je portais donc la queue et les tresses, pommadées et poudrées à l'uniforme du corps ; mais, ô douleur ! mes moustaches s'étaient obstinées à ne pas sortir, malgré les invitations réitérées du rasoir.

Lorsque j'arrivai à l'hospice, j'y causai un véritable événement. Le portier, les infirmiers, Michel surtout, furent surpris et enchantés de me voir, et me témoignèrent un intérêt auquel je fus sensible. Je les remerciai et me dirigeai vers le logement de la supérieure. Lorsque j'entrai chez elle, elle jeta un grand cri, se pendit à la sonnette, et les cinq sœurs de l'hospice ne tardèrent pas à venir et à m'entourer. La supérieure me fit asseoir. Tout le monde s'informa avec intérêt de ma santé, de ce que j'avais fait depuis ma sortie de l'hôpital. Ces bonnes sœurs insistaient surtout pour savoir si j'avais fait la paix avec le chasseur contre lequel je m'étais battu.

— Vous savez qu'il est mal de ne pas aimer son prochain, me disaient-elles avec cette admirable naïveté des cœurs religieux.

— La paix est faite, repris-je ; mais je ne l'ai pas pris pour mon ami, car il n'a jamais été qu'un camarade avec lequel je désire vivre en paix.

J'eus une longue conversation à soutenir avec ces excellentes sœurs. J'aurais fait, je crois, un voyage de long cours, que je n'aurais pas été le sujet d'une plus grande curiosité. Toutes les femmes, même les religieuses, ne sont-elles pas les filles d'Ève ?

Aussi, au bout d'une heure, je ne pus résister davantage, et je me levai pour prendre congé, prétex-

tant que le service, dont j'étais esclave, me rappelait au quartier. Aussitôt les sœurs de sortir, de courir pour revenir avec des bonbons, des massepains, du chocolat et un pot de confitures, qu'elles me forcèrent d'accepter ; car, voyant que je voulais les refuser, elles me mirent elles-mêmes dans la sabretache les pâtisseries et les bonbons.

— Mes sœurs, leur dis-je, vous me traitez comme Vert-Vert : les nonnes du couvent de Nevers n'ont pas fait plus pour lui, mais vous savez ce qu'il en arriva : il en mourut.

— Voici un élixir de longue vie, me dit la supérieure en me présentant un verre de vin de Malaga.

— A votre santé, mes sœurs ! dis-je en le vidant ; que Dieu vous accorde une longue suite d'années, pour le bonheur de l'humanité.

Ce toast me valut des remerciements sans fin.

J'étais fort embarrassé pour placer le pot de confitures ; mon habillement ne comportait pas de poches. Je sortis mon mouchoir de fine toile de ma sabretache, j'en enveloppai le pot et je le tins de la main droite. Heureusement que je n'avais pas loin à aller pour le déposer. Ma visite à l'hôpital avait pris plus de temps que je ne voulais en donner ; cependant les sœurs paraissaient si heureuses et si contentes de me voir, que je me reprochais presque de ne pas faire durer ma visite plus d'une heure.

Dans la compagnie, tout le monde s'était mis à apprendre la manœuvre du canon, et au bout de quelques mois nous étions tous en état de desservir une pièce de huit ; mais, il faut le dire en passant, nous n'eûmes jamais l'occasion d'employer le talent que nous venions d'acquérir.

Lannion était une très petite ville de garnison, mais fort agréable. Je me rappelle qu'un jour, en promenade, à peu de distance hors de la ville, avec un de mes camarades, nous rencontrâmes le capitaine Lavigne, qui rentrait d'une partie de campagne, en calèche avec des dames.

— Remarques-tu, me dit mon camarade (un beau parleur de la compagnie), que les dames de Lannion n'aiment pas le vin ? Elles préfèrent Lavigne.

Le capitaine Lavigne était, en effet, un homme fort aimable et l'un des plus beaux officiers du régiment. Je suis certain que lorsque nous quittâmes notre garnison, ce fut un de ceux qui laissèrent le plus de regrets.

Le 1ᵉʳ décembre, à notre départ de Lannion, la compagnie fut coucher à Guingamp, jolie petite ville sur la route de Rennes à Brest. Elle en partit le lendemain pour se rendre à Saint-Brieuc, où était l'état-major du régiment. Je fus laissé à Guingamp pour y servir, avec quatre chasseurs, la correspondance. J'y restai un

mois et il ne se passa rien que je puisse raconter, si ce n'est qu'un
jour j'allai, avec mon détachement, à quatre lieues sur la route
de Brest, pour servir d'escorte au maréchal Augereau, qui se
rendait à Paris pour recevoir le commandement du corps d'armée dans le Tyrol, pendant l'immortelle campagne d'Austerlitz.
En escortant au grand trot la voiture de M. le Maréchal, j'eus
besoin de mettre pied à terre. Je descendis de cheval, étant
sûr de regagner la distance que cette halte me faisait perdre, et
en effet je rentrai en ville à la tête de mon escorte. En passant
devant un poste d'infanterie qui nous rendait les honneurs, je
commandais le sabre à la main ; mais, lorsque je voulus prendre
le mien, je ne le trouvai plus à mon côté. Qu'on juge de mon désappointement ! j'avais laissé mon sabre sur la route, à la place
où j'avais mis pied à terre. Heureusement qu'il pleuvait en ce
moment, et qu'étant, comme mes chasseurs, couvert de mon
manteau, l'on ne s'aperçut pas que mon sabre me manquait.

Après avoir reçu vingt francs, que M. le Maréchal eut la
générosité de me remettre pour mon détachement, et avoir transmis la consigne au brigadier qui était venu avec quatre chasseurs
continuer à servir l'escorte du maréchal, je fis faire volte-face à
mon cheval, et partis au galop pour atteindre le lieu où j'avais mis
pied à terre. Mais, à mon grand désespoir, je ne trouvai pas mon
sabre, et des empreintes de pas, juste à cet endroit, m'indi-
quaient assez qu'il avait été ramassé. J'eus beau questionner le
peu de voyageurs que je rencontrai sur la route, je ne reçus aucune nouvelle satisfaisante, Je poussai à un village plus loin, et je
n'en fus pas plus avancé. Je rentrai, comme on le pense bien, fort
mécontent de ma journée, et je cherchai à acheter un sabre
dans Guingamp ; mais je n'en trouvai pas à vendre qui fût d'uniforme. J'étais vraiment désorienté.

Nous logions tous les cinq chez des bourgeois, nos chevaux
étaient réunis chez un aubergiste de la ville. Mon logement était
chez M. M..., honnête et bon bourgeois, sur la place de Guingamp. Le dimanche, il avait la délicate attention de me faire partager son dîner en famille. Un dimanche donc que ma tristesse
était visible pour les convives, il me dit, au dessert, où nous étions
restés tous les deux à prendre le café :

— Brigadier, vous êtes triste ; je n'ai aucun droit de vous questionner sur vos affaires ; cependant, si je puis vous être utile à quelque chose, disposez de moi, je vous prie.

— Je vous remercie, monsieur M..., mais ma tristesse provient d'une cause qui malheureusement n'est pas de nature à mettre votre obligeance à contribution.

Je lui racontai alors en détail ce qui me mettait en peine. Aussitôt mon hôte me dit :

— Vous n'avez pas essayé de tous les moyens que vous avez pour retrouver votre sabre. Laissez-moi vous donner un conseil, et si, en le suivant, vous ne trouvez pas votre arme, vous pourrez en faire votre deuil.

— De grâce, mon cher monsieur M..., veuillez m'indiquer ce moyen ; je vais le mettre à exécution tout de suite, je vous le promets.

— C'est, dit-il, de faire réclamer votre sabre au prône, dimanche prochain, à la grand'messe, dans les églises des quatre paroisses où vous avez mis pied à terre, et d'offrir une récompense de six francs à celui qui l'aura trouvé et qui vous le rapportera.

Après avoir entendu ces paroles, l'espoir rentra dans mon âme. M. M..., qui connaissait le pays, eut l'extrême bonté de faire quatre circulaires, toutes pareilles, que j'envoyai à chaque curé des paroisses désignées ; et le dimanche suivant, mon sabre fut retrouvé et rapporté dans la journée. Je donnai avec grand plaisir la récompense promise, à un garçon-tailleur qui avait trouvé l'arme sur la route.

Je remerciai M. M... de l'heureuse idée qu'il avait eue, et voulant répondre à plusieurs politesses que j'avais reçues de lui, je l'invitai à dîner à l'auberge, où nous faisions nos repas, les chasseurs et moi. Le repas fut gai ; M. M..., nous chanta plusieurs chansons dont l'une était en l'honneur du général Moreau. M. M... et le général Moreau [1] étaient tous deux nés dans la même

---

1. Moreau (Jean-Victor), né à Morlaix en 1763, était étudiant en droit au moment de la Révolution ; capitaine élu d'une compagnie de volontaires, il partit en 1792 pour l'armée du Nord, devint chef de bataillon. En 1793, il était général de brigade, en 1794 général de division. En 1796, général en chef de l'armée du Danube, il descendait la vallée de ce fleuve pour se réunir à son collègue le général Jourdan, qui remontait celle du Mein. Mais la défaite de celui-ci à Wurtzbourg obligea Moreau à reculer, en opérant par la Forêt-Noire

ville, à Morlaix, et mon convive avait connu particulièrement
Moreau avant la Révolution, lorsque ce dernier travaillait avec
lui chez M. Frenière, procureur à Rennes. Je me rappelle un couplet de la chanson faite en l'honneur du héros de Hohenlinden.
Voici ce couplet :

> Gloire au guerrier magnanime,
> Au conquérant de la paix !
> Moreau, ton talent sublime
> A fait l'honneur des Français.
> Eh bien, sous l'ancien régime,
> Moreau, ce grand général,
> Aurait été caporal.

Ce couplet, comme on le voit, fait allusion à la naissance
roturière de Moreau. En effet, malgré l'exemple du maréchal
Fabert et de quelques autres, il faut avouer que, sans la Révolution de 1789, Moreau n'eût peut-être jamais été appelé à déployer
ses grands talents. Pourquoi, hélas ! a-t-il plus tard répandu son
encrier sur la brillante page de son histoire ?

Le 1ᵉʳ janvier 1805, je reçus l'ordre de rejoindre avec mon
détachement le régiment, à Saint-Brieuc. A mon arrivée à Saint-
Brieuc, après avoir rendu au maréchal des logis-chef compte de
ma gestion à Guingamp, je m'empressai d'aller trouver mon ami
Henri, brigadier de la compagnie d'élite, et de l'emmener dîner
avec moi à l'hôtel de l'Écu.

— Vois-tu, Parquin, me dit-il en désignant du doigt une
maison à une petite distance de nous, vois-tu cette maison ? c'est
un cabaret qui est défendu à la garnison.

— Et pourquoi cela ?

— C'est que la maîtresse de ce cabaret est la femme du
bourreau.

— Eh bien, lui dis-je tout en marchant, pour harmoniser
son état et l'état de son mari, l'aubergiste devrait avoir pris pour
enseigne de son cabaret : « A la femme sans tête ». Nous fûmes
bientôt à l'hôtel de l'Écu, et nous nous mîmes à table.

J'avais à m'informer de ce qui s'était passé au régiment, dont
nous avions été séparés pendant huit mois.

---

et le Val d'Enfer une retraite demeurée célèbre, qui, après plusieurs combats victorieux
sur les Autrichiens, ramena en Alsace son armée saine et sauve.

— Voici d'abord, me dit Henri, un désagrément qui est arrivé à ton serviteur, il y a six mois :

Les habitants de la campagne ayant fait cadeau d'un jeune loup au commandant Watrin [1], ce dernier se plaisait à se faire accompagner dans les rues par cet animal que l'on disait parfaitement privé. Un jour que je revenais de chez le boucher, avec un chasseur qui portait la viande pour l'escouade, nous trouvâmes au quartier le commandant Watrin qui s'y promenait. Aussitôt le loup, son compagnon ordinaire, attiré probablement par l'odeur de la viande fraîche, se jeta à belles dents sur cette viande, et, à la manière dont il y allait, on pouvait juger qu'il la trouvait fort à son goût. Le chasseur, qui portait la viande sur son dos, effrayé de sentir derrière lui un tel glouton, la laissa tomber malgré mes cris : « Il est privé ! il est privé ! » Le loup n'en continua son opération qu'avec plus d'ardeur. Ce que voyant, je me précipitai sur lui pour lui faire lâcher prise. L'animal se retourna furieux, en ouvrant sur moi une gueule énorme. Je ne balançai pas un instant à dégainer, et je lui coupai le jarret d'un bon coup de sabre, au grand déplaisir du commandant, qui m'a pris en grippe depuis ce temps-là.

Le 1er février, nous partîmes de Saint-Brieuc pour nous rendre à Pontivy, appelé Napoléonville à cette époque. Nous y restâmes deux mois. Pendant ce temps, mon capitaine me fit travailler chez le quartier-maître. J'avais alors une belle écriture, et je n'étais pas fâché d'apprendre la comptabilité. Le 5 avril, nous partîmes de Napoléonville pour nous rendre à Versailles, où nous arrivâmes le 1er mai. Mon père vint m'y voir le jour même de notre arrivée, et le capitaine Lavigne nous invita tous deux à dîner, à la table des officiers.

Je me rappelle que le dimanche suivant, trois brigadiers de mes amis et moi, ayant obtenu la permission des appels jusqu'au lendemain matin, nous résolûmes d'aller au spectacle à Paris.

On donnait, ce jour-là, une pièce dans laquelle jouait le célèbre Talma. A cette époque, ni gondoles, ni chemins de fer n'exis-

1. Watrin (Marie-Noël-Dominique), né à Thionville (Moselle), le 28 octobre 1762, dragon au régiment de Schomberg-Combin, le 2 octobre 1780, chef d'escadrons le 6 juin 1793, laissé pour mort à l'affaire d'Heilsberg, le 10 juin 1807. Retraité le 16 janvier 1809, dans le grade de colonel, avec 3.000 francs de pension ; membre de la Légion d'honneur.

taient pour conduire les voyageurs à Paris. Les seules voitures que
l'on trouvât à sa disposition, sur cette route, étaient les petites voitures que l'on appelle coucous, et qui déposent les voyageurs place
de la Révolution, maintenant place de la Concorde. Nous prîmes
donc à nous quatre une de ces voitures à deux chevaux. Pour ne
pas attendre d'autres voyageurs, car nous voulions arriver à Paris
à heure fixe, nous dûmes prendre la voiture à nous seuls, et payer
les places doubles. Nous stimulions notre cocher, qui allait fort
doucement ; mais nos paroles n'ayant aucune influence sur lui,
un de nous s'avisa de lui proposer quatre sols par voiture de
maître, en marche, que la sienne dépasserait sur la route, et il y
en avait beaucoup ce jour-là, puisque c'était le dimanche. Le
cocher accepta le marché et mit ses chevaux au grand galop. Un
de nous prit son crayon pour marquer chaque voiture que nous
dépassions. Cette manière nouvelle de faire avancer les coucous
nous amusa beaucoup tout le long de la route ; mais, étant arrivés
à la place de la Révolution, il se trouva que le coucou avait
dépassé quarante-quatre voitures de maître : ce fut donc 8 fr. 80 à
ajouter aux 10 francs pour les places, et nous eûmes ainsi à lui
payer 18 fr. 80. Or, nous n'avions pas compté sur cet incident ;
et lorsque nous vidâmes nos poches, nous vîmes qu'ayant payé
notre conducteur, il ne nous restait pas assez d'argent pour payer
la voiture de retour. Nous fûmes donc forcés d'abandonner nos
magnifiques projets de spectacle, et d'aller passer la soirée au
café des Aveugles, au Palais-Royal.

Là nous vîmes un homme habillé en sauvage, qui frappait
la grosse caisse au milieu d'une grosse musique, et y attirait beaucoup de monde. Ce sauvage, sa musique et quelques bouteilles de
bière remplacèrent pour nous Talma et Mlle Raucourt.

CHAPITRE II

Campagne de 1806. — Ordre de couper queues et tresses. — Vive le colonel Marigny ! —
Gaindé et la mort du prince Louis de Prusse. — Les suites d'une indiscrétion. — Sur
le champ de bataille d'Iéna. — Mort du colonel Marigny. — Mort du capitaine Lavigne.
— Le trompette Javot. — Entrée à Berlin. — Un punch monstre. — Entre hussards
du 8ᵉ régiment et chasseurs du 20ᵉ.

Campagne de 1806. — Après la défaite des Austro-Russes à Austerlitz, la
Prusse avait paru vouloir se rapprocher de la France. En réalité, elle restait
hostile, se croyant, de par l'habileté qu'elle attribuait à ses généraux et
à la valeur de ses soldats, capable de vaincre les vainqueurs des Autrichiens et des Russes. Pensant que la paix signée à Presbourg, le 26 décembre 1805, entre Napoléon et l'empereur d'Autriche, était faite contre elle,
sa noblesse, qu'encourageait la reine de Prusse, poussait le roi à une
déclaration de guerre à la France, et tous les jours les jeunes officiers
allaient, par bravade, aiguiser leurs sabres sur les marches du perron de
l'ambassade de France à Berlin. La Prusse ayant réussi, de concert avec l'Angleterre et la Russie, à nouer les liens d'une coalition contre Napoléon,
déclara la guerre, dont l'annonce fut accueillie avec enthousiasme par
l'armée et aussi par le peuple de Berlin. Telle fut l'origine de la célèbre campagne de 1806, commencée à la fin du mois de septembre et virtuellement
terminée le 14 octobre, par la double victoire d'Auerstaedt et d'Iéna, la
conquête de presque toute la Prusse par l'armée française.

Notre régiment resta cinq mois à Versailles, et le 5 octobre 1805 nous reçûmes l'ordre de nous rendre à Paris. Nous
allâmes caserner dans le quartier de Belle-Chasse, faubourg Saint-
Germain. Dès le dimanche suivant, le régiment monta à cheval
pour être passé en revue par le prince Louis, frère de l'Empereur.
La garnison de Paris ne se composait que d'un régiment d'infanterie dont l'uniforme était vert, et qu'on appelait gardes de Paris ;

puis d'un autre régiment habillé en rouge, qui avait la même désignation que le précédent, plus l'épithète d'*écrevisses* que le gamin de Paris lui avait donnée.

Ce qui fut une nouveauté pour nous, ce fut la compagnie des Mamelouks. Je ne me doutais guère alors de l'avoir plus tard sous mes ordres, ainsi qu'une compagnie de jeune garde, que j'eus à commander pendant toute la campagne de France. Les Mamelouks, lors du défilé, partaient au grand galop, sans conserver aucun alignement, et, arrêtant leurs chevaux tout court sur place, ils ressemblaient absolument à une volée de pigeons quittant la terre pour changer de camp. Plus tard ils exécutèrent cette manœuvre comme la cavalerie de toutes les armes.

L'Empereur était en ce moment à l'armée et remportait sur les Autrichiens et les Russes la brillante victoire d'Austerlitz. On doit se rappeler que cette époque, qui fut si glorieuse à l'extérieur, fut une époque de tranquillité parfaite à l'intérieur, puisqu'il n'y avait que trois mille hommes à Paris et fort peu dans les départements.

Pendant le temps que le régiment passa à Paris, on doit croire que je visitai souvent le toit paternel. Mes parents avaient pensé que les premières années suffiraient pour me dégoûter de l'état militaire, que j'avais embrassé malgré eux, car ils désiraient que je pusse les remplacer dans leur commerce. Mon père, voyant ma vocation décidée, ne chagrina plus mes penchants, je dois lui rendre cette justice ; et ma mère, malgré son chagrin, me continua la bonté qu'elle m'avait toujours témoignée.

Notre régiment dut quitter non seulement Paris, mais encore la France. Nous reçûmes l'ordre de nous rendre en Hollande, où nous arrivâmes le 1er décembre 1805. Après avoir tenu garnison à Nimègue, nous nous rendîmes à Dewenter, puis à Arnheim, où nous apprîmes, non pas à nos dépens, mais à notre profit, que les corps d'armée séjournant dans ce pays touchaient double solde à cause de la cherté des vivres. D'Arnheim nous allâmes à Amersfort, une des plus jolies petites villes que j'aie vues en Hollande ; enfin, nous quittâmes Amersfort pour venir tenir garnison à Bréda.

Le major Castex avait pour secrétaire un maréchal des logis

nommé Roissard, dont la famille habitait Rennes, famille que le major fréquentait beaucoup pendant son séjour dans cette ville. Le maréchal des logis Roissard étant tombé malade, le major me prit pour le remplacer pendant son absence, qui dura un mois.

Durant ce temps, je n'étais pas obligé de répondre aux appels, et je n'avais d'autre service que celui d'être dans une chambre du logement du major, qui servait de bureau, depuis neuf heures du matin jusqu'à quatre heures du soir. Je n'avais qu'à prendre les noms des personnes qui venaient rendre visite, et à recevoir quelques lettres auxquelles je répondais quand elles regardaient le service.

Il survint alors un désagrément pour le corps. Le colonel Marigny fut dénoncé par la majeure partie des officiers, et le colonel dut subir les arrêts forcés jusqu'à ce que son affaire fût éclaircie. C'était le lieutenant général Michaux, commandant à Bréda, qui avait donné cet ordre. Comme notre colonel était gardé par deux factionnaires du 65° régiment, qui était commandé par le colonel Coutard, ami de M. Marigny, il fut facile de s'entendre, et un certain jour, le colonel Marigny put sortir de son logement. Le bruit courut à l'instant qu'il avait violé les arrêts et qu'il avait déserté. Nous étions à Bréda, à trois lieues des lignes prussiennes. Il n'en était rien : le colonel Marigny avait tout bonnement pris la poste pour se rendre à Paris, auprès de son puissant protecteur, le grand-duc de Berg, dont il avait été jadis l'aide de camp.

Je n'ai encore rien dit jusqu'ici du colonel Marigny ; voici l'occasion d'en parler. Ce colonel était un joli homme de trente à trente-six ans, portant parfaitement l'uniforme, peu entendu aux manœuvres, d'un naturel très doux. Il passait pour être très brave ; mais on le jugeait beaucoup plus capable de servir aux états-majors brillants du prince Murat ou du prince de Neufchâtel qu'à la tête d'un régiment. Il excellait au tir au pistolet, était grand joueur, et quand la fortune lui souriait, le régiment était sûr d'avoir une gratification ; tantôt c'étaient des gants, ou des plumets. Il levait souvent les punitions, et se faisait aimer des sous-officiers et des soldats ; mais il avait contre lui le corps des officiers, qui l'avaient dénoncé pour avoir, disaient-ils, vendu des congés. Le major Castex, tenant un juste milieu fort sage dans ce conflit,

n'était compromis en rien dans cette affaire, et, pendant
l'absence de six mois que fit le colonel, ce fut lui qui commanda
le régiment.

Le maréchal des logis Roissard [1], étant rétabli, vint reprendre
ses fonctions, et je dus rentrer à ma compagnie. Le major Castex
me donna une preuve qu'il avait été content de moi, en me nommant, le 1er mai 1806, fourrier dans la compagnie d'élite du
régiment, place qui était vacante par suite de la promotion du
fourrier Jouglas [2] au grade de maréchal des logis dans la même
compagnie. On doit comprendre si je fus heureux et flatté de cette
nomination, moi, jeune homme, qui ne comptais pas vingt ans.
Comme fourrier dans la compagnie d'élite, je me rapprochais de
mon ami Henri, dont je devenais le supérieur ; mais il n'en fut
jamais jaloux.

Vers le 10 août, nous dûmes partir pour La Haye, séjour du
nouveau roi de Hollande, le prince Louis-Napoléon, frère de
l'Empereur, qui nous avait passés en revue huit mois auparavant,
à Paris. Quand nous arrivâmes à La Haye, c'était au milieu de
l'été, et nous fûmes installés au bivouac dans le bois de..., voisin
du palais. Sous-officiers et chasseurs étaient sous de belles tentes,
et les officiers, excepté ceux qui étaient de service, furent logés
en ville.

Le 15 août, jour de la fête de l'Empereur, nous fûmes passés
en revue par le roi Louis. Tout à coup, d'un commun accord, la
gauche et la droite du régiment s'ébranlèrent, sans commandement, et vinrent former le cercle autour du roi ; puis 600 voix
crièrent à la fois : — Vive l'Empereur ! Vive le roi Louis ! Vive
notre colonel Marigny ! Nous demandons notre colonel Marigny ;
nous voulons qu'on nous le rende ! — Vous l'aurez, mes amis, fut la
réponse du roi. Puis le régiment se mit dans son ordre naturel
et défila au galop. Le lendemain, nous retournions à Bréda, où
j'avais hâte d'arriver, car j'y avais laissé une personne bien chère.

Le 15 août, notre bivouac eut la visite de la reine Hortense,

1. Roissard (Gaspard-Louis), né le 20 septembre 1786, à Rennes (Ille-et-Vilaine). Enrôlé
volontaire, le 25 brumaire an XIII; maréchal des logis le 14 janvier 1807. Fait officier le
1er mai 1809.

2. Jouglas (Pierre-Frédéric), né en 1786, à Paris. Enrôlé volontaire, le 1er brumaire
an XII ; fourrier, 1er germinal an XII; sous-lieutenant le 1er mai 1809.

si célèbre déjà par sa beauté, sa jeunesse, ses grâces, ses talents, et surtout son excessive bonté. Le malheur, qui ne l'avait pas encore frappée, n'avait pas fait connaître, à cette époque, tout ce qu'il y avait en elle d'abnégation et de grandeur. La reine était dans une calèche traînée par six chevaux, avec deux dames. L'une avait auprès d'elle un enfant de l'âge de trois ans : c'était le prince que la maladie du croup enleva un peu plus tard, au désespoir de toute sa famille et surtout de l'Empereur. L'autre personne était une demoiselle plus jeune que la reine, et que cette dernière paraissait aimer beaucoup ; elle la tutoyait. Je sus depuis que c'était une amie d'enfance de la reine, une compagne de chez Mme Campan : c'était Mlle Cochelet, lectrice de la reine Hortense.

Le capitaine Lavigne, qui était de service, prévenu à temps, fit prendre les armes au régiment, et eut le bon goût de faire avancer la musique au centre de la ligne, au point où la calèche de la reine s'était arrêtée. Notre musique, qui était fort bonne, se mit à exécuter l'air en vogue dans ce temps-là :

> Partant pour la Syrie,
> Le jeune et beau Dunois.....

dont la musique, comme tout le monde sait, est l'œuvre de la reine Hortense. Elle parut fort touchée de cette délicate attention ; puis elle s'empressa de demander que toutes les punitions fussent levées. Le capitaine Lavigne lui dit qu'elles avaient été levées pour l'anniversaire de la fête de l'Empereur.

— Sachez-moi au moins gré de mon intention, dit la reine au capitaine Lavigne.

Avant que la calèche partît, la jeune personne qui était en face de la reine fit signe à Javot, notre maître de musique, d'avancer, et elle lui remit, de la part de Sa Majesté, vingt napoléons pour la musique. Eh bien, si j'eusse dit en ce moment à un de mes amis, à Henri, par exemple : — Tu vois cette jeune personne, dans la calèche de la reine, qui se penche pour donner une bourse au maître de musique : ce sera ma femme un jour ; — il m'aurait traité de fou, et cependant j'aurais dit vrai. Mais n'anticipons pas sur le temps, et continuons dans l'ordre de mes souvenirs.

La calèche à six chevaux reconduisit la reine à La Haye. Il y eut ce jour-là, 15 août, festin et bal à la cour, et le capitaine Lavigne, qui fut relevé du service du camp, eut le bonheur d'y assister, et même, sur une invitation du premier chambellan de la cour, il eut l'insigne honneur de danser une contredanse avec la reine Hortense. C'était pour le remercier de la politesse que Sa Majesté avait reçue de lui au camp.

Le 16 août, notre régiment se mettait en route pour retourner en garnison à Bréda, d'où nous partions pour Cologne le 20 du même mois.

Avant le départ de Bréda, le régiment reçut l'ordre de couper la queue et les tresses, ce qui nous désespéra. Il ne fallut pas moins que le raisonnement tout-puissant des officiers, qui disaient à la troupe qu'on allait se mettre en campagne, que ce serait beaucoup plus propre, et surtout plus commode pour faire la guerre. Enfin, le major Castex le voulut positivement ; il était fort aimé au régiment, et l'ordre fut exécuté.

Voilà donc où devaient aboutir les peines et les soins que j'avais pris de faire pousser ma chevelure, qui, soit dit sans amour-propre, fournissait une des queues et des tresses les plus belles de la compagnie. — Allons, dis-je à mon camarade Henri, le sacrifice en est fait, coupe !

Nous sortîmes de la Hollande par Nimègue, et nous remontâmes le Rhin sur la rive gauche jusqu'à Cologne, où le régiment arriva le 1er septembre. Nous fûmes cantonnés au village de Brühl, à quatre lieues au-dessus de la ville, sur la route de Mayence. Après quinze jours de cantonnement, on organisa les escadrons de guerre, et l'on s'achemina vers Mayence. Nous passâmes le Rhin le 20 septembre. Le lendemain nous fûmes coucher à Francfort.

L'étonnement fut grand pour le corps, lorsqu'en défilant dans la grande rue de Francfort, il aperçut le colonel Marigny, en grande tenue du régiment, à côté du maréchal Augereau, sur le balcon de l'hôtel du Cygne. Les cris de : — Vive le colonel Marigny ! éclatèrent depuis la tête du régiment jusqu'à la queue, pendant tout le défilé. Pour les chasseurs, il était visible que le colonel leur était rendu, et que son affaire avait bien tourné ; et, en effet, le prince Murat s'était intéressé au sort de son ancien aide de

camp. L'Empereur, qui avait su la manifestation du régiment, le
jour de sa fête, à La Haye, prononça ces paroles :

— Un colonel qui est ainsi aimé de son régiment, doit lui être
rendu.

Il fit annuler toute la procédure, en disant qu'il était bon
qu'un corps d'officiers s'aperçût des fautes de son colonel, mais
qu'il n'aimait pas les dénonciateurs. Puis, il avait donné l'ordre
au colonel de venir prendre le commandement du régiment à son
passage à Francfort.

Dès le lendemain nous prîmes la route d'Allemagne par
Aschaffenbourg et Wurzbourg. Cette dernière ville était la rési-
dence du grand-duc Ferdinand, frère de l'empereur d'Autriche,
et, malgré cela, membre de la Confédération du Rhin. Ce fut à ce
prince que l'Empereur, se rendant à Iéna, demanda s'il avait été
content des troupes qui, sous les ordres du général V..., avaient
séjourné l'année précédente dans ses États. La réponse du grand-
duc fut favorable aux officiers et soldats du corps d'armée, mais
elle ne le fut point pour le général V..., qui le commandait.

— Qu'avez-vous à lui reprocher ? lui dit l'Empereur.

— Sire, c'est son inconvenance plutôt que ses dépenses, que
je lui reproche. Il me faisait lui payer tous les jours 500 francs
pour sa table, et il ne permettait pas que je vinsse dîner avec lui.

L'Empereur parut visiblement mécontent, et répondit au
grand-duc :

— Prince, si j'avais deux généraux V... dans mon armée,
j'en ferais fusiller un ; je n'ai que celui que vous connaissez ;
permettez-moi de le garder tel qu'il est.

Depuis le jour que nous avions passé le Rhin à Mayence, le
régiment fit partie du septième corps d'armée, commandé par le
maréchal Augereau, qui manœuvra en suivant les mouvements
de la Grande Armée. La guerre avec la Prusse était déclarée.

Le régiment était fort content d'avoir son colonel, mais il
voyait avec peine s'éloigner du corps le major Castex. Ce dernier
avait reçu l'ordre de se rendre à Bonn, petite ville au bord du
Rhin, près de Cologne, où le dépôt que nous avions laissé à Brühl
s'était rendu. Jugez du désappointement du major, qui aurait
même préféré un grade subalterne pour rester à l'armée. Il

priait, suppliait le maréchal Augereau de l'employer, ne fût-ce que pour assister à la première bataille. Notre régiment était depuis peu de jours en brigade avec le 7ᵉ chasseurs. Or, ce régiment avait passé le Rhin sans colonel et sans major à sa tête. M. Castex en fit l'observation au maréchal et obtint la permission de commander le 7ᵉ chasseurs jusqu'à ce que M. Lagrange, son colonel, arrivât. Ce dernier ne parut pas de toute la campagne ; et le colonel Marigny ayant été tué le jour de la bataille d'Iéna, le major Castex fut le lendemain, comme on le verra, nommé colonel du 20ᵉ régiment de chasseurs à cheval.

Depuis le jour que nous avions passé le Rhin, nous marchions en brigade ; le 7ᵉ et le 20ᵉ chasseurs formaient alternativement l'avant-garde du septième corps, et marchaient en tête de la colonne dans la direction de la Saxe.

Ce fut le 10 octobre, au passage de la Saale, devant la petite ville de Saalfeld, que le 3ᵉ corps d'armée, commandé par le maréchal Lannes, eut la première rencontre avec un corps d'infanterie prussien, commandé par le prince Louis de Prusse, neveu du roi. Cette infanterie, qui ne tenait pas devant nos troupes, se retirait en désordre au passage d'un gué sur la Saale, et le prince Louis, avec quelques hussards d'ordonnance, s'efforçait de rallier les fuyards, lorsqu'un maréchal des logis du 10ᵉ hussards français, qui s'appelait Gaindé, arriva sur lui, la pointe au corps, lui criant : — Rendez-vous, général, ou vous êtes mort !

Le général, qui n'était autre que le prince Louis, répondit :

— Moi, me rendre ! Jamais.

Et relevant l'arme de Gaindé, il lui porta un coup de sabre qui atteignit le maréchal des logis à la figure ; il allait lui en donner un second, lorsque Gaindé, ripostant d'un coup de pointe, traversa la poitrine du prince et le jeta en bas de son cheval. Les ordonnances du prince, le voyant en combat singulier avec un soldat français, arrivèrent au galop, et ils se seraient infailliblement emparés de Gaindé, ou du moins ils l'auraient tué, si un hussard du 10ᵉ ne fût arrivé au galop en s'écriant : — Tenez bon, maréchal des logis ! — Puis, lâchant un coup de pistolet, il étendit mort un hussard prussien ; ce que voyant, les ordonnances du prince disparurent [1].

La mort du prince Louis de Prusse, quand elle fut connue dans l'armée française, y donna lieu au couplet suivant, ce qui prouve que le champ de bataille n'engendre pas la mélancolie :

C'est le prince Louis-Ferdinand
Qui se croyait un géant,
Ah ! l'imprudent !
Un houssard, bon là,
Lui dit : — N'allez pas si vite,
Ou bien, sinon ça,
Je vous lance une mort subite,
A la papa. (*bis.*)

Gaindé, blessé comme il l'était, ne pouvait pas, seul avec ce hussard, tenir le terrain ; il se retira donc avec ce dernier sur le peloton du régiment qui soutenait les tirailleurs. Arrivé là, il dit à l'officier qui commandait :

— Lieutenant, si vous voulez pousser avec moi jusqu'à la rivière, à mille pas d'ici, nous y trouverons le corps d'un officier général que je viens de tuer ; c'est celui-là même qui m'a blessé à la figure ; nous lui prendrons son épée et son crachat, si toutefois l'ennemi ne l'a pas enlevé.

L'officier, suivi de sa troupe, partit au galop, guidé par le maréchal des logis, et arriva sur le terrain, où deux hussards du 9e régiment, qui était de brigade avec le 10e, se trouvaient déjà auprès du mort.

— C'est moi qui l'ai tué, dit Gaindé ; ma lame de sabre est encore teinte de son sang ; il doit avoir un coup de pointe à travers la poitrine. Prenez sa bourse, s'il en a une, je vous la donne ; mais remettez-moi son sabre et son crachat, que je les porte au maréchal.

Les hussards du 9e remirent à Gaindé ce qu'il demandait, et, quand il fut en possession de son trophée, il le porta au maréchal. Dans le même moment, des prisonniers prussiens, arrivant au 3e corps, annonçaient que le prince Louis de Prusse, leur

---

1. Guindey, suivant le registre-matricule, et non Gaindé, comme l'écrit Parquin, était né à Cannes, dans les Basses-Pyrénées. Entré au 10e régiment de hussards le 11 prairial an II, il fut nommé sous-lieutenant le 20 avril 1807, lieutenant au 8e le 11 septembre 1809. Il fut tué à Hanau, en 1813.

général en chef, venait d'être tué par un hussard français. Cette nouvelle était trop importante pour que le maréchal n'en fît pas part tout de suite à l'Empereur. Gaindé était à l'ambulance à faire panser sa blessure, c'est ce qui empêcha le maréchal de l'envoyer au quartier général. Il fit porter le sabre et le crachat par un de ses aides de camp, et demanda une récompense pour le maréchal des logis du 10ᵉ hussards. L'Empereur lui accorda la croix d'honneur en disant : — Je l'eusse fait de plus officier, s'il m'eût amené le prince vivant.

Lorsque le maréchal, le 12 octobre au matin, avant de quitter Saalfeld, fut voir Gaindé à l'ambulance et lui porter sa décoration, Son Excellence ne manqua pas de lui rapporter les paroles que Sa Majesté Impériale avait prononcées en lui donnant la croix.

— Ce n'est pas ma faute, monsieur le maréchal; voyez comme il m'a arrangé, répondit Gaindé en lui montrant sa blessure. Je puis vous assurer qu'il n'était pas d'humeur à se rendre.

Gaindé demanda et obtint du maréchal la permission de rester derrière l'armée une quinzaine de jours, ce qui était nécessaire pour son rétablissement. Il avait conservé avec lui son hussard pour le soigner, et se rappelant que, le 9, le régiment avait logé à quelques lieues en arrière de Saalfeld, sur la droite de la route qui y conduit, dans un beau et grand village dont le château avait servi de logement à l'état-major du régiment, il eut l'idée de s'y rendre et d'y demander l'hospitalité en promettant de servir de sauvegarde tout le temps qu'il passerait à se guérir.

Lors donc que le corps d'armée fut parti de Saalfeld, y laissant l'ambulance, ainsi que le corps du prince Louis de Prusse étendu dans l'église, que j'ai vu et que toute l'armée a pu voir, Gaindé se rendit immédiatement au château de... et y demanda l'hospitalité, qui lui fut généreusement accordée par Mme la baronne de W... Cette dame sentait tout l'avantage d'avoir une sauvegarde chez elle pendant la guerre, son mari étant absent, et probablement à l'armée; elle avait, de plus, confiance dans les hommes portant l'uniforme d'un régiment qui avait séjourné deux jours dans un village sans y avoir donné lieu à aucune plainte. Gaindé fut donc parfaitement accueilli. Il eut la présence d'esprit de recommander à son hussard de ne pas s'enivrer, de ne pas bavarder, et surtout de taire l'affaire du prince et la manière dont il avait été blessé. — Fritz, lui avait-il dit, nous sommes seuls Français dans ce village, où l'on pourrait nous faire un mauvais parti si tu parlais de cette circonstance. Le hussard Fritz promit tout. Nous allons voir comment il tint parole.

Lorsque Gaindé eut mis son cheval à l'écurie, il monta dans une belle chambre où la femme de charge de la baronne le conduisit. Le hussard fut logé dans une chambre au-dessus de l'écurie, ce qui lui convenait parfaitement, étant à même d'avoir l'œil sur les chevaux.

Le personnel du château de Mme de W... se composait de madame la baronne, femme d'une quarantaine d'années, de deux demoiselles âgées de seize à dix-huit ans, d'un fils âgé de douze ans, et d'un nombreux domestique en hommes et en femmes.

Aussitôt qu'il fut installé dans sa chambre, Gaindé fit venir le hussard avec son portemanteau, pour changer de linge et l'aider à panser sa blessure. Madame la baronne avait déjà eu l'attention de lui envoyer de la charpie et de l'eau de Cologne. Cette eau de Cologne, fortement mêlée avec de l'eau, était le seul remède que lui avait indiqué le chirurgien du régiment ; il devait, matin et soir, imbiber sa blessure avec un tampon de charpie trempée avec cette eau de Cologne légèrement étendue d'eau ordinaire. Sa toilette faite, Gaindé descendit au salon, où la baronne l'avait prié de se rendre. Toute la famille s'y trouvait réunie. La conversation fut triste et languissante ; les malheurs de la guerre en faisaient seuls les frais. Gaindé donnait à espérer que ces malheurs ne seraient pas de longue durée, lorsque l'intendant vint annoncer que madame la baronne était servie. Aussitôt elle offrit la main à Gaindé, qui la conduisit à table, et prit place à sa droite ; la famille se plaça çà et là, et le repas commença.

La baronne parlait parfaitement bien le français ; Gaindé était jeune, aimable et instruit. Le dîner, qui avait duré une heure, tirait à sa fin, lorsque l'intendant, le même qui était venu annoncer le dîner, entra d'un air tout bouleversé dans la salle à manger, et se pencha vers l'oreille de la baronne ; il ne lui eut pas plus tôt dit quelques mots, que celle-ci poussa un cri, porta ses deux mains à ses yeux, et disparut en courant à son appartement. A ce cri, à ce geste, à ce départ inopiné, toute la famille se leva de table et suivit la baronne. Gaindé, surpris, restait seul, et allait aussi rejoindre son appartement, ne sachant ce qui pouvait lui valoir une telle conduite de la part de ses hôtes, lorsque madame la baronne rentra dans la salle à manger, le mouchoir à la main, et lui dit d'un ton visiblement ému :

— Monsieur le maréchal des logis, je viens vous prier d'excuser la malhonnêteté que j'ai commise envers vous, moi, ainsi que mes enfants. Soyez assez bon pour m'écouter un instant avec bienveillance, dans le salon.

Gaindé s'empressa d'obéir aux désirs de la baronne, et s'assit dans un fauteuil que son hôtesse lui indiquait. Celle-ci, après avoir poussé un soupir, et s'être essuyé les yeux, s'exprima ainsi :

— Monsieur le maréchal des logis, les bruits les plus sinistres circulaient hier toute la journée sur le sort de nos armes, on parlait d'un grand malheur, que nous repoussions de toute notre âme ; on disait enfin que le prince Louis de Prusse, qui avant d'entrer en campagne avait passé six semaines ici, en famille, lorsque ses troupes étaient cantonnées dans les environs, on disait, dis-je, qu'il avait été tué, et j'apprends aujourd'hui que c'est par vous !

La baronne fondait en larmes et ne pouvait plus continuer de parler. Gaindé reprit :

— Ce n'est que trop vrai, madame ; mais c'est à mon corps défendant que je l'ai fait, car le prince m'a blessé le premier.

Puis il demanda la permission de se retirer dans son appartement, où il fit appeler son hussard, et, quand celui-ci fut arrivé, il lui dit :

— Fritz, vite, selle les chevaux le plus promptement possible, et partons.

— Quoi ! dit celui-ci, partir, quitter ce château ?

— Oui, répondit Gaindé ; prends mon portemanteau et soyons à cheval au plus vite : je te dirai pourquoi quand nous serons en route.

Gaindé écrivit un mot à la baronne ; il lui disait qu'il comprenait sa douleur, qu'il voulait la respecter autant que cela dépendait de lui, et que, pour cela, il allait changer d'habitation.

Il fit remettre le billet au moment où il quittait le château.

Un quart d'heure après, le maréchal des logis Gaindé avait regagné la route de Saalfeld, et il disait à son hussard : — Qui a pu dire dans le château que le prince Louis est mort, et que c'est moi qui l'ai tué ? Est-ce toi qui as parlé ? ne te l'avais-je pas défendu ? Comme Fritz ne répondait pas, Gaindé continua : Parle, le mal est fait, maintenant je veux savoir la vérité. Parleras-tu enfin ?

Le hussard répondit :

— Ma foi, mon maréchal des logis, il faut bien que je l'avoue, c'est moi qui ai dit que le prince avait été tué, et par vous ; mais c'est bien malgré moi que j'ai parlé. Voilà le fait: tandis que vous étiez en haut à dîner avec madame la baronne et sa famille, je dînais en bas avec les domestiques du château, et pendant que je mangeais et que je buvais tranquillement ma bière, comme vous me l'aviez recommandé, quoi ! un des domestiques, le chasseur, un grand coquin de bavard, était là à me taquiner en vantant les Prussiens.

« Tu n'as donc pas vu, qu'il me disait, comme ils ont arrangé ton camarade ? » en parlant de vous, mon maréchal des logis. J'avais bien envie de lui repasser une chiquenaude ; mais, me rappelant la consigne que vous m'aviez donnée, je ne dis encore rien, et je bus un verre de bière de plus pour faire rentrer ma bile. Mais pas moyen de le faire taire par ma contenance pacifique, il continuait toujours ; j'eus beau avaler des verres de bière, la bile sortit à la fin, et je lui dis la chose que si son prince vous avait blessé à la figure, il n'en blesserait plus d'autres, parce que vous lui aviez passé votre sabre à travers le corps. Voilà ! Mais, mon maréchal des logis, de grâce, pardonnez-moi, car je vous ai fait perdre par ces paroles un fameux cantonnement.

Comme on le pense bien, Gaindé ne lui tint pas rigueur, et après lui avoir fait une légère semonce, il lui dit : — Nous allons retourner à l'ambulance à Saalfeld, où nous resterons le moins de temps possible, car j'ai hâte de rejoindre le régiment. — Et moi aussi, mon maréchal des logis, reprit Fritz ; et je réponds bien que le premier Prussien que je rencontrerai sur le champ de bataille payera pour ce grand bavard de chasseur, et cela, je le jure sur la lame de mon sabre.

Le combat avec le prince Louis, l'anecdote du château, m'ont été racontés par Gaindé lui-même, que j'ai beaucoup connu lorsqu'il était sous-adjudant-major aux grenadiers de la garde, grade dans lequel il est mort glorieusement à la bataille de Hanau, dans la campagne de 1813.

Mais revenons au 13 octobre 1806, la veille de la bataille d'Iéna. Le régiment, ainsi que le 7ᵉ corps d'armée, dut faire des marches forcées pour arriver au lieu qui lui était indiqué. Ce jour-là, nous bivouaquâmes dans les champs, près d'un village où était logé l'état-major du maréchal et une division d'infanterie commandée par le général Desjardins. C'était cette division qui devait occuper et qui occupa effectivement un défilé important par lequel le corps d'armée devait passer le lendemain 14 octobre, pour se porter sur le champ de bataille d'Iéna, où toute l'armée prussienne se trouvait réunie.

A cause de la proximité du village de Géra, nous eûmes de la viande de mouton et d'oie, car la Saxe en fournit en abondance. Le champ sur lequel nous avions établi notre bivouac était un champ de pommes de terre, de manière que nous n'avions qu'à nous baisser pour en prendre, ce que nous fîmes avec nos baïonnettes, armes nouvelles que l'on avait distribuées à notre régiment et qui ne nous servirent qu'à cela. Nous les laissâmes en effet sur le terrain. On ne manqua pas de nous les faire payer 7 fr. 50 à la fin de la campagne; nous étions débarrassés d'une arme gênante, qui ne nous était d'aucun secours.

Le 14 octobre 1806, à la pointe du jour, qui arrive assez tard dans cette saison, la première division du septième corps attaqua la position que nous devions occuper. Cette position fut vigoureusement défendue par l'ennemi : c'était un défilé à enlever. Nous avions pris les armes à sept heures du matin, et notre brigade de cavalerie, ayant à sa tête le général Durosnel, devenu aide de camp de l'Empereur, gouverneur des pages, se mit en marche.

La route était déjà couverte de cadavres.

— On a déchiré la mousseline par là, disaient les chasseurs.

Ces paroles voulaient dire que la fusillade avait eu lieu, sur le terrain que nous traversions.

Iéna (13 octobre 1806). Napoléon se porte en avant pour arrêter le mouvement offensif de Blücher.

Je profitai d'une petite halte, et je m'approchai de mon ancien capitaine pour lui souhaiter le bonjour. Le capitaine Lavigne m'accueillit très bien et m'offrit la goutte, que j'acceptai avec plaisir. Le brutal, ce qui veut dire le canon, faisait entendre ses sons sourds et prolongés, produisant cette excitation fébrile que tout le monde a éprouvée. Comme je témoignais de l'impatience de ce que nous ne marchions pas :

— Soyez tranquille, Parquin, me dit le capitaine Lavigne ; si l'on commence sans nous, on ne fera pas toute la besogne : il y en aura pour tout le monde.

La colonne s'étant mise en marche, je pris congé du capitaine. Hélas ! je lui avais parlé pour la dernière fois.

Lorsque nous eûmes passé le défilé et atteint la plaine, le colonel Marigny, qui se trouvait au débouché et qui, de la voix et du geste, excitait les chasseurs à avancer plus vite (nous marchions par quatre), me dit :

— Fourrier, avez-vous un bon cheval ?

— Oui, mon colonel, répondis-je.

— Eh bien, restez auprès de moi ; vous serez toute la journée d'ordonnance.

L'adjudant Isnard, qui était auprès de lui, venait d'être enlevé par un boulet.

Je restai donc auprès de mon colonel, tout fier de mon nouveau poste ; car je le préférais à celui d'être en serre-file derrière la compagnie d'élite, ou, en un mot, à ma place de bataille.

Je n'avais pas encore vingt ans, je comptais près de quatre ans de service ; c'était la première fois que je voyais l'ennemi, j'avais le noble désir de me distinguer, j'étais assez heureux pour débuter sous les yeux de mon colonel.

Lorsque la compagnie d'élite fut parvenue sur le plateau au dehors du défilé, le colonel ordonna au capitaine Fleury, qui la commandait, d'aller se placer à la gauche du 7ᵉ régiment de chasseurs, en conservant toutefois l'intervalle d'un corps à un autre sur le champ de bataille ; puis il me dit :

— Fourrier, restez près du défilé ; vous direz au capitaine Sabinet[1], de la cinquième compagnie, de partir au trot, pour

1. Sabinet (Marie-Augustin), né le 20 avril 1769, à Pontarlier (Doubs). Sous-lieutenant au

prendre sa place de bataille à la gauche de la compagnie d'élite, et vous transmettrez les ordres jusqu'à la dernière compagnie successivement ; ensuite vous viendrez me rejoindre au galop. Je serai au centre du régiment.

Le colonel partit, et j'accomplis ma mission. Pendant que je la remplissais, beaucoup de blessés se rendaient à l'ambulance. Je me rappellerai toujours un maréchal des logis du 5ᵉ hussards, à la figure martiale, et dont la pelisse, d'une couleur blanche, était toute couverte de larges taches de sang. Il venait d'avoir le bras gauche fracassé par un boulet, et cependant il ne cessait de dire aux chasseurs du régiment, qui se croisaient avec lui et montaient le défilé :

— Allez, allez, braves chasseurs ; les Prussiens ne sont pas méchants !

Ces paroles voulaient probablement dire : « Avant que le brutal ne m'ait touché, j'ai fait connaissance de l'ennemi avec mon sabre. »

Lorsque la 7ᵉ compagnie, qui était la dernière du régiment, eut passé le défilé, j'allai au galop rejoindre le colonel qui commanda aussitôt les manteaux en sautoir. Le colonel paraissait heureux et fier de voir en ligne de bataille son régiment fort de six cents hommes, qui tous avaient la volonté de bien se comporter dans cette journée. Le temps était beau ; le brouillard, qui avait duré tard, avait tout à fait disparu. Il était onze heures, la plaine était en feu sur toute la ligne ; le canon et la mitraille étaient à l'ordre du jour, et les lièvres, prodigieusement nombreux en Saxe, pourchassés dans cette immense plaine de la droite à la gauche, provoquaient souvent l'hilarité et les hourras des soldats. Il nous arrivait bien de temps en temps quelques boulets dans nos rangs ; mais ce n'est pas la peine d'en parler.

Un aide de camp du général Durosnel vint au galop trouver le colonel en cet instant, et il ne lui eût pas plus tôt dit quelques mots, que le colonel dit à un chasseur qui se trouvait derrière lui.

— Chasseur, mettez pied à terre ; je sens que ma selle roule

2ᵉ régiment de chasseurs le 25 janvier 1792, capitaine le 2 septembre 1806. Réformé le 19 avril 1816.

sur mon cheval; serrez un peu la courroie, car nous allons charger.

Le chasseur eut bientôt mis pied à terre, et, ayant passé son bras dans les rênes de la bride de son cheval, il prit avec ses dents la courroie de la selle du colonel, qui avait porté sa jambe gauche en avant, pour lui faciliter l'opération. A ce moment même, notre pauvre colonel fut frappé par un boulet, et eut la tête emportée, ce qui fit que la mort dut être instantanée.

Ma surprise et ma douleur furent extrêmes. Le cheval du colonel, ne sentant plus la main qui le retenait, partit au galop, et se sauva droit devant lui vers l'ennemi. Quant au chasseur, il se hâta de remonter à cheval, et moi j'allai rejoindre mon poste, à la compagnie d'élite du régiment, rendant compte toutefois au commandant Watrin du fatal événement qui nous privait de notre colonel [1].

— Je l'ai vu tomber, fut la réponse du commandant.

Il se passa au moins dix minutes avant que le régiment reçût des ordres, ce qui fut un grand malheur, pour nous d'abord, qui restions sous le canon ennemi, et ensuite pour le 7ᵉ régiment de chasseurs, qui, ayant chargé à fond sur l'armée prussienne, avait entamé la première et la seconde ligne, mais qui, n'étant pas soutenu par le 20ᵉ chasseurs, perdit tout le fruit d'une des charges les plus audacieuses qui se soient faites dans cette journée.

Le major Castex, qui était à la tête du 7ᵉ régiment, et qui l'avait enlevé d'une manière si brillante, ne jugea pas à propos de revenir par le chemin qu'il avait traversé ; car les Prussiens, qui s'étaient couchés à son passage, et que les chasseurs du 7ᵉ avaient foulés aux pieds, s'étaient reformés ; il revint sur le ventre d'un régiment saxon qui fut à l'instant culbuté et mis en déroute.

Un de mes amis, le maréchal des logis Bucher, du 7ᵉ chasseurs, me dit le soir, en me montrant son sabre tout couvert de sang :

1. Le colonel Marigny (Joseph-Bernard), né à Morestel (Isère), le 19 mars 1768, avait été élu capitaine au 2ᵉ bataillon de l'Isère, le 13 novembre 1790. Le 15 ventôse an V (5 mars 1797), il était, sur le champ de bataille de Tagliamento, nommé chef d'escadron par Bonaparte. Souvent cité à l'ordre du jour des armées dont il fit partie, il le fut, après la bataille de Hohenlinden, pour avoir pris un drapeau à l'ennemi. Il était chef de brigade, colonel, depuis le 17 fructidor an VII (3 septembre 1799).

— Parquin, sens-le, et tu sentiras le moisi.

Il avait effectivement coupé quelques-unes des queues des Saxons. Ces cavaliers, pommadés et poudrés comme nous l'étions jadis, portaient leurs queues jusqu'au bas des reins.

Quand le major Castex ramena le 7e, il avait perdu la moitié de son monde, c'est-à-dire trois cents hommes. Cette perte était plus que compensée par le mal fait à l'armée prussienne.

Lorsque le général Durosnel [1] vint faire placer notre régiment en arrière pour le mettre hors de la portée des boulets ennemis, nous fîmes ce mouvement par quatre et au trot. J'eus la douleur de voir tomber le capitaine Lavigne, le même qui, pour calmer mon impatience le matin, m'avait dit :

— Parquin, il y en aura pour tout le monde.

Je le regrettai sincèrement. Le régiment et l'armée firent là une grande perte. Ce ne fut que le soir que j'appris qu'il n'avait pas survécu à l'amputation du bras, et qu'il avait été enterré sur le champ de bataille avec le colonel Marigny. Ils vécurent mal ensemble pendant leur vie, et le hasard voulut que la mort les réunît pour toujours.

Toute la journée la brigade manœuvra çà et là sous le canon qui nous fit beaucoup de mal ; mais notre régiment ne donna pas un coup de sabre, et le 7e, comme on l'a vu, fit une charge sans résultat. Ce fut donc l'infanterie et l'artillerie du corps d'armée qui eurent tous les honneurs de la journée. Je vois encore le 16e et le 7e léger, le 14e et le 27e de ligne aborder les lignes ennemies, malgré les feux terribles de la mousqueterie et de la mitraille ; les flageolets, qui dominaient dans la musique, ne perdaient pas une note, les vides que faisait le canon se remplissaient à l'instant ; et infanterie, artillerie ennemies se rendaient prisonnières partout où ces braves passaient, baïonnette croisée.

Une colonne de Prussiens, musique en tête, défilait devant le front du régiment, lorsque le maître de musique fut reconnu par les chasseurs, malgré qu'il prît la précaution de cacher son visage. — C'est Javot, dirent les chasseurs. Et, en effet, ce Javot

1. Durosnel (Antoine-Jean-Auguste-Henry, comte), né, le 9 novembre 1771, à Paris. Surnuméraire à la compagnie écossaise du corps de la gendarmerie, en décembre 1778 ; général de brigade le 24 décembre 1805 ; général de division le 16 avril 1809. Décédé le 5 février 1849.

Eylau. (Tableau de Gros, au musée du Louvre.)

était jadis le maître de musique du 20ᵉ régiment de chasseurs ; il était gagiste, et outre que c'était un bon compositeur, il sonnait parfaitement du cor. Lorsque le colonel Marigny avait quitté momentanément le régiment, en Hollande, Javot, à qui ce colonel donnait souvent, de sa bourse, de fortes gratifications, ne voulut plus rester au corps, et passa en Prusse, afin d'utiliser son talent à Berlin ; puis un colonel prussien lui ayant fait de beaux avantages, il s'engagea dans son régiment, qui fut fait tout entier prisonnier. Le major Castex qui, en revenant de charger à la tête du 7ᵉ, vint prendre le commandement du 20ᵉ (vacant par suite de mort du colonel), réclama Javot, qui lui fut rendu à l'instant. On lui fit quitter l'uniforme prussien, et endosser celui du régiment. Nous avions perdu assez de monde sur le champ de bataille pour lui trouver un habit à sa taille, et Javot fit son entrée à Berlin, en tête du régiment, huit jours après avoir été fait prisonnier, et seulement trois semaines après qu'il eut quitté cette ville à la tête du régiment prussien.

Le soir de la bataille nous fûmes bivouaquer dans le faubourg de la ville de Weimar où je passai une triste nuit. J'avais été trouver le lieutenant Lavigne [1] qui pleurait un frère chéri. Mon père venait de perdre un ami, et moi un protecteur.

Le lendemain je dus aller au fourrage, chercher des vivres dans un village voisin. En entrant le soir au bivouac, je fus tout étonné d'apprendre, par un bulletin qui était arrivé fort tard, que nous avions remporté la veille une grande victoire : cinquante mille Prussiens tués ou pris, trois cents bouches à feu, soixante drapeaux, etc. J'avoue que je ne m'en serais pas douté. Nous avions perdu beaucoup de monde par le canon, il est vrai ; mais notre régiment n'avait pas exécuté une charge, pas donné un coup de sabre, pas fait un prisonnier.

— Il faut, dis-je, que les autres régiments aient mieux travaillé que nous.

— Sois tranquille, me dit Henri, à qui je parlais ; notre tour viendra.

L'armée n'était pas toute réunie à Iéna ; la cavalerie de la

1. Lavigne (Jean-Pierre), né à Piscop (Seine-et-Oise), en 1770. Engagé volontaire au 8ᵉ régiment de cavalerie... ; capitaine le 6 mai 1811. Retraité le 18 août 1814.

garde n'était pas arrivée, et c'était le 1ᵉʳ hussards qui faisait le service auprès de l'Empereur. Le prince Murat n'arriva que le soir avec les gilets de basin (c'est ainsi que l'on appelait à l'armée les cuirassiers) ; ils contribuèrent au succès de la bataille en poursuivant à outrance l'ennemi, qui était déjà en déroute sur tous les points à leur arrivée sur le terrain.

Nous restâmes trois jours au bivouac, pour nous restaurer nous et nos effets, et nous en avions besoin. Ce fut dans ces trois jours que le major Castex fut reconnu colonel du régiment, au grand contentement de tout le monde. Enfin, le 18 octobre, nous nous mîmes en route, formant l'avant-garde du 7ᵉ corps, et, le 25, nous arrivâmes sur les hauteurs de Berlin, ayant marché par étapes sans rencontrer un tirailleur ennemi. Qu'était donc devenue cette belle armée prussienne qui nous attendait naguère si orgueilleusement sur le champ de bataille d'Iéna, et dont le plus médiocre officier se croyait un Grand Frédéric ?

Elle était détruite en partie, et le reste, en fuite, cherchait un refuge dans les forteresses prussiennes, qui ne devaient non plus tarder à tomber au pouvoir de l'armée française.

Dès le lendemain de la bataille, l'armée saxonne, qui avait été faite prisonnière, au nombre de six mille hommes et trois cents officiers, fut rendue à son roi qui devint notre allié et fit partie de la confédération du Rhin.

Nous restâmes, le 25, toute la matinée sur les hauteurs de Berlin, pour laisser au corps du maréchal Davoust l'honneur d'y entrer le premier. Cet honneur était dû à ce corps pour sa belle conduite à Auerstædt, où, pendant deux jours, il eut à combattre toutes les masses de l'armée prussienne, qu'il défit totalement, quoique inférieur en nombre de plus de la moitié. L'Empereur voulut que le maréchal Davoust prît le titre de l'endroit où il avait été victorieux, et il le nomma duc d'Auerstædt.

Notre brigade, qui marchait après le 3ᵉ corps, entra à Berlin à deux heures après midi. C'était par un beau jour d'automne. La ville était belle, mais triste ; toutes les boutiques étaient fermées ; personne aux fenêtres, et peu de monde dans les rues; aucun équipage ne circulait; le seul bruit qu'on entendait dans les rues était produit par l'artillerie et les caissons de notre armée.

Nous ne fîmes que traverser la ville, pour aller occuper plusieurs villages à quelques lieues au delà de Berlin. L'infanterie de notre armée y logea. L'Empereur, le quartier général, la garde impériale, cavalerie, infanterie et artillerie y arrivèrent le 17 ; le général Rapp fut nommé gouverneur de la ville.

Dans le village que nous occupions, les paysans avaient déserté leurs maisons. Nous y trouvâmes des fourrages en abondance : les récoltes venaient d'être faites ; mais les vivres : viande, pain, bière, eau-de-vie, etc., ainsi que l'avoine, devaient nous être fournis par la ville de Berlin.

Le lendemain de notre arrivée, la trompette sonna aux fourriers : c'était pour aller prendre à Berlin, pour quatre jours, les vivres qui nous manquaient. Après nous être munis de charrettes, nous partîmes donc, fourriers, hommes de corvée, tous sous les ordres de l'adjudant Mozère, et nous nous dirigeâmes sur Berlin. Lorsque notre régiment avait traversé la ville, nous l'avions trouvée peu bruyante et triste ; nous y trouvâmes le lendemain une. tout autre physionomie ; c'était absolument un petit Paris. Tout le monde y vaquait à ses affaires [1].

Nous arrivâmes le lendemain à Neustadt ; le régiment avait déjà pris position et il était bivouaqué au dehors de la ville. Un canal latéral à l'Oder, qui flanquait la gauche de notre bivouac, était encombré de bateaux contenant des denrées de toute sorte, provenant visiblement de Berlin, dont Neustadt n'est éloigné que de quatorze lieues. Les chasseurs avaient saisi sur ces bâtiments des feuillettes de vin de Bordeaux, des tonneaux de sucre et des caisses de citrons. Tous ces comestibles, en un instant, firent l'ornement du bivouac. Je me rappelle qu'on n'y faisait pas cent pas sans rencontrer une feuillette de vin de Bordeaux défoncée par un bout, dans laquelle on avait jeté quatre ou cinq pains de sucre avec des citrons. Un chasseur, un gros bâton à la main, mélangeait le tout dans la barrique, de façon à procurer une fort bonne

1. Autre peuple, dignité autre : en 1806, les notables de Berlin vinrent en corps présenter à Napoléon les clefs de leur cité, et la ville, comme le dit Parquin, reprit presque aussitôt sa physionomie accoutumée !

En 1870, quand les armées allemandes entrèrent à Paris, le vide se fit sur leur passage, les affaires demeurèrent suspendues, et les drapeaux furent en deuil pendant les deux jours de l'occupation, limitée cependant à un seul quartier de la ville, celle-ci toute prête à se soulever.

boisson, ma foi. Notre régiment était seul sur ce point ; le 7ᵉ chasseurs était parti avec une division de cavalerie, sous les ordres du général Savary, aide de camp de l'Empereur, qui poursuivit l'ennemi jusqu'à Lubeck, conjointement avec le maréchal Bernadotte et le prince Murat, afin de faire mettre bas les armes au corps d'armée de Blücher ; ce qui eut lieu, comme on le sait.

Nous marchâmes sur Posen, que nous traversâmes le 25 novembre, et nous poursuivîmes notre route sur Varsovie. Ce n'était plus à la rencontre des Prussiens que nous marchions, c'était à la rencontre des Russes.

CHAPITRE III

Campagne de Pologne 1807. — Passage de la Vistule. — Les premiers cosaques. — Bataille d'Eylau. — La nuit avant la victoire. — La charge du 20ᵉ régiment de chasseurs. — Napoléon à Eylau. — Le général Lepic et ses grenadiers à cheval. — Parquin est fait prisonnier. — Arrivée à Wilna. — Bienfaisance d'une dame française. — Parquin et le général russe Korsakoff. — Réception des prisonniers dans un couvent. — Les seigneurs polonais et la *Marseillaise*. — Nouvelles de la paix. — Retour au régiment. — Le récit du sous-lieutenant Henri. — Le combat de Guttstadt. — Journée d'Heilsberg. — Le 20ᵉ chasseurs à Friedland. — Le général Lasalle. — Les loups de Lauenbourg. — La paix. — Retour en France.

Campagne de 1807. — La Prusse, mise hors de combat par sa défaite à Iéna et la perte de toutes ses forteresses, Napoléon s'était avancé contre les Russes, venus trop tard au secours de leurs alliés. Il occupa la Pologne, battit les Russes dans plusieurs rencontres, notamment à Hoff et à Heilsberg, livra la meurtrière bataille d'Eylau restée presque indécise, mais termina la guerre par la brillante victoire de Friedland, le 14 juin 1807. La campagne eut pour épilogue l'entrevue de Napoléon et d'Alexandre Iᵉʳ sur le radeau du Niémen, entrevue suivie du traité de paix signé à Tilsitt, le 8 juillet 1807.

Le 2 décembre 1806, l'Empereur adressa à son armée la proclamation suivante :

« Soldats !

« Il y a aujourd'hui un an à cette heure même, vous étiez sur le champ mémorable d'Austerlitz ; les bataillons russes, épouvantés, fuyaient en déroute, ou, enveloppés, rendaient les armes à leurs vainqueurs. Le lendemain ils firent entendre des paroles de paix, mais elles étaient trompeuses. A peine échappés, par l'effet d'une générosité peut-être condamnable, aux désastres de la troisième coalition, ils en ont ourdi une quatrième ; mais l'allié sur la tactique duquel ils fondaient leurs principales espérances, n'est déjà plus ! Ses places fortes, sa capitale, ses magasins, ses arsenaux, deux cent quatre-vingts drapeaux, sept cents pièces de bataille, cinq grandes places de guerre sont en notre pouvoir. L'Oder, la Wartha, les déserts de la Pologne, les mauvais temps de la saison n'ont pu vous arrêter un moment. Vous avez tout bravé, tout surmonté ; tout a fui à votre approche.

« C'est en vain que les Russes ont voulu défendre la capitale de cette ancienne et illustre Pologne ; l'aigle française plane sur la Vistule. Le brave et infortuné Polonais croit revoir, en vous voyant, les légions de Sobieski, de retour de leur mémorable expédition. Soldats ! nous ne déposerons point les armes, que la paix générale n'ait affermi et assuré la puissance de nos alliés, n'ait restitué à notre commerce sa liberté et ses colonies. Nous avons conquis sur l'Elbe et l'Oder, Pondichéry, nos établissements des Indes, le Cap de Bonne-Espérance et les colonies espagnoles. Qui donnerait le droit de faire espérer aux Russes de balancer les destins ? Qui leur donnerait le droit de renverser de si justes desseins ? Eux et nous, ne sommes-nous pas les soldats d'Austerlitz ? »

Nous nous arrêtâmes quinze jours à un village à dix lieues de Varsovie. Nous nous trouvions disséminés dans la pauvre Pologne, et les auberges étaient pleines.

Dans une de ces auberges, tenue par un juif (en Pologne, tout juif peut embrasser un état), une discussion s'éleva pour un rien, pour une chansonnette, entre les hussards du 8e et les chasseurs du régiment ; je m'y trouvais par hasard. Un brigadier de la compagnie d'élite, Popineau, premier maître d'armes du régiment, éleva la voix et demanda, pour mettre fin à toute discussion, s'il y avait un maître d'armes parmi les hussards du 8e. Un trompette-major, décoré de la Légion d'honneur, se leva, et se nomma comme premier maître du 8e régiment de hussards. Toute discussion cessa aussitôt. Le brigadier Popineau me fit signe de le suivre, et, quand je fus auprès de lui, il me dit :

— C'est une affaire de corps ; je compte sur vous, fourrier ; si je succombe, vous ne laisserez pas le régiment en affront.

— Je suis à vous, lui dis-je. Et, prenant une lanterne, le témoin du trompette et moi, car il était nuit, nous éclairâmes la marche. Nous nous rendîmes derrière la maison, dans une prairie. Le 8ᵉ hussards n'était qu'en passage, et il partait le lendemain pour rejoindre son corps d'armée.

Les explications ne furent pas longues : elles se bornèrent à mesurer les armes, qui étaient de même ordonnance. Chacun des adversaires tenait son sabre la lame en dessus ; aucun coup d'espadon ne fut tiré, mais les dégagements et les coups de pointe à fond se succédaient rapidement. Il était visible que c'étaient deux maîtres en fait d'armes qui étaient aux prises. Après plusieurs coups portés et parés avec adresse, Popineau arriva trop tard à la parade d'un coup de seconde qui, heureusement, ne l'atteignit que légèrement, mais ne le mit pas moins hors de combat. Je mis l'habit bas aussitôt, et demandai à continuer la partie. Popineau prit la lanterne de mes mains ; quoique souffrant, il pouvait encore, en s'asseyant, nous rendre le service de nous éclairer.

J'avais constamment suivi le jeu du trompette-major, lorsqu'il était aux prises avec Popineau ; il était gaucher ; avec un pareil adversaire, il fallait toujours prendre le dedans des armes. Aussi, nous n'étions pas plus tôt en ligne que, lui faisant la feinte d'un dégagement en dehors, je passai rapidement ma lame en dedans, et je l'atteignis d'un coup de pointe à fond au téton gauche. Le trompette tomba, et nous fûmes quelques instants dans l'angoisse que sa blessure ne fût mortelle. Heureusement, il n'en fut rien. Lui ayant dit de tousser, il le fit sans ressentir de douleur, bien que, par ce mouvement, le sang coulât plus fort. Le chirurgien du régiment, qu'on alla chercher, vint à l'auberge panser les deux blessés. Le trompette du 8ᵉ ne put partir le lendemain avec sa compagnie ; il resta avec nous, et nous en eûmes grand soin. Quand nous quittâmes nos cantonnements, il nous accompagna jusqu'à Varsovie, où nous arrivâmes le 10 décembre, et il partit de là pour aller rejoindre son régiment. Je le retrouvai sept ans après, lorsque lui et moi nous servions dans les chasseurs de la garde impériale.

Nous passâmes la Vistule près de Varsovie, le 6 décembre, et nous ne rencontrâmes l'ennemi, c'est-à-dire les Russes, qu'au passage du Bug, où, le 24 décembre, les Mamelouks eurent un engagement avec eux. Le costume de ces Mamelouks causa une surprise et une frayeur très grandes parmi les Russes, qui crurent être aux prises avec les Turcs. Les Mamelouks firent une brillante charge sur douze pièces d'artillerie, qu'ils enlevèrent. Ces pièces étaient en batterie, et contrariaient le déploiement de nos colonnes. Après le passage du Bug, qui nous fut longtemps disputé, l'ennemi ne tint plus, et nous prîmes nos cantonnements dans les villages polonais, où nous fûmes accueillis en frères par les habitants, tout pauvres qu'ils étaient. En Pologne, comme en Russie, il y a dans chaque village une maison principale, qu'on décore du titre pompeux de château ; et au propriétaire de ce château tout le village appartient. Cependant, nous avions pour nos chevaux du fourrage, et pour nous des distributions qui nous étaient faites en pain noir, très noir il est vrai, viande de vache, et bière.

Nous restâmes cantonnés cinq semaines, ce qui nous fit grand bien, à nous et à nos chevaux. C'était en plein hiver.

Le 1er février 1807, nous quittâmes nos cantonnements, et l'Empereur, qui avait pris le sien à Varsovie, ainsi que la garde et le corps d'armée du maréchal Davoust, repassa la Vistule, et toute l'armée se mit en marche.

Le 6, un matin, me trouvant faire partie de chasseurs de bonne volonté que le colonel Castex avait demandés pour aller en tirailleurs, je faillis être victime de ma témérité en voulant faire connaissance avec les Cosaques, que j'apercevais pour la première fois. Je m'avançai en plaine au galop, le pistolet au poing, vers un groupe de Cosaques, sur lequel je fis feu à dix pas ; je vis à l'instant un Russe tomber. Tout était bien jusque-là ; mais, chargé à mon tour par l'ennemi, et étant obligé de faire faire demi-tour à mon cheval pour regagner la ligne des tirailleurs, ce dernier, qui était mal ferré, s'abattit sous moi sur la neige. Dans ce moment critique, j'aurais été infailliblement tué ou pris, sans mon sang-froid. Étant sorti promptement de dessous mon cheval, qui s'était remis sur ses pieds, et ayant passé mon bras dans les rênes de sa bride, je tins mon pistolet déchargé à la main, après en avoir rabattu le chien, en mettant continuellement en joue le cosaque qui m'approchait le plus avec sa lance ; je parvins ainsi à contenir l'ennemi, jusqu'au moment où arriva heureusement à mon secours un officier de hussards du 3ᵉ, M. de Beaumetz, qui cherchait son régiment sur le champ de bataille. Cet officier arriva à mon secours avec un grand courage, et en une seconde je fus remonté à cheval ; je partis au galop, en abandonnant mon colback, qui était tombé à terre. Lorsque je fus dans la ligne des tirailleurs, je criai aux cosaques, qui avaient pris mon colback au bout de leurs lances, de me le rendre pour de l'argent. Ils acceptèrent, et je leur donnai un frédéric d'or. C'était payer un peu cher.

Ce qui me resta de cette circonstance, ce fut un ami que je fis dans la personne de M. le comte de Beaumetz[1], que je rencontrai plus tard dans les garnisons en Espagne, et dans la garde impériale, et qui, fils d'un ancien membre de l'Assemblée constituante, et ayant de la fortune, quitta l'état militaire en 1823, lieutenant-colonel d'un régiment de hussards, regretté de tous les soldats. C'était un officier supérieur de l'armée des plus distingués. Il s'est retiré dans ses terres, en Artois, où j'espère qu'il mène encore une vie heureuse et tranquille, après avoir parcouru nos divers champs de bataille, et avoir eu la douleur d'y perdre un frère, tué dans la campagne de France, aide de camp du maréchal duc de Trévise[2].

Mais revenons à notre marche sur l'ennemi.

Le combat de Mohrungen, où les Russes nous attaquèrent et furent repoussés partout, servait de prétexte à ce terrible réveil. Les affaires de Bergfriede, de Waltersdorff, de Deppen, préludèrent à la bataille d'Eylau. Notre brigade formait l'avant-garde du 7ᵉ corps, qui se battit toute la journée du 7 février, enleva le cimetière de la ville d'Eylau et son fameux plateau. Le 24ᵉ régiment d'infanterie de ligne perdit énormément de monde : on compta jusqu'à quarante-quatre officiers de ce régiment enterrés dans la même fosse, ce jour-là, au cimetière.

Excepté quelques boulets qui vinrent dans nos rangs et qui nous tuèrent quelques hommes, au nombre desquels fut le fourrier Jary, dont j'ai déjà parlé lors de son duel avec le maréchal

1. Bruneau Beaumetz, né, le 16 août 1786, à Douai (Nord), entré à l'Ecole militaire de Fontainebleau le 20 prairial an II (8 juin 1794).
2. Le maréchal Mortier.

des logis-chef Lacour, le régiment ne souffrit pas beaucoup, en comparaison de la perte énorme qu'avait supportée le corps du maréchal Augereau.

Comme il n'était pas présumable que nous trouverions du fourrage dans la ville d'Eylau, dont le maréchal Augereau venait de s'emparer, non sans peine, le général Durosnel eut la permission du maréchal de venir établir son bivouac avec sa brigade en arrière, à une demi-lieue sur la gauche, où se trouvaient deux grandes fermes pourvues de fourrages. Nous y trouvâmes des vivres suffisamment pour nos chevaux ; mais, pour les hommes, il n'y avait que quelques pommes de terre et de la viande de porc.

Le terrain que nous occupions au bivouac, était une place que les Russes avaient disputée pied à pied, et où ils avaient perdu beaucoup de monde. C'est dans cette terrible campagne que l'opiniâtreté russe inspira à nos soldats ce dicton très vrai :

« Il ne suffit pas de tuer un Russe, il faut encore le pousser, pour qu'il tombe. »

Je me rappelle qu'en écartant la neige pour faire du feu avec des débris de portes, nous dûmes déblayer les morts, et ce même soir, ayant couvert de paille un de ces cadavres, j'en fis un oreiller sur lequel je posai ma tête toute la nuit, et dormis d'un profond sommeil.

Le lendemain, 8 février, à la pointe du jour, la brigade était à cheval et en marche, son général en tête, prenant la direction de la ville, lorsque le maréchal Soult envoya son aide de camp au général Durosnel, lui dire de ne pas quitter le terrain où il se trouvait, de faire une halte en bataille, et d'attendre ses ordres. Le général répondit que, faisant partie du 7e corps d'armée, il avait reçu l'ordre du maréchal Augereau de se rendre à Eylau.

La brigade se remettait en marche ; ce que voyant, le maréchal Soult vint lui-même au galop à la tête de la colonne, et s'adressant au général :

—Au nom de l'Empereur, général, lui dit-il, je vous ordonne de ne pas aller plus loin ; je prends sur moi d'arrêter votre marche ; j'envoie en même temps un aide de camp à l'Empereur, pour lui en rendre compte.

— Et moi, monsieur le maréchal, dit le général Durosnel,

j'envoie aussi mon aide de camp auprès du maréchal Augereau pour lui rendre compte de cet incident.

Le maréchal Soult plaça la brigade en avant du parc d'artillerie du 4e corps. Le régiment était en bataille, ayant à sa droite un bataillon carré du 27e régiment d'infanterie, et en seconde ligne le 7e régiment de chasseurs à cheval. Toute la matinée nous eûmes à essuyer le feu de l'artillerie ennemie, mais ce feu était si mal dirigé, que peu de boulets arrivèrent jusqu'à nous. C'était sur la droite et sur le centre que l'action s'engageait le plus vivement. Le temps n'était pas très froid : mais, ce qui était très pénible, c'était une neige épaisse poussée avec violence, par un vent du nord, sur nos visages, de manière à nous aveugler. Les forêts de sapins, qui abondent dans ce pays, et qui bordaient le champ de bataille, le rendaient encore plus triste. Ajoutez à cela un ciel brumeux, dont les nuages, paraissant ne pas s'élever au-dessus des arbres, jetaient sur toute cette scène une teinte lugubre, et nous rappelaient involontairement que nous étions à trois cents lieues du beau ciel de France. On conviendra que les circonstances étaient loin d'être couleur de rose, quoiqu'elles n'allassent pas jusqu'à abattre le courage du soldat français, ni même son vieux levain de gaieté.

Vers les deux heures de l'après-midi, une énorme masse de cavalerie s'ébranla et s'avança sur nous au pas, la neige et le terrain marécageux ne permettant pas une autre allure. L'ennemi faisait retentir l'air de ses hourras. Quelques chasseurs y répondirent par le cri : « Au chat ! » faisant un jeu de mots sur la prononciation du mot : hourra ! (au rat). L'allusion fut saisie, et passa en un instant de la droite à la gauche du régiment.

Le colonel Castex demanda si les carabines étaient chargées. Sur la réponse affirmative, il commanda :

— Haut la carabine !

Nous portions toujours, en campagne, nos carabines au crochet. Puis il donna l'ordre aux officiers d'entrer dans le rang ; ce qu'il fit lui-même. Cette énorme masse de dragons s'avançait toujours sur nous au pas, et le colonel restait impassible. Mais, lorsque les Russes ne furent plus qu'à six pas, le colonel commanda vivement :

— Feu !

Ce commandement fut exécuté par le corps, comme s'il eût été à l'exercice.

Aussi l'effet de cette décharge fut-il terrible : presque tout le premier rang des dragons russes fut mis hors de combat. Il y eut une hésitation d'une seconde chez l'ennemi ; mais bientôt les morts et les blessés furent remplacés par le second rang, et la mêlée devint générale. Sans la présence d'esprit du capitaine Kermann, le régiment se trouvait compromis ; car une nuée de cosaques vint pour nous assaillir par notre gauche, afin de mettre le régiment entre deux feux. Le capitaine Kermann, commandant à propos : « Escadron, à gauche ! » mit obstacle au projet de l'ennemi. Enfin, cette masse de dragons russes, qui certes était le double du régiment, ne put nous entamer, et fit demi-tour, non sans nous avoir fait essuyer de grandes pertes. Plus de cent hommes du 20ᵉ chasseurs furent tués ou blessés. L'ennemi perdit au moins trois cents hommes ; car le bataillon carré du 27ᵉ régiment, par un feu bien dirigé sur les Russes, leur fit énormément de mal lorsqu'ils effectuèrent leur retraite.

L'Empereur était placé sur un point culminant, d'où il dominait la bataille ; son œil d'aigle n'en perdait aucune des phases. Il s'était aperçu de la position critique du parc d'artillerie du 4ᵉ corps, et il vit avec satisfaction la cavalerie russe sabrée, culbutée et mise en déroute complète. Il envoya immédiatement un de ses aides de camp complimenter le 20ᵉ chasseurs, et ce général fut accueilli par les cris de : « Vive l'Empereur ! » que firent entendre les chasseurs, en brandissant leurs sabres encore teints du sang ennemi.

Vers quatre heures du soir, à la nuit tombante, nous entendîmes gronder le canon sur notre gauche : c'était le maréchal Ney, avec le 6ᵉ corps, qui entrait en ligne de bataille, chassant devant lui le corps prussien commandé par le général Lestocq, corps qui occupait l'extrême droite de l'armée ennemie, et qui ne parut que pour être témoin de la perte de la bataille.

La journée du 8, à Eylau, fut glorieuse, comme on le voit, pour toute l'armée, et le 20ᵉ chasseurs à cheval y saisit avec enthousiasme l'occasion de réparer son inaction involontaire à la bataille d'Iéna. On se rappelle, en effet, qu'à cette bataille, la mort du colonel Marigny, emporté par un boulet au moment même où il allait commander la charge, fit que le régiment, qui ignorait l'ordre que le colonel venait de recevoir, ne put soutenir le 7ᵉ chasseurs dans la charge brillante dont nous avons parlé. Le bonheur voulut que, le jour de la bataille d'Eylau, ce fût le tour du régiment d'être en première ligne de bataille, et

de couvrir ainsi le 7ᵉ chasseurs.

L'aide de camp que le général Durosnel avait envoyé au maréchal Augereau trouva, à son arrivée, celui-ci blessé. Le maréchal l'envoya rendre compte au major général de l'acte accompli par le maréchal Soult en retenant la brigade de son corps d'armée. Le prince Berthier ne dit à cet aide de camp que ces paroles : — C'est bon.

Puis il ajouta : — Capitaine, restez à mon état-major une heure ou deux ; je puis avoir besoin de vous.

Il était alors près de trois heures. Le capitaine Lafitte (ainsi s'appelait cet aide de camp), que j'ai beaucoup connu depuis aux chasseurs de la garde, lorsqu'il était chef d'escadron dans ce corps, m'a répété ce dont il avait été témoin au quartier général du prince Berthier, à la journée du 8 février, à Eylau.

Je laisse parler ici le chef d'escadron des chasseurs de la garde :

« C'était un bruit généralement répandu au quartier général du prince de Neufchâtel, que l'armée russe qui, le 1ᵉʳ février 1807, à la reprise des hostilités, fuyait devant nous, avait tout à coup changé d'attitude et fait face en arrière pour présenter la bataille.

« Le général en chef Benningsen avait pris cette résolution énergique subitement, après la lecture de dépêches trouvées sur un aide de camp du prince de Neufchâtel. Cet aide de camp, envoyé en ordonnance au général Bernadotte, était tombé au pouvoir des Russes, et les dépêches dont il était porteur avaient fait connaître que l'Empereur n'avait pas toute son armée sous la main. Le général Benningsen pouvait donc entrer en ligne de bataille avec quelque chance de succès, puisqu'il avait là toute son armée réunie.

« La bataille, depuis la pointe du jour, était engagée sur toute la ligne, et le maréchal Augereau avait fait des prodiges de valeur avec son corps d'armée, qui, de 20,000 hommes qu'il était, se trouvait réduit, le soir, à 3,000, et avait néanmoins conservé la belle position enlevée la veille de la bataille.

« A trois heures précises, il était visible que l'ennemi voulait séparer notre ligne de bataille en deux, et à cet effet, une colonne de 15,000 grenadiers russes, la baïonnette croisée, sans brûler une amorce, s'avançait sur le centre de notre armée, au pas de charge, malgré le feu terrible de quarante pièces d'artillerie de la garde en position sur le plateau d'Eylau. Cette colonne s'avançait toujours à la même allure. L'Empereur, entouré de son état-major, disait au prince de Neufchâtel, sans cesser de braquer sa lunette sur cette forêt de baïonnettes :

« — Quelle audace ! quelle audace !

« — Oui, répondit le prince Berthier, mais Votre Majesté ne s'aperçoit pas qu'avec cette audace-là, elle est à cent pas des balles.

« — Murat, s'écria l'Empereur, prenez tout ce que vous avez sous la main de cavalerie (il y en avait à peu près soixante-dix escadrons, dont vingt de la garde impériale, sous les ordres du maréchal Bessières, qui chargea à leur tête), et écrasez-moi cette colonne.

« L'ordre fut exécuté à l'instant, et toute cette masse d'infanterie fut couchée à terre, comme un champ de blé qui vient d'être dévasté par un ouragan terrible.

« Le général d'Hautpoul, commandant les cuirassiers, fut tué ; le lieutenant général Dahlmann, commandant les chasseurs de la garde, eut le même sort. On crut un instant que le lieutenant général Lepic, commandant les grenadiers à cheval de la garde, avait été tué ou pris, car il ne parut à la tête des grenadiers que lorsque son régiment était déjà rallié, et l'appel fait ; son ardeur l'avait entraîné, suivi de quelques-uns des siens, jusqu'à la troisième ligne russe. Un officier ennemi, qui parlait parfaitement le français, s'avança avec un escadron de cavalerie, et ayant en quelque sorte cerné le général et ses braves grenadiers, il lui dit :

« — Rendez-vous, général ; votre courage vous a emporté trop loin : vous êtes dans nos dernières lignes.

« — Regardez un peu sur ces figures-là si elles veulent se rendre, reprit le général ; et s'adressant à ses grenadiers : — Suivez-moi ! leur dit-il.

« Il partit alors au galop, et traversa l'armée ennemie. La moitié des braves gens qui l'avaient suivi étaient tombés sous le feu des Russes.

« L'Empereur fut heureux de voir le général, et en l'abordant il lui dit : — Je croyais que vous aviez été fait prisonnier, général, et j'en avais éprouvé une peine très vive.

« — Vous n'apprendrez jamais que ma mort, Sire, répondit l'intrépide commandant des grenadiers de la garde. »

L'Empereur récompensa grandement, par des grades et des décorations, la cavalerie qui venait de gagner la bataille, car ce fut cette charge qui la décida. Je me rappelle, entre autres nominations, que les huit capitaines des grenadiers à cheval furent faits officiers de la Légion d'honneur, et que les huit maréchaux des logis-chefs des chasseurs de la garde passèrent capitaines dans la ligne. Mais l'Empereur récompensa bien plus encore sa cavalerie par ces paroles mémorables :

« Depuis longtemps je savais que l'infanterie française était la première du monde ; je me suis aperçu aujourd'hui que ma cavalerie n'avait pas d'égale. »

La bataille d'Eylau coûta à l'ennemi sept mille Russes tués, quinze mille blessés, seize drapeaux et vingt-quatre pièces de canon ; mais on a su combien d'efforts et de pertes l'armée française dut faire pour gagner la bataille !

Le lendemain, 9 février, l'armée bivouaqua sur le champ de bataille, triste à voir encore, plus triste à occuper. Notre régiment avait perdu beaucoup de monde en tués et en blessés ; le maréchal des logis-chef de la compagnie d'élite ayant été mis hors de combat, je fis l'appel de cette compagnie. Sur cent hommes qui comptaient dans les rangs le matin de la bataille, nous avions vingt-sept tués ou blessés. Le lieutenant Saint-Aubin était au nombre des morts. Arrivé à la compagnie il y avait huit jours, il avait été tué d'un coup de pistolet à bout portant par un officier russe.

Le 10, notre brigade fut réunie à la cavalerie du prince Murat. Le 15, avec l'aide d'un bataillon d'infanterie qui avait fouillé un bois sur notre droite, nous avions pris position au village de Trunkestein. Nous apercevions déjà les tours et les cloches de la ville de Kœnigsberg, seconde capitale de la Prusse ; nous comptions y entrer et nous refaire un peu, ce dont nous avions grand besoin. Mais notre brigade était destinée à essuyer un échec ; et, en effet, le lendemain, vers trois heures du soir, la grand'garde qui était au delà du village fut attaquée, non seulement de front, mais sur ses flancs. Le bataillon d'infanterie qui avait enlevé le bois, la veille, s'était retiré en arrière, et l'avait abandonné sans nous en prévenir. L'ennemi, à travers le bois dégarni de troupes, put faire passer son infanterie sur notre flanc droit sans être vu, et il commença une attaque terrible sur plusieurs points à la fois. La grand'garde, ramenée au galop sur le village, y sema l'alarme ; la brigade dut monter le plus promptement possible à cheval, mais une cinquantaine d'hommes furent tués ou pris dans le village. Je fus du nombre de ces derniers ;

mon cheval ayant été tué sous moi, je fus blessé, étant à terre, de cinq coups de lance. Ce fut dans cette bagarre que le lieutenant Sourd, du 7e chasseurs, maintenant général et baron d'Empire, un des plus braves soldats de l'armée française, fut blessé et fait prisonnier. De ce jour-là date notre vieille et intime connaissance.

Mes blessures, dont une à la hanche me faisant boiter, ne m'empêchèrent pas de marcher, lentement, il est vrai. Les cosaques, après m'avoir arraché de dessous mon cheval, me fouillèrent, et me prirent ma ceinture, dans laquelle ils trouvèrent quelques frédérics d'or. La plus grande partie de mon avoir était dans le collet de mon habit, ou transformée en boutons. C'est de mon ami Henri que j'avais appris à dérober ainsi à l'ennemi le petit trésor que je possédais.

Depuis notre départ de la Hollande, notre uniforme avait changé. Des habits longs et des pantalons avec une basane avaient remplacé le dolman et la hongroise. On voit, d'après ce nouveau costume, que les boutons ne manquaient pas, pour être transformés en frédérics. J'en sauvai donc de la bagarre une quarantaine. Je décousais mon collet, ou j'enlevais un bouton, lorsque j'avais besoin d'argent.

Les cosaques nous conduisirent à une demi-lieue en arrière des avant-postes. L'hetman ou général des cosaques s'y trouvait. Dès qu'il vit mon uniforme, il me demanda si j'étais de ce corps que les cosaques et les dragons avaient chargé à Eylau. Je lui répondis que oui. Il me fit compliment, en très bon français, d'appartenir à un corps aussi brave. Il ne s'en tint pas à des démonstrations d'estime, car il me fit boire d'excellente eau-de-vie de France, et me fit manger du pain blanc très bon. Tandis que j'achevais un repas dont, depuis quinze jours, je n'avais pas eu le pareil, il me fit déployer une carte de France par départements, et, m'indiquant les départements de la Vendée et de la Bretagne :

— Voilà, me dit-il, un pays qui ne fournit ni hommes ni argent à Bonaparte, n'est-ce pas vrai ?

— Vous êtes complètement dans l'erreur, permettez-moi de vous le dire, général, pour les contributions ; quant aux conscrits, ils manquent si peu, qu'il y a beaucoup de soldats dans l'armée qui se sont engagés avant l'âge de la conscription. Ainsi, cet âge n'arrive pour moi que dans un an.

L'hetman finit par me dire une phrase qui caractérise assez bien la rectitude du jugement et en même temps la constance inébranlable de l'esprit russe :

— Les Russes sont aujourd'hui à l'école de la France, mais ils finiront par égaler leurs maîtres !

A notre arrivée, à la nuit, à Kœnigsberg, on nous logea, tous les prisonniers ensemble, dans une grande église, sans feu, et où nous n'avions qu'un peu de paille pour nous coucher, et du biscuit à manger. Nous étions là une cinquantaine d'hommes de la brigade. Les officiers furent mieux traités que les soldats : on les conduisit à part. Nous ne les revîmes plus.

Cependant, le lendemain, on visita les blessés, et j'entrai à l'hôpital, où je ne restai que quelques jours, parce qu'on craignait l'approche de l'armée française.

On nous fit évacuer sur Wilna, capitale de la Lithuanie, province de la Pologne appartenant à la Russie. Pendant mon séjour à l'hôpital, j'avais pour voisin un jeune officier du 14e d'infanterie de ligne ; le 16 février, il avait été blessé et pris. Il me contait qu'une quinzaine de jours auparavant, il était à l'Opéra, à Paris ; le 1er février, il était sorti de l'école de Fontainebleau, et parti le même jour en poste pour rejoindre son régiment en Pologne. Le pire pour lui, c'est qu'il mourut à l'hôpital, de ses blessures.

Des traîneaux vinrent nous prendre pour nous conduire sur la route de Wilna. Je me rappelle que, le premier jour de route, le devant de notre traîneau s'étant détaché, les chevaux nous laissèrent, la voiture et quatre blessés, sur la route. Il fallut une bonne heure pour que notre accident fût réparé, et nous souffrîmes horriblement du froid. Je crois que c'est le moment où j'ai le plus souffert dans mes campagnes. Je n'étais âgé que de vingt ans, j'étais prisonnier de guerre, j'avais reçu cinq coups de lance, dont un très profond et très douloureux, au côté ; joignez à cela que mon pied droit était fort gonflé, que je souffrais beaucoup de la blessure que j'avais reçue autrefois à mon cou de pied. Enfin, je rendis grâce au ciel lorsque, quelques jours après avoir passé le Niémen, nous arrivâmes à Wilna. On nous logea dans une grande église transformée en hôpital et située au delà de la ville, à droite de la Dwina. Il y avait à peine quelques jours que nous y étions, que je commençais à marcher avec des béquilles, et à profiter des rares rayons du soleil.

Un jour que je faisais cette promenade assez triste, j'aperçus deux dames enveloppées d'énormes fourrures et montées sur un élégant traîneau, avec domestique et cocher. Lorsque leur équipage fut arrivé à la grille de l'hôpital, elles firent arrêter, et l'une d'elles, avec une bienveillance marquée, me fit signe d'approcher, ce à quoi je n'étais pas accoutumé depuis quelques jours. J'avançai le plus vite possible, ce qui n'était que lentement, à cause de ma blessure à la hanche, et je fus fort étonné quand, en arrivant à la grille, que je ne pouvais pas dépasser, j'entendis une voix française s'informer avec bonté de ma situation et de celle de mes compagnons d'infortune. Ces dames me demandèrent mon grade, mon âge et mon pays.

Le vif intérêt que nous inspirions à nos aimables visiteuses ne s'en tint pas à des questions, car, ayant appris de moi que nous étions trois cents, Mme Drémon (c'était son nom) me demanda s'il y avait des officiers parmi nous ; sur ma réponse négative, elle me pria de me charger de mille roubles en papier (valeur de mille francs environ), qu'elle me remit dans un petit portefeuille, pour être répartis entre ses chers compatriotes. J'acceptai cette mission avec reconnaissance, et j'osai lui demander dans quelle province elle était née. J'appris qu'elle était Lorraine, que son mari et elle avaient habité longtemps Nancy, et que depuis quelques années ils étaient venus se fixer à Wilna. Son mari était en tournée pour son commerce, à Saint-Pétersbourg et à Moscou. — Sans cela, me dit-elle, nous l'aurions déjà vu accourir à votre secours. — Mme Drémon, qui nous apparut ainsi comme un ange de consolation, quitta l'hospice après m'avoir donné ces renseignements de la meilleure grâce du monde, et en me promettant de revenir le dimanche suivant après l'office. C'était le mercredi qu'elle avait fait sa bienfaisante visite.

Rentré à l'hospice, je me fis aider d'un de mes camarades du régiment, et nous nous rendîmes dans les salles pour faire la distribution de cet argent. Nous étions partis de Kœnigsberg trois cents prisonniers, mais le jour où je distribuai cet argent, nous n'étions plus que deux cent quatre-vingts. Je remis à chaque homme trois roubles, et, joignant les seize roubles restants aux trois qui me revenaient, ce qui fit dix-neuf roubles, je les partageai entre deux prisonniers blessés très grièvement, et qui avaient plus que les autres besoin d'argent.

Le dimanche suivant, notre ange consolateur ne manqua pas de venir, suivant sa promesse. Elle était dans le même équipage. Après les compliments d'usage, je lui remis la note de l'emploi de l'argent qu'elle m'avait confié. Aussitôt qu'elle en eut pris connaissance, elle parut étonnée de voir que je n'avais rien gardé pour moi.

— Je suis moins pauvre que les autres, madame ; cependant, veuillez me laisser le portefeuille vide entre les mains, et je serai le plus heureux de ceux que vous venez de soulager.

— Volontiers, me dit-elle, si cela vous fait plaisir. — Puis elle ajouta après une petite pause : — Vous serait-il agréable de venir en ville ? — Madame, si j'allais en ville, ce serait pour aller vous remercier, au nom de tous mes compagnons, de votre générosité.

— Monsieur, je ne fais que m'acquitter de mon devoir comme Française. Mais, ajouta-t-elle, auriez-vous du plaisir à recevoir l'hospitalité chez moi? Je suis bien persuadée que mon mari approuvera les démarches que je vais faire, si vous voulez bien accepter mon invitation.

— Je ne puis pas, madame, refuser une offre aussi obligeante que celle que vous me faites. Veuillez croire à toute la reconnaissance que vos bontés m'inspirent.

— Voilà des effets de linge et chaussure, ajouta Mme Drémon, je vous prie de les faire distribuer à vos compagnons d'infortune. Ce sont des Français établis à Wilna qui m'ont chargée de leur faire remettre ces vêtements, ainsi que l'argent que je vous ai donné mercredi dernier.

Le domestique de ces dames me remit un gros paquet de bas, chemises et souliers de différentes grandeurs. J'appelai deux de mes camarades prisonniers, qui transportèrent ces effets, et j'assurai Mme Drémon que la distribution serait faite d'abord parmi ceux qui en auraient le plus grand besoin. La cloche de l'hôpital venant à sonner, je pris congé de notre bienfaitrice, qui me dit avant de me quitter :

— Monsieur le fourrier, veuillez me donner votre nom ; quant à votre grade, je le connais ; mais de quel régiment êtes-vous ?

Ayant satisfait avec empressement à ces demandes, elle ajouta :

— Je vais commencer mes démarches, et j'espère que le gouverneur, le général Korsakoff, m'autorisera à vous avoir chez moi en ville.

Je la remerciai bien vivement, en doutant toutefois qu'elle pût obtenir la permission qu'elle allait solliciter. Mme Drémon me quitta en me promettant de revenir le mercredi suivant, c'est-à-dire trois jours après.

Je retournai dans l'intérieur de l'hôpital, et, aidé de quelques-uns de mes compagnons d'infortune, nous distribuâmes aux prisonniers les bas, chemises, souliers, etc. J'étais le plus jeune d'entre eux, et je me trouvais être leur chef en cette circonstance ; ils me chargèrent de toutes leurs bénédictions pour les âmes charitables qui soulageaient autant que possible leur malheureuse situation.

Mercredi, jour convenu, Mme Drémon arriva dans son équipage, mais avec ses domestiques seulement ; aucune dame n'était avec elle dans le traîneau. Je l'attendais, et j'avais fait la seule toilette qu'il me fût permis de faire, c'est-à-dire que j'avais pris un bain, mis du linge blanc, et fait rafraîchir mes cheveux. Mme Drémon me fit un signe du plus loin qu'elle m'aperçut, tenant un papier à la main.

— Voilà, me dit-elle lorsqu'elle fut près de moi, un écrit qu'il faut que vous montriez à l'économe de l'hôpital et à l'officier de garde : c'est la permission pour vous de sortir de l'hospice et de venir chez le général avec moi ; remplissez cette formalité ; je vous attends pour vous conduire à l'état-major, où j'espère obtenir la permission de vous recevoir chez moi, en ville.

J'étais si étourdi, que je pensai à peine à remercier Mme Drémon. Je me rendis le plus vite possible (je boitais toujours) chez le régisseur et au corps de garde, pour communiquer à qui de droit le bienheureux billet, qui eut tout l'effet qu'en attendait Mme Drémon. Je pris avec moi le peu d'effets que j'avais, et je fus avec l'officier de garde rejoindre le traîneau, où Mme Drémon me fit monter à côté d'elle ; puis elle donna l'ordre à son cocher de nous conduire chez le gouverneur.

— J'ai dû, me dit Mme Drémon en rougissant un peu, faire usage d'un petit mensonge pour obtenir la permission de vous avoir chez moi ; je vous ai fait passer pour un de mes parents, quoique vous soyez de Paris, et moi de Nancy ; vous savez qu'on est quelquefois cousin de plus loin.

Je me confondais en remerciements pour une bienveillance aussi généreuse, lorsque nous arrivâmes sur la principale place de la ville, devant un bon magasin de nouveautés et de modes ; Mme Drémon me dit, en me le montrant du doigt :

— Voilà ma maison ; mais allons d'abord chez le général Korsakoff.

A quelque distance de là, le traîneau s'arrêta devant une grande porte cochère qui était flanquée de deux factionnaires : c'était là que demeurait le gouverneur. Nous mîmes pied à terre ; un laquais nous conduisit au premier étage, où nous trouvâmes le général Korsakoff auprès d'un bon feu. Il se leva dès qu'il vit entrer Mme Drémon, lui demanda de ses nouvelles avec bonté, et la fit asseoir. Quant à moi, je restai debout, appuyé sur un meuble, et soutenu par ma béquille.

— Voilà mon jeune parent, dit Mme Drémon au général ; c'est pour lui que je vous ai parlé avant-hier, lorsque Votre Altesse m'a fait l'honneur de visiter mon magasin.

— Eh bien, belle dame, que désirez-vous?

— Je désirerais obtenir de votre bonté, général, qu'il passât le temps de sa guérison chez moi, où tous les soins dont il a un si grand besoin lui seront prodigués.

— Je suis trop humain et trop galant, madame, pour refuser votre demande, reprit le gouverneur.

Puis se retournant vers moi :

— Quel âge avez-vous, jeune homme ?

— Vingt ans.

— Quoi ! pas même l'âge de la conscription ?

— Je l'ai devancée de quatre ans par un engagement volontaire, repris-je.

Le général continua à m'interroger, et me demanda de quel endroit j'étais, à quel régiment j'appartenais, et où j'avais été blessé et pris. Au moment où je lui dis que j'avais été fait prisonnier huit jours après la bataille d'Eylau, devant Kœnigsberg, il s'écria :

— Ah ! c'est la bataille que Benningsen a gagnée sur votre armée !

J'aurais pu lui répondre : — De la même manière que le général Souvaroff a gagné la bataille de Zurich [1] sur Masséna. Mais ma position de prisonnier me commandait plus de réserve ; aussi repris-je simplement :

— Monsieur le gouverneur, je croyais le contraire.

Mme Drémon s'étant levée, salua le gouverneur, qui s'empressa de lui donner la main jusqu'à la porte de son salon. Je m'inclinai, et j'offris mon bras à ma jolie cousine de contrebande, pour descendre l'escalier et aller rejoindre le traîneau.

Pendant le peu de temps que notre visite avait duré, j'avais mis les instants à profit, en portant mon attention sur le général Korsakoff. C'était un fort bel homme, qui pouvait avoir alors une cinquantaine d'années. Il avait une tournure élégante, l'uniforme lui allait à ravir, et il possédait les manières gracieuses d'un grand seigneur, qui ne laissaient aucun doute sur le rôle que l'histoire lui fait jouer comme un des favoris les plus goûtés de la Grande Catherine.

Lorsque nous eûmes atteint la demeure de Mme Drémon, nous descendîmes de traîneau. Je remarquai, en entrant dans le magasin, qu'il était occupé par plusieurs demoiselles, que j'ai su depuis être Polonaises et Allemandes. C'était un immense magasin de modes, d'étoffes, de porcelaines, de verreries, etc., etc. ; enfin, une forte maison de commission pour tous les articles

---

1. L'ensemble des combats que l'on appelle la bataille de Zurich, livrés par Masséna à l'armée russe venue d'Italie par les montagnes, sauva la France d'une invasion austro-russe. Souvaroff, le général en chef de l'armée russe, donna pour cause de sa défaite l'arrivée tardive de Korsakoff sur le terrain des opérations.

de Paris. Un commis, qui parlait l'allemand, le russe et le français, présidait à la vente.

La chambre que Mme Drémon avait eu la bonté de me faire préparer chez elle était petite, mais bien meublée. La maîtresse du logis avait préféré me faire habiter cette chambre au rez-de-chaussée, plutôt qu'une grande dont elle pouvait disposer au troisième étage. Je lui sus gré de cette attention délicate, car j'étais boiteux.

Le médecin que l'on eut la bonté de faire venir, déclara qu'il me fallait beaucoup de tranquillité, et que je devais surtout éviter de sortir à pied, un accident dans cette saison pouvant retarder ma guérison. J'étais trop heureux dans mon nouveau logement, pour chercher des distractions ailleurs ; cependant, je ne pus refuser de sortir en voiture, une ou deux fois par semaine, pour me rendre aux invitations que me valait mon séjour chez Mme Drémon, de la part des négociants français établis à Wilna. C'était une petite colonie composée d'une douzaine de ménages. Ces estimables négociants avaient été mis à contribution par Mme Drémon, lorsque notre convoi de prisonniers était entré dans Wilna. Cette excellente femme, en l'absence de son mari, qui certes lui en eût évité la peine, avait fait courir une liste de souscription sur laquelle elle avait eu soin de s'inscrire la première pour cent roubles, et, dans un jour, elle avait vu monter cette souscription à mille roubles, ce qui fut un véritable bonheur pour une âme aussi noble que la sienne. C'était cette somme qu'elle m'avait chargé de distribuer aux prisonniers, la première fois que j'eus le bonheur de la voir.

Durant les dix dimanches que je passai chez ma cousine, nous ne manquâmes pas une seule fois, elle et moi, de porter à l'hôpital des secours de toute sorte provenant de la souscription.

On doit penser combien j'étais heureux et fier, lorsque le dimanche, après l'office, où nous ne manquions jamais d'assister, je montais en voiture avec elle pour me rendre hors de la ville, à l'hôpital qu'occupaient mes compagnons de captivité. L'intervention de Mme Drémon nous avait été fort utile aussi auprès du gouverneur, qui avait fait en ville une réquisition d'effets d'habillement pour nous autres, de manière que tous les prisonniers

furent vêtus convenablement. C'est avec une véritable reconnaissance pour le général Korsakoff que je rapporte ce fait.

Je n'avais jamais voulu prendre ma part dans les offrandes
généreuses de la colonie, mais je n'avais fait que gagner à cette
conduite désintéressée, car Mme Drémon avait trouvé le moyen
de m'en dédommager, et bien au delà. En effet, sa maison étant
fréquentée par les habitants les plus riches de Wilna, lorsqu'il se
trouvait qu'un chaland marchandait sur un objet de magasin,
Mme Drémon ne manquait pas de lui dire :

— Le produit de la vente est pour une bonne œuvre, c'est
pour un prisonnier français.

Toute discussion sur le prix cessait alors. Aussi, mon petit
trésor s'était-il doublé durant mon séjour sous ce toit hospitalier.
Cependant j'étais loin de m'attendre à la délicatesse exquise que
cet ange consolateur devait employer pour veiller à tous mes
besoins après notre séparation. Outre que les dames de son magasin avaient eu le soin de renouveler toute ma garde-robe, excepté
mon uniforme, que je ne voulus jamais quitter, le préférant,
malgré ses pièces, à tout autre habit, Mme Drémon avait eu le soin
de me préparer des tablettes de bouillon qui me furent d'une
grande ressource en route. Enfin, tout avait été prévu par ces
dames : objets de toilette, objets de nécessité, je n'avais qu'à
refuser, car tout m'était offert à profusion.

Combien depuis ai-je regretté de ne pas avoir fait la campagne de Russie en 1812, toute fatale qu'elle ait été ! J'aurais
revu ma fée bienfaisante. Mais je fus retenu en Espagne avec la
partie de mon régiment qui y fit la guerre pendant les années
1810, 1811, 1812. Cependant mes yeux et mes souvenirs étaient
toujours tournés vers Wilna. Les calamités de la guerre auront
peut-être pesé sur cette maison hospitalière, et sur celles de nos
autres compatriotes qui avaient soulagé si généreusement notre
pénible position!...

N'ayant jamais été à même de leur témoigner ma reconnaissance profonde, je signale ici à la sympathie de toute âme généreuse cette bienfaisante Mme Drémon et son mari, qui sont peut-
être retournés à Nancy, ville qui les a vus naître. Dieu veuille
qu'il en soit ainsi, et qu'ils aient revu leur patrie, après avoir

noblement acquis une fortune dont leur cœur savait faire un si charitable usage !

Le 1er juin était l'époque désignée pour notre départ de Wilna. Je me séparai de Mme Drémon et de mes compatriotes les larmes aux yeux. Ma cousine, qui avait présidé à tous mes arrangements de voyage, afin que rien ne me manquât, me dit, en me remettant un petit paquet :

— Ce sont deux livres, que je vous prie, mon cousin, de ne prêter à personne avant d'en prendre connaissance ; ils vous distrairont tout en vous instruisant.

— Vous serez obéie comme vous devez l'être en tout, ange de bonté...

Et, le cœur gros, je pris congé de Mme Drémon, pour ne plus la revoir.

Le détachement de prisonniers prit la route de Kowno. Lorsque nous fûmes arrivés à la première étape, nous avions fait à peu près huit lieues de France, ou trente-sept verstes, mesure du pays. On nous logea dans un village quatre ou cinq ensemble, chez des paysans, où nous étions couchés sur la paille ; on nous donnait du lait et des pommes de terre pour notre argent. Toutes mes pensées étaient à Wilna, et nous ne fûmes pas plus tôt à cette première halte, que je fouillai dans ma malle, où je pris les deux volumes que Mme Drémon m'avait donnés : c'étaient les *Commentaires de César*, en latin et en français. Quelle fut ma surprise en voyant qu'entre chacun des dix premiers feuillets du premier volume il se trouvait un billet de cent roubles, ce qui évalait à à mille roubles ou mille francs environ ! J'avoue que cette manière délicate de pourvoir à mes besoins pendant ma captivité me fit chérir davantage cette charmante femme. J'aurais préféré toutefois une seule ligne, un souvenir d'elle. Ingrat que j'étais ! n'avais-je donc pas son petit portefeuille vert qu'elle m'avait donné à sa première rencontre ? Ce fut dans ce portefeuille que je déposai mes billets.

Pendant le temps que j'avais passé chez Mme Drémon, à Wilna, je n'avais pas eu à découdre un bouton de mon habillement pour m'en faire des ressources. Les mille francs qui venaient de m'être donnés d'une manière si délicate me mettaient à même de me procurer toute chose pendant que le sort devait me retenir prisonnier de guerre. Nous n'avions, comme prisonniers, que du mauvais pain. Chaque soldat touchait deux sous et demi, et moi, comme sous-officier, je touchais le double, c'est-à-dire cinq sous. Il faut avouer que les ordres qui nous concernaient étaient empreints d'une certaine humanité, et si nos souffrances furent grandes, c'est au climat, à la pauvreté du pays, à nos blessures qu'il faut les imputer, mais certainement pas à la rigueur des chefs russes.

Dès le second jour de route, je réunis quatre chasseurs de mon régiment, prisonniers de guerre comme moi, et je leur tins ce petit discours :

— A nous cinq, nous formerons un ordinaire. L'un de vous, tous les jours, devancera de deux heures le détachement, pour acheter, à l'endroit où nous devrons loger, trois livres de bon bœuf et des légumes ; de plus, il devra s'occuper de préparer le dîner, de manière à ce qu'une heure après nous le trouvions prêt. Je vous préviens à l'avance, ajoutai-je, que je serai seul à ne pas faire de corvée ; mais aussi je serai le seul à payer. Je donnerai tous les jours cinq roubles à celui qui ira en avant.

On doit penser que les chasseurs furent enchantés de cette proposition, qu'ils acceptèrent avec reconnaissance. La saison était belle, seulement trop chaude ; car, en Pologne, comme en Russie, l'été est excessivement chaud. Mais nous partions de bonne heure, et à dix heures notre étape était faite.

Entre Wilna et Kowno nous fûmes rencontrés par l'empereur Alexandre, qui se rendait à son armée. Il passa en revue notre détachement de prisonniers. Je marchais à sa tête, comme le seul sous-officier qui fût dans le convoi. Il nous parla avec bonté, et il nous demanda si nous avions à nous plaindre de la manière dont on nous conduisait. N'ayant aucun reproche à faire, pas une parole de plainte ne fut prononcée. L'empereur parut satisfait, et il me donna pour le détachement une somme à raison d'un ducat par homme. Je le remerciai au nom de mes compagnons d'infortune, puis il continua sa route.

A deux lieues de la ville de Kowno, le même jour, nous rencontrâmes deux régiments de Baskirs qui se rendaient à l'armée.

Ils avaient pour arme principale une flèche, ce qui les fit surnommer par nos soldats les *amours* de l'armée russe. Je ne crois pas que cette troupe ait pu se mesurer avec avantage avec les nôtres. Je me rappelle qu'étant de retour au régiment, on y plaisantait encore un chasseur nommé Vandiselberg, qui fut le seul atteint par une flèche lancée par un Baskir.

— Si tu n'avais pas eu le nez si gros et si long, lui disaient les chasseurs, la flèche de ces amours serait passée sans y avoir laissé de trace.

A Kowno, après notre modeste repas, nous aperçûmes, en nous promenant, un couvent. Je ne sais quelle idée me poussa, mais j'offris à deux chasseurs qui étaient avec moi de faire une visite au couvent, et nous montâmes au parloir. Sous le titre de Français, nous fûmes on ne peut mieux accueillis. Toutes les nonnes (c'était un couvent de femmes) accoururent à la grille du parloir. Il y avait parmi ces dames une demoiselle de famille parlant parfaitement le français. Elle se trouvait passagèrement au couvent, et ses vêtements laïques annonçaient qu'elle n'était même pas reçue novice.

Lorsque je lui demandai si c'était son intention de se retirer du monde, elle qui paraissait douée de toutes les qualités nécessaires pour y briller, elle m'avoua qu'elle y rentrait dans un mois, ayant fini le temps que ses parents avaient assigné à son séjour dans ce couvent, où on était fort bien, et qui était très en vogue dans la haute société polonaise.

Grâce à ce charmant interprète, nous pûmes nous faire comprendre des sœurs, qui parurent contrariées de ce que nous avions dîné; mais, comme nous faisions séjour à Kowno, nous promîmes de revenir le lendemain.

Effectivement, le lendemain, à midi, nous étions installés, au nombre de cinq, dans le réfectoire. On nous y servit une soupe grasse, du bœuf, du lard, de la choucroute, des pommes de terre, de la bière et de l'eau-de-vie, le tout abondamment. Nous remerciâmes ces bonnes sœurs, que nous avions édifiées, il est vrai, lorsque, avant de déplier nos serviettes, un de nous se leva, et dit à haute voix et en latin le *Benedicite*.

Le lendemain nous continuâmes notre route sur Minsk et

Smolensk. Nous restâmes huit jours dans cette dernière ville, rempart de la vieille Pologne. Parmi les chasseurs qui étaient d'ordinaire avec moi, il y en avait un qui avait une très belle voix de contralto : c'était le même qui avait dit le *Benedicite* au couvent de Kowno.

Cette circonstance nous valut une aventure assez agréable. Quelques jours après notre arrivée à Smolensk, nous nous promenions sur les remparts de la ville haute, après notre dîner, que nous faisions régulièrement à midi. Le lieu était peu fréquenté, quoiqu'il servît de promenade aux habitants de la ville, et qu'il y eût deux belles rangées d'arbres de chaque côté d'une grande avenue. On n'y voyait personne en ce moment. Le chasseur à la belle voix, profitant de ce silence, se mit à entonner la *Marseillaise*. Nous faisions chorus au refrain de cet hymne de la liberté. Une voiture, qui arrivait au trot sur la promenade, prit le pas à quelque distance de nous, et les deux personnes qu'elle contenait, un vieillard et un jeune homme, parurent prendre un grand plaisir à nous écouter, ce qui nous fit présumer que ces messieurs entendaient le français. En effet, lorsque la chanson fut terminée, la voiture s'arrêta, le jeune homme mit pied à terre, s'approcha de nous, et nous dit en bon français :

— Messieurs, vous êtes probablement des prisonniers de guerre arrivés nouvellement ?

Sur notre réponse affirmative, il ajouta :

— Mon père,... en nous montrant la personne âgée qui était dans la voiture, mon père vous prie, si toutefois il n'y a pas d'indiscrétion dans cette demande, de lui donner par écrit la chanson qu'un de vous vient de chanter si admirablement.

Nous nous dirigeâmes tous ensemble à l'instant vers la calèche, et Émery, le chanteur, s'adressant au père du jeune homme, lui promit, pour le lendemain et à la même heure (il était deux heures après midi), de se trouver sur la promenade avec la *Marseillaise*.

— Le fourrier, ajouta-t-il, qui a une belle écriture, voudra bien, je l'espère, l'écrire sous ma dictée.

— Avec grand plaisir, répondis-je.

— Je reviendrai ici à cheval demain, à la même heure,

messieurs, dit le jeune homme, pour recevoir de vos mains cette copie, puisque vous êtes assez obligeants pour nous la donner.

Après ces paroles, il nous fit un salut amical ; la calèche partit au trot, et disparut.

Le lendemain était un dimanche. Nous fûmes exacts au rendez-vous. La promenade était plus suivie, et nous ne jugeâmes pas à propos, comme la veille, de chanter la *Marseillaise*. La copie en était dans la poche du chasseur Émery [1] ; je l'avais proprement écrite sous sa dictée. Le jeune homme, montant un joli cheval gris, et suivi d'un domestique en livrée, arriva juste au lieu et à l'heure fixés la veille. Après les saluts réciproques, il mit pied à terre, et prit la chanson que je lui donnai, car Émery avait exigé que je la lui remisse moi-même. Le jeune homme, en échange, me pria d'accepter cinq ducats, en ajoutant que c'était une petite collecte faite par sa famille, qui était très heureuse de posséder notre chanson nationale.

— Remarquez, je vous prie, monsieur le fourrier, que je serais très mortifié si vous n'acceptiez pas ce qui est offert de bien bon cœur par une famille polonaise. Vous n'ignorez pas combien nous aimons la nation française.

J'étais sûr que ce que je ferais aurait l'assentiment de mes camarades ; aussi acceptai-je les ducats, en disant :

— Vous avez, monsieur, une manière d'agir si chevaleresque, qu'il ne nous reste qu'un regret : c'est de ne pas connaître une famille aussi bienfaisante que la vôtre. Veuillez, monsieur, vous charger de tous nos remerciements pour elle.

— Je suis chargé d'une autre commission par mon père, ajouta-t-il ; c'est de vous demander si vous pouvez disposer de la journée de demain, et venir la passer à deux lieues d'ici, au château de.....

— Monsieur, repris-je, tous les matins nous sommes soumis à l'appel ; mais nous pouvons disposer du reste de la journée, pourvu que nous rentrions en ville à la fermeture des portes, à neuf heures.

— Eh bien, je suis charmé que le désir qu'a ma famille de

1. Émery (Frédéric), né en 1777, à Alsheim, département du Mont-Tonnerre. Chasseur au 20e régiment de chasseurs à cheval, le 25 ventôse an IX. Réformé le 21 octobre 1810.

vous voir chez elle, puisse être satisfait sans vous occasionner des désagréments ; car, pour tout au monde, nous ne voudrions pas vous causer de nouvelles peines : vous êtes déjà assez malheureux, éloignés de votre patrie, et prisonniers de guerre.

Il remonta à cheval, et nous promit de revenir le lendemain lundi, à midi, en calèche, pour nous conduire chez lui.

Le jour suivant, nous étions à notre poste. J'avais eu soin de dire à Émery :

— Mon cher, préparez-vous à faire les honneurs de la journée ; ornez votre mémoire des couplets que vous chantez le mieux : cela nous sera fort utile pour payer l'hospitalité qu'on est venu nous offrir d'une manière si aimable.

Des cinq chasseurs que nous étions, Émery et moi seulement n'étions pas embarrassés de nous présenter dans le monde ; nos trois autres camarades n'étaient pas brillants, il faut le dire ; mais j'étais sûr qu'ils ne seraient pas déplacés à la table d'un baron polonais, surtout si elle était bien servie, comme nous l'espérions, et comme elle le fut en effet. Lorsque nous aperçûmes le jeune homme, exact au rendez-vous, venant vers nous en calèche, nous eûmes le soin de passer la porte de la ville à pied, et de ne monter en voiture que mille pas plus loin. Si notre uniforme n'était pas riche, nous avions du moins une tenue propre, et l'on ne pouvait raisonnablement pas en exiger une autre de nous, pauvres prisonniers de guerre. D'ailleurs, nos habits avaient fait campagne, ils avaient couché au bivouac, et étaient imprégnés de poudre.

La calèche avait roulé une heure sur la route, lorsque nous entrâmes dans une forêt ; après y avoir fait une demi-lieue environ, nous débouchâmes dans une vaste et grande allée, au bout de laquelle nous descendîmes de voiture, au pied du perron d'un château dominant un gros village. La première personne qui se présenta fut le vieillard que nous avions vu en calèche, le premier jour de notre rencontre sur les boulevards de Smolensk. Il nous reçut affectueusement. Lorsque nous fûmes au rez-de-chaussée, qui était à hauteur du perron, il nous introduisit dans une vaste salle décorée des portraits de sa famille, et il nous fut facile de reconnaître là que notre hôte avait été un militaire. Il était représenté sur un tableau, en uniforme, l'épée au côté et la ceinture en argent, ce qui, dans les armées de tous les pays, excepté en France, représente la distinction du grade.

Nous y étions depuis quelques minutes, lorsqu'une dame d'une quarantaine d'années, et une demoiselle de seize à dix-huit ans entrèrent et nous furent présentées sous le nom de Mme la baronne et Mlle de L.....ka. Nous nous inclinâmes, et nous eûmes à répondre aux questions les plus affectueuses qui nous furent adressées. Il y avait une troisième personne, une dame de compagnie, qui parlait très bien la langue française ; je crois même que c'était une compatriote ; mais comme elle ne se nomma pas, nous n'eûmes pas l'indiscrétion de la questionner sur ce point. Le baron et son fils parlaient le français et se faisaient assez bien comprendre, mais la demoiselle n'en prononçait pas un mot. Je pensai qu'on lui avait imposé cette réserve vis-à-vis de militaires étrangers, avec lesquels elle se trouvait par hasard. On sait, en effet, que toutes les jeunes personnes russes ou polonaises de distinction savent le français. Dans tous les cas, Mlle de L.....ka était excessivement belle, de cette beauté particulière aux femmes du Nord, surtout aux Polonaises, qui laisse de si profondes traces dans l'imagination. Muette ou non, elle n'en était pas moins le plus bel ornement de notre réunion.

Avant le dîner, on nous proposa une partie de promenade dans le parc. Nous avions déjà accepté, lorsque le jeune homme, qui était de mon âge, demanda s'il y avait parmi nous quelqu'un qui voulût passer à la salle d'armes, et y tirer une botte avec lui. J'étais le seul de mes camarades qui pût raisonnablement se mesurer dans un assaut ; j'acceptai donc, mais à mon grand regret, car j'aurais préféré la promenade avec les dames. Le baron suivit son fils à la salle d'armes ; Émery, avec un autre chasseur, accompagna la baronne et sa fille, et nos deux autres camarades restèrent avec moi. Nous nous rendîmes dans une grande pièce dont le plancher était en sapin, et les murs tapissés de gants, masques et fleurets. Dès que nous fûmes en ligne, et après le salut d'usage, je vis que j'avais affaire à un amateur de certaine force. Je n'étais pas maladroit, mais pour les armes il faut beaucoup d'habitude, et il y avait deux ans que je n'avais tenu un fleuret. Aussi, dès les premières bottes, je fus touché ; mais bientôt je pris le dessus sur mon adversaire. Voulant, toutefois, lui faire beau jeu, je me laissai toucher assez souvent ; mais, finissant par les trois belles, j'eus soin d'en prendre deux.

Le baron et son fils me complimentèrent, m'assurant qu'ils n'avaient pas encore rencontré une personne de ma force ; ils voulaient absolument que je fusse un maître en fait d'armes, je les assurai qu'il n'en était rien. En effet, j'ai constamment refusé le titre de prévôt et de maître au régiment, quoique très souvent j'aie été engagé à en accepter le brevet.

Les dames étaient rentrées de la promenade ; on vint nous prévenir que le dîner était servi. Pour mon compte, j'en étais fort aise, car l'assaut venait de m'ouvrir l'appétit. Nous passâmes au salon, où nos hôtes étaient réunis en toilette habillée. Nous fîmes agréer nos excuses sur nos pauvres habits de voyage, et nos paroles furent accueillies avec beaucoup de bienveillance. J'offris la main à la dame de la maison ; mon rôle de chef le voulait ainsi. J'aurais préféré la présenter à sa charmante fille ; mais cette dernière prit familièrement le bras de son frère, et la compagnie suivit. Nous nous plaçâmes à table, moi à la droite de la baronne, le baron à la gauche de sa femme ; le fils, sa sœur, la demoiselle de compagnie se mirent à côté l'un de l'autre ; Émery et les autres chasseurs se placèrent à la suite ; un nombreux domestique était debout derrière nous.

J'oubliais de dire qu'avant d'entrer dans la salle à manger, la maîtresse de la maison nous avait fait présenter un plateau d'argent sur lequel se trouvaient plusieurs verres d'eau-de-vie. C'est un vieil usage polonais.

Le repas était bon et copieux ; la bière et le vin de Bordeaux y étaient en profusion, et nos hôtes eurent beaucoup de prévenances pour nous. Ils insistèrent surtout pour faire remplir nos verres de vin ; mais j'avais recommandé à mes camarades d'être très sobres, afin de donner bonne opinion de nous. On parla beaucoup de la France, de la Pologne, de notre empereur, pour lequel les Polonais professaient la plus grande admiration.

La baronne demanda de la manière la plus aimable si le

chasseur Émery, qui avait chanté, lui avait-on dit, d'une manière si remarquable, la *Marseillaise*, aurait la bonté de lui faire entendre cette chanson, dont la musique et les paroles avaient un tel don d'excitation. Émery, comme on le pense, ne se fit pas prier, et il s'exécuta de manière à s'attirer les compliments de toute la compagnie.

Quand nous fûmes rentrés au salon pour y prendre le café, Émery ayant aperçu un piano, ne douta plus que la demoiselle ne fût musicienne, et sur la demande qu'il lui en fit, la baronne, sans donner à sa fille le temps de répondre, lui dit :

— Marie, si la promenade ne vous a pas trop fatiguée, chantez un morceau italien.

Mlle Marie se mit au piano, qui tout à coup retentit sous ses doigts habiles : c'était le prélude d'un brillant morceau italien que nous entendîmes, mais dont nous ne comprîmes pas les paroles, car aucun de nous ne savait l'italien ; la musique cependant nous fit grand plaisir.

Une journée si bien employée devait s'écouler lestement ; aussi sept heures sonnèrent bientôt, et il fallut songer à quitter le château pour regagner Smolensk. Le baron avait eu l'attention de faire venir la calèche auprès du perron, et le fils du baron voulut absolument nous reconduire, en disant qu'il jouirait plus longtemps que ses parents de notre société. Nous ne pûmes résister à un désir exprimé avec une urbanité aussi délicate. Nous prîmes congé de nos aimables hôtes, en les priant d'agréer nos remerciements et nos regrets ; car, partant le lendemain pour continuer notre route, et entrant ce jour même en Russie, nous serions problablement privés de les revoir. Nous leur jurâmes de n'oublier jamais la belle journée de campagne qu'ils nous avaient procurée si gracieusement. Aujourd'hui, trente-cinq ans après, je m'acquitte de cette promesse dans mes Souvenirs.

Le lendemain, nous quittâmes Smolensk, après y avoir passé huit jours, dont un fut des plus agréables, comme on a pu le voir. Notre marche fut dirigée sur la route de Kalouga, en passant par Wolmir. Une fois hors de Smolensk, nous quittions le pays hospitalier de la Pologne, pour entrer en Russie : aussi quelle différence pour nous ! Le vif intérêt, l'assistance, la compassion auxquels nous étions accoutumés en Pologne, s'étaient

évanouis, à quelques exceptions près de la part des boyards (ce qui veut dire seigneurs de ce pays).

Tous les soldats étaient à l'armée, et des levées extraordinaires avaient été faites dans ce vaste empire, pour la campagne de 1807.

Souvent, nous avions pour escorte, faute de soldats, des femmes, les plus vieilles

possible, mais pouvant encore parcourir la distance d'un village à un autre. Dans cette saison, le travail de la campagne récla-

mait les bras de tous les moujiks (ou paysans russes), et des jeunes
gens et enfants des deux sexes en âge de travailler. Moi qui saisis
toujours l'occasion de parler comme je le pense, de ce sexe
enchanteur, dans quelque classe qu'il se trouve, je dois dire, pour
rendre hommage à la vérité, que ces vieilles femmes ne nous
adressaient la parole que pour nous injurier dans leur langage
à moitié tartare ; et souvent même elles levaient le bâton sur nous.

Nous avions fait quelques étapes depuis Smolensk, et nous
n'étions plus qu'à une journée de Wolmir, lorsqu'à la halte d'une
heure que le détachement de prisonniers avait l'habitude de faire
à la moitié de l'étape, une voiture dans laquelle se trouvait un
boyard russe, avec sa famille, s'arrêta sur la route. Ce boyard
demanda à l'officier russe sous la direction duquel nous marchions,
à adresser la parole à quelqu'un de nous. L'officier m'ayant appelé,
je me dirigeai du côté de la voiture. Le boyard en occupait le
fond à gauche. Il me demanda en français de quelle province
j'étais, dans quelle arme je servais, où j'avais été blessé ; enfin,
me fit toutes les demandes soufflées par la curiosité. Au moment
où je venais de lui répondre, une jeune et fort jolie femme qui
occupait sa droite, et que je présumai être sa femme ou sa fille,
me dit :

— Monsieur le militaire, y a-t-il parmi vous un grenadier
français ? Je serais si heureuse d'en voir un !

— Madame, répondis-je, votre désir ne sera pas longtemps à
être satisfait, ou plutôt il l'est déjà, car je suis fourrier de la
compagnie d'élite de mon régiment, et, comme tel, grenadier.

Je m'aperçus à l'instant que la surprise de cette dame était
grande, et elle ne tarda pas à me l'exprimer par ces paroles :

— Quoi ! monsieur, vous êtes grenadier, et vous n'avez pas
de grandes moustaches ?

— Madame, dans la nation française, on choisit les grenadiers parmi les gens de cœur et de taille.

— Certainement, reprit-elle, d'après cette explication, je ne
doute pas que vous ne soyez un grenadier.

— Si vous en doutiez, madame, lui dis-je en montrant mon
bonnet de police, où un cor de chasse était flanqué de deux
grenades, en voici la preuve.

— Je m'étais promis de donner un ducat au premier grenadier français que je rencontrerais ; veuillez, grenadier, me faire le plaisir de l'accepter.

— Je reçois votre ducat, madame, dis-je en prenant l'or ; mais ce sera pour remettre au vrai grenadier que vous cherchez.

Et aussitôt je fis signe à un grenadier du 14ᵉ régiment d'infanterie de ligne, porteur des plus formidables moustaches du détachement, et lui remettant le ducat :

— Voilà, mon camarade, lui dis-je, ce que madame a destiné à celui de nous qui aurait la plus belle moustache.

Le soldat la remercia de sa générosité, et comme je m'éloignais en saluant les voyageurs, la dame russe m'appela, et me dit, en me donnant deux ducats :

— Voilà pour les deux grenades que vous portez, monsieur le grenadier.

— Je vous remercie, madame ; les moustaches pousseront assez vite.

Je m'inclinai ; le détachement poursuivit sa route, et la voiture du boyard aussi, mais dans un sens diamétralement opposé.

De Wolmir, où nous couchâmes, nous fûmes en quelques jours à Kalouga, ville sur la droite, et à quatorze lieues à peu près de Moscou. Je me rappelle qu'étant arrivés de bonne heure, nous entrâmes dans une église, un de mes amis et moi, et nous fûmes étonnés d'y trouver des prêtres qui parlaient parfaitement le français. Un d'eux nous apprit que l'église était desservie par des ecclésiastiques de notre pays.

Le lendemain, nous continuâmes notre route pour Wladimir. Nous y séjournâmes quatre jours. Nous devions continuer notre route pour Kazan, et de là marcher sur la Sibérie ; mais Wladimir devait être le terme de notre voyage, car la nouvelle de la paix venait d'arriver dans cette ville. L'officier russe commandant le détachement nous dit que nous allions retourner par la même route que celle par laquelle nous étions venus jusqu'à Smolensk ; qu'à partir de cette ville nous serions dirigés sur Mittau, en Courlande, province appartenant à la Russie, et qu'ensuite chacun de nous trouverait à la frontière prussienne des ordres sur la direction qu'il devait suivre. Nous repassâmes en effet par Kalouga.

A notre arrivée à Smolensk, mes camarades me chargèrent d'aller faire une visite au baron dans son château, et de les excuser s'ils ne se présentaient pas tous, car ils étaient fatigués de la route, et ils partaient le lendemain de très bon matin.

J'acceptai cette mission avec plaisir. Je pris une voiture, et deux heures après j'étais au château. J'y trouvai les dames seules ; le baron et son fils étaient à la chasse pour quelques jours. J'exprimai mes regrets de ne pas les avoir rencontrés au château ; mais je ne cachai pas le plaisir que j'avais à voir au moins ces dames, qui furent fort gracieuses. La baronne voulut me retenir à dîner ; mais, n'étant venu que pour faire une visite, je refusai poliment, et au bout d'une demi-heure je pris congé d'elles, en les assurant de la reconnaissance que nous conservions pour la généreuse et cordiale hospitalité que nous avions reçue au château, lors de notre passage à Smolensk.

Je rentrai de bonne heure en ville, et m'acquittai auprès de mes camarades des choses aimables dont ces dames m'avaient chargé en l'absence du baron et de son fils.

Nous partîmes de Smolensk le 15 septembre 1807, pour Mittau. Nous avions obtenu la permission de voyager à volonté. Ayant fait le compte de ce qui me restait d'argent, je vis que j'étais assez riche pour payer les chevaux de poste, pour loger et nous nourrir en route. De Smolensk à Mittau, il ne nous arriva rien que je puisse raconter. Seulement, à quelques postes de Smolensk, notre voiture, qui n'était autre qu'une charrette dans laquelle nous avions des bottes de paille pour coussins, prit feu, à cause de l'extrême vitesse de nos quatre koguacs (chevaux polonais). Le moyeu des roues s'était enflammé, et le feu s'était communiqué à la paille. Cet incident nous força de marcher à pied jusqu'à l'étape suivante.

Le jour où nous entrions dans Mittau, nous Français, ex-prisonniers de guerre, se trouvait être un mois juste après le départ d'une auguste famille française proscrite [1]. A l'instigation du gouverneur russe, cette famille avait été obligée de quitter le

1. Le comte de Provence, frère de Louis XVI, qui devint le roi Louis XVIII, y séjourna de 1798 à 1807.

continent, pour aller habiter à Holyrood, en Écosse, d'où, sept ans plus tard, elle repassait le détroit pour venir s'asseoir sur le trône de France.

De Mittau, nous nous dirigeâmes sur Varsovie, et, après nous être reposés quelques jours dans cette dernière ville, nous prîmes la route de la Poméranie, où notre régiment était cantonné, l'état-major à Stolpe, et les escadrons dans les campagnes jusqu'à Colberg, port sur la Baltique. Nous arrivâmes à

Stolpe le 15 octobre, après huit mois d'absence. Lorsque nous nous présentâmes chez le colonel Castex, il sortait de déjeuner.

— Ah ! ah ! s'écria-t-il, voilà mes enfants qui me reviennent. Eh bien, comment vous trouvez-vous ? Vous avez dû bien souffrir, mes braves ?

Je lui répondis :

— Les souffrances passées sont effacées de notre mémoire, du moment que nous avons le bonheur de retrouver notre régiment, et le colonel Castex à sa tête.

— Vraiment ? reprit le colonel avec son accent gascon, et en se laissant aller à un sourire de satisfaction. Je vous remercie de votre amitié pour moi.

Puis il nous congédia, en nous avertissant que nous rentrerions chacun dans nos compagnies, et moi dans mon poste de fourrier de la compagnie d'élite, où je n'avais pas été remplacé ; il avait fait remplir mes fonctions par le maréchal des logis Jonglas, qui m'avait précédé dans le grade de fourrier. On doit penser si je fus heureux de reprendre mon poste dans la compagnie d'élite. De plus, je trouvai chez l'officier payeur du régiment des lettres de ma famille, ainsi que deux cents francs que mon père m'envoyait. Je lui avais donné de mes nouvelles de Wilna, et le papier satiné sur lequel je lui avais écrit, ainsi que le cachet à devise qui était sur l'enveloppe de ma lettre, avait donné à penser à mes parents que ma position de prisonnier était assez confortable, puisque j'agissais aussi élégamment, et surtout que je ne faisais pas de demande d'argent.

Mon plus grand bonheur fut de trouver mon ami Henri. Il venait d'être décoré pendant la campagne ; et, comme je lui faisais mon compliment :

— C'est *Schipska* (sa jument), me dit-il, qui m'a valu ma décoration.

— Vraiment ! lui dis-je, conte-moi donc cela.

— Tu sauras l'anecdote lorsque tu m'auras appris comment s'est passé le temps de ta captivité, pas avant.

Le lendemain, je lui fis le récit détaillé de ce qui nous était arrivé, et lorsque j'eus fini de parler, Henri me mit au courant de tout ce qui était arrivé de nouveau au régiment depuis le 15 février, jour où j'étais tombé entre les mains de l'ennemi. Je laisse ici parler Henri :

— Tu as joué de malheur, mon cher Parquin, car, le lendemain du jour où tu as été pris, le régiment se mettait en route pour ses cantonnements, où les escadrons se refirent et comblèrent les vides en hommes et en chevaux, vides qui provenaient des campagnes de Prusse et de Pologne. Après ces trois mois passés dans les cantonnements, où nous étions fort bien, l'armée se mit en mouvement, pleine d'ardeur. Nous eûmes journellement des rencontres avec l'ennemi, à Spanden, à Momiken, à Altkirch et à Wolfsdorff, et dans ces affaires le régiment soutint toujours sa bonne réputation. Au combat sanglant de Guttstadt, la division du général Lasalle, dont le régiment faisait partie, a été constamment sous le boulet de l'ennemi ; nous cachions, par notre position, une marche de flanc faite de gauche à droite par une division d'infanterie, qui atteignit le bois, et tourna l'ennemi par sa gauche. Le régiment, toute la journée, avait été harcelé par une nuée de cosaques, que nos chasseurs chargeaient, mais ne pouvaient jamais atteindre ; car cette cavalerie, suivant sa tactique, se retirait au galop sous le feu de l'artillerie russe, et nous faisait tuer beaucoup de monde, en démasquant subitement les pièces.

Notre colonel, fort contrarié de cette manœuvre qui nous faisait faire des pertes cruelles, profita d'un moment où notre infanterie était maîtresse d'un bouquet de bois sur notre droite, pour donner l'ordre au capitaine Bertin de tourner le bois avec un escadron, de manière à pouvoir déboucher sur l'ennemi, en plaine, aussitôt qu'il entendrait un feu de peloton, et de charger à outrance en revenant sur le régiment. Le capitaine Bertin n'était pas parti depuis cinq minutes, que le colonel vint au galop trouver le lieutenant Capitan [1], et lui donna l'ordre suivant :

« — Monsieur, partez au trot avec votre peloton (dont je faisais partie) ; portez-vous à dix pas au delà de la tête du bois que voilà (lui montrant l'endroit à trois ou quatre cents pas environ). Votre premier rang mettra haut la carabine ; l'ennemi, qui est en

----

1. Capitan (Didier-François), né, à Rouvray (Côte-d'Or), le 15 janvier 1773. Chasseur au 20ᵉ régiment, le 12 avril 1793 ; sous-lieutenant, le 21 mars 1799 ; capitaine, le 7 avril 1809. Membre de la Légion d'honneur le 10 mai 1807.

FRIEDLAND (14 juin 1807).

face, vous chargera en masse ; vous ne commanderez feu que lorsqu'il sera à six pas de vous. Il reviendra à la charge ; vous serez sabré, entamé, culbuté ; mais vous ne ferez pas demi-tour, monsieur : j'ai les yeux sur vous.

« Ces deux ordres furent exécutés avec la même précision qu'ils avaient été donnés, et au moment où notre peloton fut chargé par l'ennemi, nous fîmes feu à bout portant. A cet instant, l'escadron commandé par le capitaine Bertin déboucha en plaine et chargea les cosaques, qui, pris en arrière par la manœuvre du capitaine Bertin, attaqués par notre peloton qui avait repris l'offensive, sabrés et pointés par deux escadrons qui les prirent de front, essuyèrent une déroute complète, perdirent force prisonniers, et laissèrent le terrain couvert de leurs morts, pour faire tableau ! Je t'avoue, mon cher Parquin, que la journée de Guttstadt nous a bien vengés de celle de Trunkestein, du 15 février, où tu as été blessé et pris, toi et beaucoup d'autres. »

— Raconte-moi donc, dis-je à Henri, ce qui t'a valu ta décoration. Ta modestie m'a nommé ton cheval comme en ayant été la cause ; je voudrais connaître ce phénomène-là.

— C'est la pure vérité, reprit Henri. Juges-en toi-même.

Et il me fit le récit suivant :

— A la journée meurtrière d'Heilsberg, le 12 juin, j'étais détaché d'ordonnance auprès du prince Murat. Tu le connais : c'est ce général en chef de toute notre cavalerie qui est toujours habillé en tambour-major, et qui fait le coup de sabre à l'ennemi, comme un vrai hussard.

— Oui, lui dis-je, je l'ai devant les yeux.

— Eh bien, vers les deux heures de la journée, le prince Murat se porta du côté de l'Empereur, qui se trouvait à la division de grenadiers réunis sous les ordres du général Oudinot. L'Empereur et ce général étaient pied à terre sur un point assez élevé, d'où Sa Majesté braquait sa lunette sur l'ennemi. Le prince Murat arrivant mit pied à terre, me donna son cheval à tenir, salua l'Empereur, donna la main au général Oudinot, et se mit à causer avec lui. Tout à coup, un nuage de poussière s'éleva devant nous ; l'Empereur, dirigeant aussitôt sa lunette sur ce point, dit au prince Murat :

« Qu'est-ce que cela, monsieur ?

— Rien, Sire.

— Rien ! comment rien, monsieur ? Allez-y voir de plus près. »

Et en prononçant ces paroles, l'Empereur appliqua un vigoureux coup de cravache sur les fesses du cheval du prince Murat [1], qui était déjà en selle. Le général Oudinot n'avait pas attendu jusqu'à ce moment pour engager l'Empereur à entrer dans un de ses carrés, où il serait en sûreté, et il lui avait dit, en plaisantant sur ce qui se passait dans la plaine, lui, officier d'infanterie :

« Sire, c'est votre cavalerie qui dé-

charge ! »

Le prince, sa suite et moi, nous partîmes au galop.

1. Murat (Joachim), né à La Bastide, près de Cahors, en 1771, est resté le type le plus illustre des généraux, pour la mise en mouvement des grandes masses de cavalerie. Il s'était

« Suis-moi avec ton régiment, dit le prince en passant près du colonel d'Éry, commandant le 5° hussards, et chargeons cette canaille-là. »

En un instant, nous fûmes aux prises, et nous donnions les premiers coups de sabre, lorsqu'un boulet abattit le cheval du prince. Je me jetai tout de suite à terre, et, tenant la bride de mon cheval sous mon bras, j'aidai le prince à se retirer de dessous son cheval. Il y laissa la botte gauche dans l'étrier.

« Ce n'est rien ! ce n'est rien ! Un cheval !... » dit le prince.

J'offris le mien, qui fut accepté, et le prince monta en selle, un pied chaussé et l'autre nu, comme dans la chanson. Ce n'était pas pour se tirer hors du danger que le prince avait pris mon cheval : c'était, au contraire, pour se précipiter de nouveau au milieu de l'ennemi, aux cris de : « En avant ! en avant ! vive l'Empereur ! » et, dans un quart d'heure, trois à quatre mille cosaques qui s'étaient rendus maîtres du centre de la plaine, en furent balayés comme de la poussière.

J'étais rentré porter la selle du prince à son quartier général ; je t'assure que j'en avais ma charge, car l'or y dominait sur le fer. Le prince Murat me fit remettre mon cheval le soir, et, m'ayant fait demander le numéro de mon régiment et mon nom, je fus décoré après la campagne. Tu vois bien, mon cher Parquin, que c'est à Schipska que j'en dois avoir l'obligation. Il est vrai, ajouta Henri, que j'avais pointé et sabré plus d'un cosaque à côté du prince, mais je ne sais vraiment pas s'il en a eu connaissance.

— Tu es brave autant que modeste, mon cher Henri, et tu es bien digne de porter la croix de la Légion d'honneur ; mais tu m'as laissé ignorer ce que j'ai appris par d'autres : que, le 15 février, jour du hourra des cosaques, tu as, par ta bravoure,

enrôlé en 1790, et avait rapidement franchi tous les échelons de la hiérarchie militaire. Beau-frère de Napoléon par son mariage avec Caroline, il fut grand-duc de Berg en 1806, puis roi de Naples. Il se distingua surtout à Marengo, à Iéna, à Eylau, à Friedland, pendant la campagne de Russie, puis en 1813 ; malheureusement, après Leipzig, dans l'espoir qu'on lui conserverait la possession du royaume de Naples, il s'allia avec les coalisés, et obligea le prince Eugène de Beauharnais à se tenir sur la défensive, au lieu d'aller en 1814 au secours de l'Empereur. Cependant, en 1815, Murat se déclara pour Napoléon, retour de l'île d'Elbe, fut battu par les Alliés à Tolentino, et, détrôné, voulut, à main armée, reconquérir son royaume. Il fut pris, jugé et exécuté au Pizzo, dans les Calabres, le 15 octobre 1815.

délivré le lieutenant Dupont, qui était blessé à la figure d'un coup de lance, ce qui lui a fait perdre un œil.

Cet accident empêchait le lieutenant de conduire son cheval, et il eût infailliblement partagé mon sort, si Henri ne s'était attaché à sa personne pour le retirer de la mêlée.

— C'est vrai, me dit Henri ; je suis bien content d'avoir été utile à cet officier, qui était aimé et chéri dans le corps, et qui est maintenant un bon maître de forges à Dinan, en Belgique. Il a exigé, en quittant le régiment, que j'acceptasse 600 francs, ce que je n'ai pu lui refuser, car j'étais sûr, par mon refus, de lui causer beaucoup de peine.

— Mais, dis-je à Henri, le régiment était-il à la célèbre bataille de Friedland [1] ?

— Belle demande ! Y a-t-il une fête sans que nous, qui portons le numéro de la bouteille, le numéro 20, n'y assistions ? Cependant, nous n'avons pas été engagés de la journée. Quelques hommes et chevaux tués par le boulet, voilà nos pertes. Le soir, fort tard, nous avons poursuivi l'ennemi. Le lendemain 15, nous avons entamé son arrière-garde, et le régiment a fort peu galamment pointé et sabré les *amours* de l'armée russe, les Baskirs. Leurs flèches n'ont pas été meurtrières pour nous, bien qu'elles fussent empoisonnées. Un seul chasseur a été blessé, et n'en est pas mort. Les hussards prussiens portant une tête de mort sur leurs shakos, ce qui ne les rend pas plus crânes, ont voulu prendre la revanche des Baskirs, et non seulement ils n'ont pas pu nous entamer, quoiqu'ils fussent plus nombreux que nous, mais encore le régiment les mit en déroute complète, et les poursuivit à outrance sur la route de Kœnigsberg. Le corps du maréchal Soult entra dans cette ville le 16 juin, et il y trouva vingt mille Russes et Prussiens, et d'immenses approvisionnements en tout genre, tels que seize mille fusils anglais non encore débarqués. Ce fut aussi le 16 que nous apprîmes, par l'ordre du jour, la victoire éclatante que nous avions remportée, le 14, sur toute l'armée russe et les débris de l'armée prussienne. Cinquante à soixante mille hommes tués, blessés ou pris, parmi lesquels vingt-cinq

---

1. Friedland, à 43 kilomètres au sud-est de Kœnigsberg ; les Français y remportèrent la victoire, le 14 juin 1807, sur les Prussiens unis aux Russes.

généraux, quatre-vingts pièces de canon, soixante-dix drapeaux,
tel fut le résultat de la défaite des coalisés. Nous prîmes, nous et
toute la cavalerie du prince Murat, d'excellents cantonnements
dans l'île de la Nogat, vieille Prusse. Le général Lasalle, qui commandait notre division, avait son quartier général à Elbing. Tu
sauras, me dit Henri, que ce général, qui aime la table autant que
le champ de bataille, avait imaginé une manière fort comique de
faire ses invitations à dîner aux officiers de sa division qui se rendaient des cantonnements à Elbing.

Le valet de chambre du général, une heure avant dîner,
attachait au balcon du logement du général un bâton sur lequel
il posait une serviette déployée ; cette serviette restait au balcon
tant que les vingt couverts que le général avait à sa table ne se
trouvaient pas occupés tous. Les officiers de sa division, quand ils
voyaient l'enseigne flotter, pouvaient monter faire leur visite au
général, et ils étaient sûrs d'être retenus par lui à dîner ; mais si
la serviette ne flottait plus, il était inutile de monter pour le dîner,
la table était au grand complet.

C'est ce même général Lasalle, continua Henri, qui fit une
réponse fort drôle à l'Empereur, lorsque Sa Majesté passa, le
5 juillet, la revue de toute la cavalerie, qui ne s'élevait pas à moins
de cinquante-sept mille hommes. L'Empereur, dans cette revue,
avait été très généreux pour les avancements et les décorations
donnés dans la division du général Lasalle ; il l'avait nommé lui-
même comte de l'Empire, lui avait donné une forte dotation, et
fait grand-officier de la Légion d'honneur. Le général, tout en
remerciant l'Empereur, ne parut pas être satisfait.

— Qu'avez-vous donc? lui dit l'Empereur, vous ne paraissez
pas content ?

— Je suis heureux de vos bontés, Sire ; mais je ne suis pas
encore satisfait. J'espérais que Votre Majesté aurait jeté les yeux
sur moi pour commander le premier régiment du monde ; en un
mot, j'espérais remplacer le lieutenant général Dahlmann, colonel
de vos guides, tué à Eylau.

L'Empereur répondit :

— Quand le général Lasalle ne boira plus, ne jurera plus,
ne fumera plus, non seulement je le mettrai à la tête d'un régi-

ment de cavalerie de ma garde, mais j'en ferai un de mes chambellans.

Le général Lasalle, qui ne voulut pas passer pour battu, s'inclina, et dit à l'Empereur :

— Sire, puisque j'ai toutes les qualités d'un marin, je demande à Votre Majesté le commandement d'une frégate.

— Non pas, non pas ; ce ne serait pas mon compte, reprit l'Empereur en riant ; vous commanderez les vingt régiments de cavalerie en l'absence du prince Murat qui retourne dans son duché.

On verra plus tard que c'est dans cette position glorieuse que le général Lasalle fut atteint mortellement à Wagram.

Dans cette même revue, l'Empereur combla de bienfaits le régiment. Le colonel Castex fut fait officier de la Légion d'honneur, baron de l'Empire, et reçut une dotation de 4.000 francs ; les deux chefs d'escadron du régiment furent faits officiers de la Légion d'honneur, et créés chevaliers de l'Empire, avec 2.000 francs de dotation chacun ; notre capitaine de la compagnie d'élite fut fait chef d'escadron. Lorsque cet officier fut présenté à l'Empereur, Sa Majesté lui demanda combien il comptait d'années de grade de capitaine ; il répondit :

— Quinze ans, Sire.

— C'est un officier qui a été oublié, dit l'Empereur.

Et il lui donna un grade supérieur.

Lorsque le capitaine Péquignot[1] se présenta à son tour, l'Empereur lui demanda aussi combien il avait d'années de grade.

— Quatorze ans, Sire.

L'Empereur parut étonné, et le nomma chef d'escadron, capitaine aux grenadiers à cheval de sa garde.

Le capitaine Kermann, à la même demande faite par l'Empereur, répondit qu'il avait treize ans de grade, et fut nommé chef d'escadron, capitaine aux chasseurs de la garde. Enfin, quand le capitaine Lion se présenta, n'ayant qu'une ancienneté de sept ans de grade de capitaine, l'Empereur dit :

---

1. Péquignot (André), né, le 20 décembre 1765, à Frahier (Haute-Saône). Carabinier au 5e régiment de carabiniers, le 7 décembre 1788 ; sous-lieutenant au 20e régiment de chasseurs à cheval, le 1er avril 1793 ; lieutenant, le 22 juillet 1793 ; capitaine, le 1er novembre 1793 ; passé dans la garde le 18 mai 1807. Membre de la Légion d'honneur, le 18 mai 1807.

— Trop jeune !

Mais le colonel prit alors la parole :

— Permettez-moi, Sire, de faire observer à Votre Majesté que le capitaine Lion paraît jeune auprès des capitaines à qui vous venez d'accorder de l'avancement, et qui se trouvent être très anciens.

L'Empereur, qui avait déjà fait un pas pour continuer sa revue, s'arrêta à cette observation fort juste ; et ayant aperçu une large cicatrice sur la figure du capitaine Lion, il lui adressa la parole en ces termes :

— Où as-tu reçu le coup de sabre que tu portes sur la figure ?

— A Ulm, Sire.

Ce capitaine fut à l'instant nommé chef d'escadron, pour passer au 14° chasseurs. Ce qu'il y a de remarquable dans cette réponse, qui valut de l'avancement à cet officier, c'est qu'elle était vraie quant à la lettre, mais fausse quant au sens. L'Empereur comprit, en effet, que cette blessure avait été reçue à Ulm, tandis qu'elle provenait d'un duel que le capitaine Lion avait eu étant au bivouac à Ulm. Or, l'Empereur, qui ne récompensait pas les duellistes, se serait bien gardé de nommer chef d'escadron le capitaine Lion, s'il avait connu ce détail. Aussi le capitaine fut-il excessivement peu prodigue d'explications à l'occasion de cette blessure. Je me hâte de dire, ajouta Henri, que cet officier, qui a fourni une très brillante carrière dans l'armée, méritait cet avancement. Enfin, l'Empereur décida qu'on choisirait dans le régiment pour combler les vides que ces avancements venaient d'y faire, et il donna douze croix de la Légion d'honneur.

Voilà, mon cher Parquin, tout ce que j'ai à te raconter sur ce qui est arrivé au régiment depuis ton départ. Nous sommes restés jusqu'à l'hiver dans nos cantonnements de l'île de la Nogat.

Tel fut le récit de Henri, que je donne très exactement, car je me le rappelle encore comme s'il venait de me le faire.

Le régiment quitta la Silésie dans les premiers jours d'avril 1808, et se dirigea sur les bords de la Baltique, où nous fûmes cantonnés dans les environs de Dantzick. L'état-major et la compagnie d'élite, dont je faisais partie, furent cantonnés dans une petite ville qui s'appelle Lauenbourg ; nous y restâmes six mois. Ce fut pendant ce temps que le maréchal des logis-chef, Pierre, du troisième escadron, ayant touché trois mois de solde pour sa compagnie, chez l'officier payeur du régiment, et s'étant oublié avec les sous-officiers de la compagnie d'élite, voulut partir le soir fort tard, au lieu de remettre au lendemain son départ, comme nous le lui disions. Il se mit donc en route de nuit, dans la charrette d'un paysan, avec son sac d'argent ; il n'avait que quatre lieues à faire pour rejoindre son cantonnement. Or, le sommeil l'ayant gagné, et une des planches de la charrette s'étant détachée, le sac contenant la solde tomba sur la route.

Il ne se fut pas plus tôt aperçu de son malheur, qu'il revint sur la route ; mais toutes ses recherches furent vaines. Cette nouvelle nous étant parvenue à l'état-major, j'eus l'heureuse idée de proposer tout de suite à mes camarades, auxquels je devais payer ce même jour trois mois de solde, de souscrire pour réparer la perte du maréchal des logis-chef Pierre. Les sous-officiers y ayant consenti de bien bon cœur, je leur dis de former une liste de souscription, en tête de laquelle ils s'inscrivirent pour les trois mois de solde, qu'ils abandonnèrent généreusement. La souscription ayant obtenu l'assentiment général de tous les officiers du corps, qui voulurent y contribuer, la perte fut réparée en deux fois vingt-quatre heures. Le colonel Castex, ravi d'une telle conduite, nous en remercia par un ordre du jour dans lequel il se félicitait et s'estimait heureux de commander un régiment dans lequel de pareils sentiments de confraternité existaient. Ce brave maréchal des logis-chef, qui avait été si malheureux le jour où il avait perdu la solde de sa compagnie, fut ainsi tiré d'affaire, et manifesta sa reconnaissance et sa joie pour la manière dont les officiers et les sous-officiers étaient venus si généreusement à son secours.

La petite ville de Lauenbourg est à environ quatorze lieues de Dantzick. Les fourriers s'y rendaient tous les quatre jours pour prendre le pain blanc de la soupe et le pain de munition. A la fin du mois de décembre 1808, je revenais de cette distribution, et, comme à l'ordinaire, les chasseurs de corvée étaient, ainsi que moi, enveloppés de leurs manteaux et couchés sur la paille dans les voitures, lorsqu'à l'entrée de la nuit, et deux lieues avant d'arriver à la ville, la première voiture s'arrêta, et des cris d'épouvante nous firent sauter tous en bas de nos voitures. Nous nous mîmes aussitôt à courir, le sabre à la main, sur la neige qui encombrait la route, vers la tête du convoi, d'où les cris partaient.

Cette alerte était causée par une bande de loups, habitants de la forêt que nous traversions, et, qui, poussés par la faim, s'étaient jetés avec une voracité extraordinaire sur les deux chevaux et les premières voitures chargées de pains. Les paysans qui menaient ces voitures s'étaient réfugiés dessous. Les chasseurs et moi, après avoir tué et blessé quelques-uns des ces animaux, nous reconnûmes qu'il était impossible de tenir plus longtemps, et nous prîmes le parti de quitter la place le plus vite possible, emmenant avec nous deux voitures qui n'étaient pas encore attaquées, et abandonnant aux loups les deux premières voitures sur lesquelles ils s'étaient précipités. Ayant ainsi fait leur part et la nôtre, nous rentrâmes à Lauenbourg, où je rendis compte de l'incident à mon capitaine, qui ordonna que les habitants de la ville eussent à remplacer le pain que leur gibier de la forêt nous avait enlevé. C'était de toute justice.

Le lendemain matin, je montai à cheval avec quelques autres sous-officiers, pour visiter le terrain où nous avions été attaqués si peu courtoisement par ces quadrupèdes voraces. Je trouvai ce qu'on appelle table rase : il n'y avait pas le plus petit vestige de pain, et c'est à peine si nous vîmes quelques os de cheval. Ce qui nous parut assez extraordinaire, c'est que les loups tués la veille se trouvaient sur la route sans la moindre morsure, preuve évidente de la vérité du proverbe qui dit que les loups ne se mangent pas entre eux. En rendant compte à mon ami Henri de ce qui était arrivé, je lui dis :

— C'était bien autre chose que le loup de Saint-Brieuc !

— Il n'y a pas de quoi te vanter, me répondit-il ; tu t'étais mieux tiré de tes distributions à Berlin...

CHAPITRE IV

Campagne de 1809. — Impatience d'Henri. — Voyage à Paris. — La brigade Infernale.
— Bataille d'Eckmühl. — Parquin est nommé sous-lieutenant. -- Un officier aux
arrêts avant la bataille. — Combat d'Amstetten. — Parquin est blessé. — A l'ambulance. — Le général Michel et le roi de Wurtemberg. — Parquin gouverneur
d'OEdenbourg. — Le départ d'un messager. — Retour au régiment. — Mort du sous-lieutenant Henri. — Bataille de Wagram. — « Labiffe, rebiffe-toi. » — Les pressentiments du
capitaine Rhaut. — Daumesnil et Corbineau. — Le château du prince Esterhazy. — Les
récompenses. — Rentrée en France.

Campagne de 1809. — Quand l'Autriche vit Napoléon sérieusement
occupé en Espagne, elle crut venu le moment d'une revanche de la longue
suite des revers qu'elle avait subis. Soutenue par les subsides de l'Angleterre, elle déclara la guerre à la France, et le prince Charles somma les
lieutenants de Napoléon d'évacuer tous les pays allemands. Peut-être les
Autrichiens eussent-ils réussi à nous repousser en deçà du Rhin, s'ils
avaient su agir rapidement; mais, procédant avec lenteur, ils laissèrent
échapper l'occasion, et donnèrent à l'Empereur le temps d'accourir rapidement, de réunir ses armées, de s'établir dans une solide position, et de
se voir rejoint par ses lieutenants.

Le 20 avril 1809, les Autrichiens étaient battus au combat de l'Abensberg ; le 21, la ville de Landschut tombait au pouvoir des Français qui, de
nouveau vainqueurs à Eckmühl, paraissaient devant Vienne. Cette ville,
sans énergie, capitula aux premières bombes, et reçut l'armée française.

Les 21 et 22 mai se livrait la meurtrière bataille d'Essling, pendant
laquelle Masséna et Macdonald furent merveilleux de valeur et de ténacité, mais qui demeura indécise parce qu'une crue du Danube et la destruction des ponts établis par Napoléon ne permirent pas à toutes les troupes
françaises de se trouver réunies sous la main de l'Empereur.

Après un séjour de six semaines dans l'île de Lobau, l'armée française,
reconstituée, passa de nouveau, et heureusement cette fois, le Danube, et
gagna la mémorable bataille de Wagram, le 6 juillet 1809. Cette victoire
fut suivie de l'armistice de Znaïm, et de la paix, signée à Vienne le
14 octobre 1809.

Le 1er janvier 1809, nous quittâmes tout à fait la Prusse ; mais, avant de partir, nous apprîmes par l'ordre de l'Empereur que, sur les contributions de guerre imposées à cette puissance, il avait prélevé cinq millions de francs, pour être distribués à l'armée de la manière suivante : tout individu, sous-officier et soldat, ayant fait la campagne d'Iéna, avait droit à 15 fr. ; s'il avait fait en outre celle d'Eylau, à 30 fr. ; celle de Friedland, à 45 fr. ; enfin, chaque soldat qui avait été blessé dans une campagne de Prusse ou de Pologne recevait le maximum des trois sommes. Je me trouvai compris dans cette dernière catégorie, et je reçus 45 fr. Ce fut l'ordonnateur en chef de l'armée Villemanzy qui eut le travail de la répartition. On ne doit pas ignorer que chaque officier recevait une gratification toutes les fois qu'il entrait en campagne.

Nous arrivâmes dans les cantonnements qui nous étaient affectés près de Francfort-sur-le-Mein. L'état-major du régiment et la compagnie d'élite se trouvèrent logés dans le beau village de Bockenheim, dont la plupart des maisons sont habitées par des juifs. Ce fut dans ce cantonnement que mon ami Henri, qui croyait probablement repasser le Rhin pour rentrer en France, me dit un jour :

— Parquin, est-ce que le Petit Caporal ne mettra pas son lampion de travers ? (Il appelait ainsi le chapeau historique.) Est-ce qu'il ne se fâchera pas ? Est-ce que nous ne ferons pas une autre campagne ? Est-ce qu'il ne nous faut pas ça ? dit-il en montrant son épaule gauche, où se trouvait la place de l'épaulette ; et à toi ça et ça ? en me mettant la main sur le cœur, où se place la croix de la Légion d'honneur, et sur l'épaule, place de l'épaulette.

Hélas ! ce brave et digne garçon ne se doutait guère qu'il trouverait une mort glorieuse dans cette campagne qu'il appelait de tous ses vœux, et où il devait acquérir cette épaulette, objet de ses désirs, qu'il ne porta que trois mois !

Nous restâmes dans nos cantonnements jusqu'au 1er mars, et nous nous amusâmes beaucoup, grâce au voisinage de Francfort, dont nous n'étions éloignés que d'une demi-lieue. Pendant le temps que je passai dans ce cantonnement, je me rendis à Hanau, petite ville à quatre lieues de Francfort, où résidait le quartier du général Oudinot [1], commandant la division des grenadiers réunis, dont plus tard nous devions former l'avant-garde. Mon père m'avait envoyé une lettre d'un des amis du général, M. Grélé, notaire à Paris, pour la lui remettre. Le général me reçut très bien, et après s'être informé depuis quel temps je servais, il me dit en me congédiant que sous peu je ne tarderais pas à recevoir de ses nouvelles. En effet, huit jours après, le colonel Castex me fit appeler, et me demanda si je voulais être fait maréchal des logis dans la 5ᵉ compagnie ; mais, sur ma réponse que je ne voulais pas quitter la compagnie d'élite, il n'en fut plus question. Un mois plus tard, la place du maréchal des logis Jonglas, de la compagnie d'élite, étant devenue vacante, par suite de son passage comme maréchal des logis-chef à la 2ᵉ compagnie, je fus nommé maréchal des logis dans la compagnie d'élite, le 29 février 1809.

Notre régiment continua sa route sur Augsbourg, en Bavière, et nous prîmes nos cantonnements aux environs. Le 10 avril 1809, le prince Charles [2] adressa au maréchal Davoust la lettre suivante, qui fut mise à l'ordre de l'armée :

« *A Monsieur le Général en chef de l'armée française en Bavière.*

« D'après une déclaration de l'empereur d'Autriche à l'empereur Napoléon, je préviens monsieur le général en chef de l'armée française que j'ai ordre de me porter en avant avec les troupes que j'ai sous mes ordres, et de traiter en ennemies toutes celles qui me feront résistance.

« A mon quartier général, le 9 avril 1809. »

1. Oudinot (Charles-Nicolas), né, à Bar-le-Duc, en 1767, s'engagea comme simple soldat en 1784 ; fut, en 1792, élu chef d'un bataillon de volontaires de la Meuse. Remarqué pour sa défense de Bitche, pour sa conduite au combat de Morlantes où, pendant dix heures, avec son seul régiment, il résista à dix mille hommes, il gagna ainsi le grade de général de division. Il fit brillamment les campagnes de l'Empire, fut maréchal de France après Wagram, présenté par Napoléon à l'empereur de Russie comme le Bayard de l'armée française. De 1812 à 1814, il ne cessa de combattre ; fut, pendant sa carrière militaire, blessé trente-deux fois, emporté mourant de Leipzig ; mais, rétabli, se montra d'une rare énergie pendant la campagne de France. Le maréchal Oudinot, que l'Empereur avait fait duc de Reggio, est mort en 1847, gouverneur de l'Hôtel des Invalides.

2. L'archiduc Charles-Louis, né en 1771, mort en 1847, était le troisième fils de l'empereur d'Autriche Léopold II. On le considérait comme l'un des meilleurs généraux de l'Autriche. Opposé à Jourdan et à Moreau, puis à Bonaparte, il obtint plusieurs succès contre Jourdan et Moreau, mais il ne put reprendre l'Italie à Bonaparte. Contre Napoléon il perdit la bataille d'Eckmühl, lui résista brillamment à Essling, mais fut définitivement vaincu à Wagram. Napoléon, vainqueur, appréciait hautement la valeur militaire du prince Charles.

Le maréchal Davout donna connaissance de cette lettre à l'armée, en la prévenant qu'il la réunissait pour marcher à l'ennemi, qui, orgueilleux de ses forces, avait osé violer le territoire de nos alliés.

L'Empereur, qui avait appris par le télégraphe, le 12, à Paris, la marche des Autrichiens, arriva le 17 à Donawerth [1], en Bavière, d'où il adressa à l'armée la proclamation suivante :

« Soldats !

« Le territoire de la Confédération germanique a été violé. Le général autrichien veut que nous fuyions à l'aspect de ses armes. J'arrive avec la rapidité de l'éclair ! Soldats ! j'étais au milieu de vous, lorsque le souverain de l'Autriche vint à mon bivouac en Moravie ; vous l'avez entendu implorer ma clémence, et me jurer une amitié éternelle. Vaincu dans trois guerres, l'empereur a dû tout à notre générosité ; trois fois il a été parjure ! Nos succès passés sont un sûr garant des succès à venir. Marchons donc, et qu'à notre aspect l'ennemi reconnaisse son vainqueur ! »

Cette proclamation fut reçue avec enthousiasme par l'armée. Nous formions l'avant-garde des grenadiers réunis du

1. Célèbre par un combat que livra le maréchal Soult au général autrichien Mack qui y fut défait.

Soult (Nicolas-Jean de Dieu, duc de Dalmatie), né, à Saint-Amiens-la-Bastide (Tarn), en 1769, mort en 1851, était fils d'un notaire. Fut soldat à seize ans ; sous-lieutenant de grenadiers en 1791, général de brigade en 1794, général de division en 1799, maréchal de France en 1804. C'est un des plus célèbres généraux de l'Empire ; auparavant il s'était signalé à la bataille de Fleurus, sous Jourdan ; à celle d'Altenkirchen, sous Moreau ; à Friedberg, à la bataille perdue pour nous de Stokach, surtout à celle de Zurich, sous Masséna, et, avec le même général il fut l'un des plus actifs défenseurs de Gênes. Pendant la campagne de 1805, Soult, commandant le 4e corps, fut vainqueur à Landberg, prit une part prépondérante à toutes les affaires, jusqu'à la bataille d'Austerlitz, qu'il *mena*, suivant l'expression de Napoléon. En 1806, il força Blücher de capituler dans Lubeck ; en 1807, prit Kœnigsberg. Envoyé en Espagne, Soult remporta les victoires de Burgos, d'Oporto, d'Ocana. Après avoir pris part, en 1813, aux batailles de Lutzen et de Bautzen, Soult, renvoyé en Espagne après la bataille perdue de Vittoria, tint tête à Wellington et aux Espagnols, retarda leur marche vers la France, livra les batailles d'Orthez, le 27 février 1814, et de Toulouse, le 10 avril suivant.

En 1815, Soult, major général de l'armée de Napoléon, fut privé de ses grades et honneurs, même exilé ; mais il rentra en France, et fut remis en possession de sa dignité de maréchal de France en 1820. Sous le gouvernement du roi Louis-Philippe, il fut ministre de la Guerre, et, quand il dut se retirer, pour raisons de santé, le roi lui décerna le titre de maréchal général, titre qu'avaient porté Turenne, Villars et Maurice de Saxe. Il mourut âgé de quatre-vingt-deux ans.

général Oudinot, et le général Colbert commandait notre brigade,
composée des 7ᵉ et 20ᵉ chasseurs, et du 9ᵉ hussards. Elle avait le
surnom de brigade Infernale.

Du 10 au 19, le corps d'armée manœuvra entre Munich et
Augsbourg ; mais le 19 nous eûmes une chaude affaire : quatre
mille Autrichiens furent faits prisonniers ou dispersés au combat
de Pfaffenhoffen. Le 7ᵉ chasseurs se distingua par une brillante
charge, et fit une bonne part de prisonniers. La brigade poursuivit
l'ennemi, et eut souvent des rencontres avec lui jusqu'à Ratisbonne,
où nous arrivâmes dans la matinée du 23, jour où l'Empereur,
s'étant approché de la ville à portée de mitraille, fut blessé par
une balle, au talon. La nouvelle s'en répandit à l'instant dans l'armée, et y produisit une grande sensation. Les officiers d'ordonnance de l'Empereur furent envoyés du quartier général dans
toutes les directions, pour rassurer l'armée sur la blessure que
l'Empereur venait de recevoir. Ce fut le général Lauriston, aide de
camp de l'Empereur, dont le fils était entré au régiment lieutenant
nouvellement, qui vint en personne nous dire que la blessure de
l'Empereur n'avait pas de gravité.

Le maréchal Davout[1] gagna, le jour suivant, la bataille
d'Eckmühl, qui lui valut le titre de prince. Le roi de Bavière
venait de rentrer dans sa capitale, qui avait été souillée par la
présence des Autrichiens ; ces derniers étaient en pleine déroute
sur tous les points ; aussi l'Empereur, avant de quitter Ratisbonne, remercia l'armée en ces termes :

« Soldats !

« Vous avez justifié mon attente ; vous avez suppléé au nombre
par la bravoure. En peu de jours, vous avez triomphé dans les

---

1. Davout (Louis-Nicolas), né, en 1770, à Annoux (Yonne), sortit à quinze ans de l'École
de Brienne ; il était chef de brigade en 1791 ; général de brigade en 1793 ; général de division en 1800 ; maréchal de France en 1804. Il prit part aux campagnes de Moreau et de
Bonaparte ; gagna, en 1806, la bataille d'Auerstaedt qui lui valut le titre de duc ; fait prince
d'Eckmühl, pour la part prise par lui à la bataille de ce nom. Napoléon le nomma gouverneur de Pologne en 1813-1814, et à cette époque Davout se rendit célèbre par sa défense
de la ville de Hambourg, qu'il rendit non aux Alliés, mais au roi Louis XVIII. C'est lui qui,
au retour de Napoléon en 1815, comme ministre de la Guerre, organisa une armée en moins
de trois mois. Après Waterloo, il fut chargé de la conclusion de la convention dite de
Paris. Davout mourut pair de France, en 1823.

trois batailles de Thann, d'Abensberg [1] et d'Eckmühl [2], dans les combats de Landshut [3] et de Ratisbonne. L'ennemi, enivré par un cabinet parjure, paraissait ne plus conserver un souvenir de vous ; vous lui êtes apparus plus terribles que jamais. Naguère il traversait l'Inn et envahissait le territoire de nos alliés, naguère il se promettait de porter la guerre dans le sein de notre patrie ; aujourd'hui, défait, épouvanté, il fuit en désordre ! Déjà mon avant-garde a passé l'Inn ; dans un mois nous serons à Vienne. »

C'était la brigade du général Colbert qui avait passé l'Inn. De cette ville, le 30 avril, le général Oudinot avait demandé à l'Empereur que six sous-officiers, pris parmi chaque régiment de son avant-garde, fussent faits officiers honoraires, pour remplacer les emplois qui ne manqueraient pas de se créer pendant cette campagne.

Le 6 mai, à dix heures du matin, le régiment, qui marchait ce jour-là à la tête de la brigade Colbert, atteignit l'arrière-garde au village d'Amstetten. L'ennemi se retirait sur Saint-Polten, dans la direction de Vienne. Il en résulta un engagement assez vif, où le lieutenant Lacour fut blessé d'un coup de feu au bras, et quelques chasseurs du régiment perdirent leurs chevaux par le feu de l'infanterie ennemie, occupant un bois sur la gauche de la route. A onze heures un parlementaire se présenta et fut envoyé au général Colbert. Le général commandant l'arrière-garde ennemie demandait une suspension d'armes d'une heure, ce qui lui fut accordé.

Depuis la pointe du jour, le régiment était à cheval ; les chevaux et les hommes avaient également besoin de cette halte. Le colonel Castex donna immédiatement l'ordre de débrider les chevaux et de leur faire manger la ration d'avoine que chaque chasseur avait toujours dans une petite besace sur son cheval, en campagne.

Un fort ruisseau était non loin de l'endroit où nous avions fait halte, et il nous fut d'une grande ressource pour abreuver nos

1. 21 avril 1809.
2. 22 avril 1809. — La plus grande part du succès revint à Davout qui, déjà duc d'Auerstaedt, reçut le titre de prince d'Eckmühl.
3. 20 avril 1809.

chevaux ; bref, nous mîmes grandement cette heure à profit. Les chasseurs, à défaut de vin, burent la goutte d'eau-de-vie qu'ils portaient toujours en campagne. Une croûte de pain frottée avec de l'ail fut leur modeste déjeuner, qui eut lieu de bien bon cœur, car ils avaient la certitude qu'à midi ils joindraient l'ennemi.

Cinq minutes avant que l'heure ne s'écoulât, les trompettes sonnèrent à cheval, et le colonel donna l'ordre de porter le manteau en sautoir : c'était le signal au régiment, quand on était sur le point de charger. Nous étions formés en bataille ; les hommes appelés de bonne volonté étaient sortis des rangs pour aller en tirailleurs, et nous nous mettions en route, quand le colonel Castex, passant devant la compagnie d'élite, me dit :

— Maréchal des logis Parquin, j'ai votre brevet de sous-lieutenant dans ma sabretache.

Il venait de recevoir à l'instant une réponse à la demande de six sous-officiers pour le régiment faite dernièrement par le général Oudinot à l'Empereur, et j'étais du nombre des officiers promus.

— Vive l'Empereur ! m'écriai-je.

Et m'adressant aux chasseurs de mon peloton, qui me faisaient compliment :

— Chasseurs, leur dis-je, maintenant que je suis officier, il me faut deux chevaux ; si je ne puis les prendre aux houlans moi-même, je compte sur vous pour me monter.

— Soyez tranquille, lieutenant, firent ces braves chasseurs ; nous nous chargeons de mettre des chevaux dans votre écurie.

Ils tinrent parole, car les hommes de la compagnie firent prisonniers vingt-deux houlans ou hussards montés, et ils me cherchèrent partout, après la charge, pour me donner à choisir ; mais j'étais à l'ambulance, blessé, et d'ailleurs j'avais pris moi-même deux excellents chevaux à l'ennemi. N'anticipons pas et reprenons le régiment au moment où il allait charger.

Nous venions de rompre par pelotons, et nous avions fait mille pas en avant sur la route de Saint-Polten, lorsque nous aperçûmes l'ennemi présentant dans la plaine deux lignes de bataille. La première était formée par six escadrons de lanciers, et la seconde par autant d'escadrons de hussards. Nous sûmes, une heure après, que ces lanciers étaient tous des cavaliers de la partie de la Pologne appartenant à l'Autriche. Nous vîmes bien que c'étaient des Polonais, à leur courage et à la manière dont ils maniaient leurs lances. Cependant ils succombèrent dans la lutte corps à corps qu'ils soutinrent avec le régiment et le 7ᵉ chasseurs, quoiqu'ils eussent pour les soutenir les hussards de Barko, réputés à juste titre pour un des meilleurs régiments de la cavalerie autrichienne. Les houlans et les hussards furent sabrés et mis en pleine déroute ; la poursuite ne dura pas moins de deux heures. Nous sabrâmes et prîmes environ trois cents hommes de cette cavalerie ; et le général Oudinot, qui se connaissait en résultats sur les champs de bataille, n'hésita pas à dire qu'il préférait les avantages obtenus par son avant-garde, à la prise de dix mille landwehrs.

Je dois raconter ici un épisode assez curieux dont le héros fut un de nos camarades. Pendant l'heure de la halte, dont le régiment profita, comme on vient de le voir, pour faire rafraîchir les chevaux, un de ces animaux, se trouvant détaché, passa près du colonel qui était au bivouac, au centre du régiment, et faillit l'estropier par une ruade qu'il lâcha dans sa course vagabonde. Le colonel, reconnaissant à la robe du cheval qu'il était du 2ᵉ escadron, donna l'ordre au sous-lieutenant Grignon [1], qui se trouvait dans ce moment auprès de lui et qui était de cet escadron, de faire saisir le bucéphale et de le faire entrer dans le rang. Je ne sais pas l'incident qui fit que l'ordre du colonel ne put être exécuté avant que l'animal, qui était fort aise de jouir de sa liberté, ne vînt une seconde fois traverser le bivouac. Le colonel, mécontent de voir que son ordre n'avait pas été exécuté, infligea les arrêts au lieutenant Grignon. Infliger les arrêts dans ce moment, c'était priver de son sabre un officier, et il était visible que le régiment allait charger, car les trompettes venaient de sonner à cheval, et les tirailleurs étaient déjà aux prises avec l'ennemi. L'officier Grignon, tout désolé, s'approcha du colonel et le supplia de lui faire rendre son sabre, que l'adjudant portait. Il lui dit

1. Grignon (Casimir), né à Versailles, le 13 mai 1785. Vélite aux chasseurs à cheval de la garde impériale, le 14 mars 1807 ; sous-lieutenant au 20ᵉ régiment de chasseurs, le 13 juillet 1807 ; lieutenant, le 6 mai 1811. Présumé mort en 1812, pendant la campagne de Russie.

que, sortant des vélites, c'était la première fois qu'il avait l'occasion de croiser le sabre avec l'ennemi devant le régiment. Le colonel Castex refusa, et répliqua à cet officier :

— C'est pour vous punir, Monsieur, que je vous ai retiré votre sabre pour la journée.

— Mais non pas pour m'empêcher d'aborder l'ennemi, dit le lieutenant Grignon.

Et en même temps il piqua des deux, le pistolet à la main, entra en charge et étendit mort un lancier de Mursfeld ; il se saisit alors de sa lance et continua, armé ainsi, à charger l'ennemi. Le soir, le colonel, qui sut la manière brillante dont le lieutenant Grignon s'était conduit, lui en fit compliment en lui faisant rendre son sabre par l'adjudant.

J'ai le regret d'annoncer que ce brave lieutenant Grignon, avec lequel je m'étais lié d'amitié, est mort capitaine au régiment, dans la désastreuse campagne de Russie.

En parlant de la journée du 6 mai 1809, à jamais glorieuse pour le 20ᵉ chasseurs, je ne dois pas oublier de mentionner la part qui en revient au 7ᵉ chasseurs. Ces deux régiments, de la même brigade, avaient entre eux les relations les plus amicales, et se soutenaient avec ardeur sur les champs de bataille. Au moment où les houlans furent rejoints par les hussards de Barko, les premiers firent volte-face et reprirent l'offensive. Dans cet instant critique pour le 20ᵉ, qui, débordé de toutes parts, ne pouvait battre en retraite qu'en traversant un petit pont, le colonel Castex et les officiers se dévouèrent, et, chargeant à outrance, ils arrêtèrent l'ennemi, en donnant ainsi le temps au brave 7ᵉ d'arriver, et au 20ᵉ de se rallier.

Dans cette mêlée, le colonel Castex prononçait ces paroles qui vibrent encore à mes oreilles :

— Ralliez-vous à moi, chasseurs ! Chasseurs, vous perdez le fruit de la plus belle charge qui ait jamais été faite !

Au même moment, un hussard de Barko, peu poli, lui coupait la parole en lui appliquant un vigoureux coup de sabre qui partagea le coffret de sa giberne en deux. Le colonel, se sentant frapper, retourna son cheval pour se défendre, en disant :

— Qu'est-ce que ce cadet-là ?

Ce cadet-là avait vécu, car, dans le moment où il frappait le colonel, le trompette de ce dernier, qui était d'ordonnance auprès de lui, le tuait d'un coup de pistolet. Ce fut à cet instant que le chef d'escadron Bertin [1] et l'officier Maréchal [2], qui, une heure auparavant, avaient reçu l'un et l'autre de l'avancement, furent frappés mortellement. Les officiers Roissard et Maille étaient blessés par de forts coups de lance. En un mot, sur trente officiers présents, dix, dont deux morts, se trouvaient hors de combat. Il était temps que le jeune et intrépide commandant Hulot [3] arrivât avec le 7e chasseurs ; il entra en charge avec les compagnies Salmon et Paravay [4], aussitôt qu'elles eurent passé le pont. Ces compagnies donnèrent tête baissée dans la cavalerie ennemie, sabrant, pointant et culbutant tout ce qui s'opposait à cette charge terrible. Le 20e chasseurs reprit alors l'offensive avec le 7e, et ce ne fut plus qu'une déroute complète pour l'ennemi.

Dans cette circonstance, je me dirigeais avec quelques chasseurs de la compagnie d'élite, en ligne droite, sur un point de la route qui faisait le coude, afin de couper la retraite aux houlans, lorsqu'un hussard de Barko, que j'avais laissé derrière, me tira un coup de pistolet, à bout portant, en passant devant moi. La balle me traversa le bras gauche dans les chairs, perça mon habit au téton gauche, traversa le bonnet de police que j'avais sous ma veste, et sortit par le côté droit. Me sentant blessé, et perdant beaucoup de sang, je fis demi-tour et me retirai en arrière. J'avais à peine fait cinquante pas dans cette direction, que je rencontrai le colonel Castex qui me dit :

— Où allez-vous, Monsieur?

1. Bertin (Jean), né le 22 décembre 1769, à Mayrinette (Aveyron). Dragon au régiment de la reine, le 6 décembre 1787 ; arrivé au 20e régiment de chasseurs à cheval, le 15 avril 1793 ; sous-lieutenant, le 19 juin 1794 ; capitaine, le 10 août 1803 ; chef d'escadron, le 30 avril 1809. Tué le 6 mai 1809. Membre de la Légion d'honneur, le 5 novembre 1803.

2. Maréchal (Louis-Benjamin), né à Saint-Quentin, en 1777. Chasseur au 20e régiment, le 21 août 1799 ; maréchal des logis-chef, le 8 septembre 1802 ; sous-lieutenant, le 8 mai 1807. Tué le 6 mai 1809, devant Amstetten.

3. Le commandant Hulot était le beau-frère de Moreau ; il devint maréchal de camp et lieutenant général honoraire. L'Empereur disait de lui qu'il fallait avoir l'âme bien trempée, pour avoir fait la pénible campagne de Russie avec un œil et un bras de moins.

4. Paravay (Jean), né, le 14 janvier 1767, à Auxon-Dessous (Doubs). Chasseur au 7e régiment, le 15 janvier 1789 ; maréchal des logis, le 28 septembre 1794 ; adjudant sous-officier, le 5 février 1802 ; sous-lieutenant, le 21 décembre 1802. Quitta l'armée avec une pension de retraite.

— A l'ambulance me faire panser, mon colonel, lui répondis-je en lui montrant ma blessure et lui présentant mon sabre tout teint du sang ennemi. Vous voyez, colonel, que j'ai fait mon devoir.

— Oui, oui, reprit-il ; je vous ai vu, Parquin.

Et je me retirai à l'ambulance, qui était à une lieue en arrière sur la grande route.

J'y retrouvai le cheval noir courte queue et courtes oreilles qui avait appartenu à un officier de hussards de Barko. C'était ma propriété depuis que cet officier était tombé de cheval, frappé à mort par la balle de mon pistolet. J'avais donné ce cheval à un chasseur dont le sien ne pouvait marcher. Un autre cheval m'appartenait, c'était celui d'un houlan que j'avais blessé ; je l'avais donné, pour le conduire en arrière, au nommé Saron, jeune trompette, enfant de troupe, âgé de douze ans, qui n'avait pas assez de force pour échanger un coup de sabre avec des adversaire de la trempe de ceux que nous combattions.

Lorsque j'arrivai à l'ambulance, le chirurgien, voyant la quantité de sang que j'avais répandue, et s'apercevant que ma veste était percée au côté gauche et au côté droit, craignit que la balle ne me fût entrée dans le corps ; aussi, en déboutonnant ma veste d'uniforme, me fit-il sauter quatre boutons, par son empressement à s'assurer du fait. Ce fut alors que je dus m'applaudir de n'être blessé qu'au bras, quand la balle m'avait labouré la poitrine et aurait pu me blesser mortellement.

Dans cette affaire, le jeune Lauriston, arrivé depuis peu de jours au régiment, sortant des pages de l'Empereur, rencontra sur le champ de bataille un capitaine commandant des houlans, qu'il renversa sous son cheval. Cet officier tendit les mains vers lui, en s'écriant :

— Je suis votre prisonnier, je me rends ; qu'on ne me fasse point de mal.

Lauriston fit dégager ce capitaine de dessous son cheval, et l'envoya à son père, qui était au quartier général, aide de camp de l'Empereur.

Arrivé là, les courtisans transformèrent ce capitaine en colonel, que l'ancien page avait combattu corps à corps dans un combat singulier, en présence de tout le régiment ! Et voilà comme les erreurs se propagent dans l'histoire ; car ce fait, ainsi dénaturé aux yeux de l'Empereur, fut inscrit tout entier dans le bulletin de l'armée. Cette circonstance, que je ne rapporte que pour rendre hommage à la vérité, ne saurait porter aucune atteinte au mérite de Lauriston, qui a donné de nombreuses marques de son courage au régiment. A la bataille de Wagram, il eut deux chevaux tués sous lui, et il a su se faire remarquer par une rare intelligence dans la campagne de Russie, où il était officier d'ordonnance de l'Empereur. Étant un jour, en 1814, chez son père, le général Lauriston, je ne quittais pas des yeux le tableau représentant son fils à cheval, aux prises avec le colonel des houlans, en combat singulier. Le général s'approcha de moi et me dit :

— Capitaine Parquin, vous qui sortez du 20e chasseurs, comment trouvez-vous que le combat soit rendu ?

Moi, qui ne suis pas courtisan, je répondis :

— Ma foi, général, les uniformes sont très ressemblants.

Par cette réponse, je me tirai de l'embarras où me jetait cette question, sans froisser en rien la vérité.

Mais revenons à l'ambulance, où je trouvai beaucoup de chasseurs et plusieurs officiers blessés. Il y avait parmi ces officiers un sous-lieutenant sortant des vélites et qui faisait sa première campagne au régiment ; il se nommait Maille. Je lui dis :

— Mon camarade, si nous restons sur la route dans les circonstances actuelles, nous serons mal logés et exposés à des rencontres désagréables ; si vous voulez venir avec moi sur la droite ou sur la gauche, nous trouverons un endroit où nous serons mieux.

Il accepta, et nous nous rendîmes à quelques lieues en arrière, à la gauche d'Amstetten, sur la route de Lintz. Nous arrivâmes dans la petite ville de Steyer, où nous nous établîmes en sauvegarde, M. Maille chez le curé, et moi chez le bourgmestre. Nous nous étions fait suivre de deux chasseurs légèrement blessés.

Nous fûmes très tranquilles dans ce cantonnement, où nous reçûmes les soins d'un chirurgien. C'était mon hôte qui me les prodiguait : car il était médecin et chirurgien de la ville de Steyer. Au bout de quinze jours, nous marchions rapidement vers notre guérison, qui cependant aurait voulu que nous y restassions encore quelques semaines. Lorsque le bourgmestre, qui parlait français, nous annonça la bataille d'Essling, il la présenta comme une victoire de l'armée autrichienne ; je demandai tout de suite à mon camarade s'il voulait rejoindre le régiment, lui disant que, dans un moment où l'armée venait d'essuyer un échec, il était du devoir de tout officier d'être sous les armes au corps.

— Mais ni vous ni moi, mon cher Parquin, nous ne sommes guéris, reprit-il.

— Nous nous guérirons en route, lui dis-je. Croyez que notre arrivée produira un bon effet.

— C'est possible, me dit Maille, mais je ne saurais soutenir le cheval : le coup de lance que j'ai dans le ventre me ferait trop souffrir.

— Que cela ne vous gêne pas : n'avez-vous pas la voiture de votre curé ? Je la ferai mettre en réquisition par le maire, et vous voyagerez à votre aise dans cette voiture, jusqu'à ce que vous puissiez monter à cheval.

— Je vous demande encore huit jours, me dit Maille.

— Soit, nous partirons le 1ᵉʳ juin.

Nous nous mîmes en route, en effet, à cette époque, mon ami Maille dans la voiture du curé, et moi à cheval : je pouvais supporter ainsi le voyage en portant mon bras en écharpe. Le même jour, nous avions joint la grande route de Vienne, et nous passions sur le terrain où nous avions été blessés, et où plusieurs de nos camarades étaient enterrés, enfin sur le terrain où la brigade s'était couverte de gloire.

Le 3 juin, nous entrions à Vienne, où nous sûmes que notre brigade s'était mise en marche, depuis le 12 mai, avec la cavalerie du général de division Montbrun, formant l'avant-garde du corps d'armée du général Lauriston. Les troupes devaient opérer leur jonction à Neustadt avec le vice-roi, qui faisait battre en retraite, sur la Hongrie, le prince Jean et son armée.

Nous fîmes séjour à Vienne. J'y avais rencontré un officier d'infanterie de la garde impériale, dont la famille, qui habitait Joigny, était liée d'amitié avec mon père. Voulant lui faire une honnêteté, je l'invitai à dîner. M. P.... était de la division du général Michel [1]. Cette division, le matin même, avait été passée en revue à Schœnbrunn, venant de France, et le général était dans l'angoisse de la réception qui lui serait faite par l'Empereur, se trouvant un jour de route en retard dans sa marche.

— L'épisode est assez curieux, Parquin, me dit M. P..., pour être raconté.

— Volontiers, lui dis-je.

Et il commença aussitôt.

— Vous pensez, mon cher Parquin, qu'une division de grenadiers à pied, composée de jeune et vieille garde, est une ressource sur laquelle l'Empereur compte à jour fixe. Le général Michel, en quittant l'École militaire à Paris, était parti avec l'ordre de rejoindre l'Empereur pour le 1er juin. Les étapes étaient marquées, et le général ne croyait pas qu'aucune puissance humaine, excepté un ordre de l'Empereur, pût le retenir un jour de plus dans sa route, car, ayant passé le Rhin, l'ordre était de ne plus faire séjour. Mais voilà qu'arrivé à Stuttgard, le général réunit son corps d'officiers et alla faire une visite au roi de Wurtemberg, qui les reçut très bien, fit compliment au général sur la tenue de son corps d'officiers ; puis, au grand étonnement du même général Michel, lui annonça que, le lendemain, il passerait sa division en revue. Le général s'excusa de ne pouvoir avoir cet honneur, disant que les jours étaient comptés, que le 1er juin il devait arriver à Schœnbrunn, qu'il en avait l'ordre positif de l'Empereur.

— Je vous passerai en revue, monsieur le général, reprit le roi de Wurtemberg, ou bien vous n'aurez ni vivres, ni logements, ni voitures pour vos équipages.

Sur les réclamations du général, le roi ajouta :

— Je suis maître, je crois ; ainsi comptez sur ce que je viens de vous dire.

Le général Michel aurait pu lui répondre :

1. Le même qui fut frappé de dix coups de feu à Waterloo, et qui prononça avant sa mort ces sublimes paroles : « La garde meurt et ne se rend pas », qu'on a faussement prêtées au général Cambronne, qui, du reste, a déclaré ne pas les avoir prononcées. (*Note de Parquin*).

La vérité n'a jamais été bien éclairée sur la réponse faite soit par le général Michel, soit par Cambronne ; Victor Hugo, s'appuyant sur une légende, affirme qu'un seul mot fut répondu par Cambronne, mot malpropre, mais d'une énergie toute nationale.

— Sire, avec ma division, je ferais des vivres partout, et je prendrais même possession de votre royaume.

Mais il préféra lui dire :

— Votre Majesté emploie de tels moyens, que je ne saurais lui résister. A quelle heure, Sire, passerez-vous la revue de ma division ?

— A midi, fut la réponse du roi, qui nous congédia.

Le même jour, le général Michel fit partir un courrier pour instruire le major général de l'incident qui retardait notre arrivée d'un jour. Le lendemain, nous fûmes passés en revue par le roi de Wurtemberg. Sa Majeté, assise dans une calèche découverte, laissa apercevoir néanmoins un énorme ventre, ce qui fit éclater de rire les soldats, tout étonnés d'ailleurs de cette nouvelle manière de passer les troupes en revue.

Le soir, les officiers furent invités à dîner chez le roi, qui eut la galanterie de nous faire des compliments sur la belle tenue de notre division ; il venait, disait-il, de voir les plus valeureuses troupes du monde.

Le jour suivant nous quittâmes Stuttgard ; mais cette circonstance nous fit arriver à Schœnbrunn un jour en retard. L'empereur, qui en fut prévenu, dit au prince de Neufchâtel, en présence du général Michel :

— Si cet homme-là (en parlant du roi de Wurtemberg) avait trente ans de moins et fondait dans un jour de deux cents livres de graisse, j'en ferais mon major général, car c'est un homme qui a du caractère.

M. P... ayant fini de raconter l'anecdote que je rapporte, me quitta pour se rendre à son logement. Je lui fis mes adieux ; car, le lendemain matin, je partais avec mon ami Maille par la route de Neustatd pour nous rendre en Hongrie.

Nous arrivâmes le 5 à Œdenbourg, petite ville de la Hongrie. Mon camarade Maille avait très bien supporté la route. Il n'en était pas de même pour moi, car sous l'action des fortes chaleurs ma blessure avait empiré, et mon bras avait considérablement enflé. Arrivé à mon logement, je fis venir le docteur, qui, après avoir examiné mon bras, témoigna son étonnement de ce que je me fusse mis en route avec une blessure qui n'était pas fermée ;

il ajouta que la gangrène pourrait gagner la plaie si je continuais
à faire route, surtout à cheval et par les fortes chaleurs de la saison. Ma résolution fut bientôt prise. Je laissai mon camarade
Maille continuer sa route, et je commençai sérieusement à me
soigner. Le chirurgien m'avait dit que dans trois semaines je
serais parfaitement guéri,
et je n'hésitai pas à les
passer dans cette ville, où

le chirurgien qui me soignait paraissait excellent.

J'étais depuis deux jours à OEdenbourg, quand je reçus une
visite à laquelle j'étais loin de m'attendre. Le bourgmestre et deux
conseillers municipaux de la ville se présentèrent chez moi, et
leur ayant demandé ce qui me valait l'honneur de leur visite, le
bourgmestre s'exprima ainsi :

— Monsieur l'officier, la ville d'OEdenbourg fut occupée pour
la première fois, vers la fin du mois de mai, par le corps d'armée du général Lauriston. Le général, en partant, n'a pas laissé

dans notre ville un officier pour commander la place et y faire régner l'ordre durant le passage des troupes ; ce qui fait qu'il nous arrive journellement des traînards qui sont exigeants chez leurs hôtes et s'y conduisent fort mal. Aucune autorité française n'étant ici pour y mettre ordre, nous venons vous prier, monsieur l'officier, de prendre le commandement de la place pendant le temps de la guérison de votre bras. Le docteur qui vous soigne est membre de la municipalité, et il nous a dit qu'il fallait au moins trois semaines pour vous guérir. Nous vous serons très reconnaissants, monsieur l'officier, de vous rendre à cette requête.

— J'accepte, Messieurs, la proposition que vous venez de me faire ; je l'accepte dans l'intérêt de mes compatriotes et dans le vôtre ; mais aucune considération ne me fera rester plus longtemps que ma guérison ne l'exige.

Dès le lendemain, j'avais un factionnaire à ma porte, et un poste de quatre hommes, commandés par un caporal de la garde civique, vint se mettre à ma disposition. J'entrai donc en fonctions comme commandant de place à OEdenbourg. Il y avait deux jours que j'exerçais ces fonctions, lorsqu'il arriva une compagnie d'officiers à pied. C'étaient les gardes du corps du vice-roi, qui allaient le rejoindre à l'armée. Je leur fis distribuer des logements d'officiers, ce à quoi ils avaient droit ; mais j'eus une peine infinie à les obtenir de la municipalité, qui ne voyait dans ces messieurs que de simples soldats, bien qu'ils fussent chamarrés d'argent sur toutes les coutures de leur habillement.

Le 10 juin, il m'arriva un courrier du major général de l'armée, porteur de dépêches pour le général Marmont, qui était à Laybach, en Illyrie. Je n'avais aucun moyen de faire parvenir ces dépêches, car la route d'Illyrie et celle d'Italie étaient interceptées par les partisans du général Chasteler, qui, avec sa cavalerie, s'était détaché de l'armée du prince Jean, pour se jeter sur les derrières de l'armée du vice-roi. Je tenais cependant à faire arriver ces dépêches au général Marmont, dont la marche devait être de quelque importance. Le courrier du major général connaissait les dangers et ne voulait pas continuer sa route, tels avantages que je lui fisse ; il devait s'arrêter à OEdenbourg, et refusant d'aller plus loin, il me remit le paquet du major général. Il

Peint par H. Vernet

Gravé par J. M. Fontaine

WAGRAM (6 juillet 1809).

était dix heures du soir, je fis rassembler immédiatement le conseil de la mairie, ayant en tête le bourgmestre, et je m'exprimai ainsi :

— Messieurs, j'ai des dépêches à faire parvenir à Laybach, en Illyrie, pour le général Marmont. Il faut que vous me désigniez un homme intelligent, parlant le français, ce qui ne peut être rare parmi les habitants de votre ville ; vous le mettrez dans une bonne chaise de poste avec un domestique ; vous lui délivrerez un passeport comme à un noble Hongrois qui va en Illyrie prendre les eaux pour sa santé. S'il est rencontré par les partisans du général Chasteler, il montrera son passeport, et nul doute qu'ils ne le laissent passer, les partisans n'ayant pas l'habitude de visiter ou de chagriner leurs compatriotes. Si, au lieu de rencontrer les partisans, il est rencontré par les troupes françaises, il montrera alors les dépêches qu'il a à remettre entre les mains du général Marmont, et sa mission se trouvera remplie. Que faut-il pour cela, messieurs ? quatre choses : un Hongrois intelligent, une chaise de poste, un passeport et de l'argent. Ce messager doit être parti dans deux heures. Voici la dépêche, dont monsieur le bourgmestre va me donner un reçu. J'ajouterai, messieurs, que si les choses ne se font pas comme je viens de vous l'indiquer, demain l'Empereur sera instruit de votre mauvaise volonté, et votre ville doit s'attendre à être frappée d'une contribution extraordinaire.

Le conseil délibéra sur-le-champ, et adopta sur tous les points ma proposition. Avant huit jours le messager fut de retour, m'apportant un reçu du maréchal Marmont, qu'il avait trouvé avec son corps d'armée au delà de Laybach. Le messager me remit en outre, pour le major général, un paquet que je fis également porter par un messager hongrois.

Le 15 juin, il m'arriva un courrier du cabinet de l'Empereur, apportant une lettre ayant pour titre : « A Monsieur le commandant de la place d'OEdenbourg, en Hongrie ». Cette lettre était tout entière écrite de la main de l'Empereur ; elle était illisible, mais le général Lemarois, son premier aide de camp, l'avait recopiée derrière la page très lisiblement. Voici cette lettre :

« Commandant, le général Chasteler avec un corps de cavalerie autrichienne s'est jeté sur les derrières de l'armée d'Italie pour faire la guerre en partisan. Le régiment de chevau-légers polonais de ma garde va arriver en garnison à OEdenbourg. Concertez-vous avec son colonel pour que la route de votre ville à Comorn ne soit point interceptée, et tenez-vous sur le qui-vive.

» Schœnbrunn, 15 juin 1809.

» NAPOLÉON. »

En effet, le lendemain, le régiment de chevau-légers arriva : les fourrages, les vivres et les logements étaient préparés pour les recevoir. Je fus immédiatement rendre visite au général Krasinski, colonel du régiment, et je lui donnai connaissance de la lettre de l'Empereur, qu'il me pria de lui laisser ; cette lettre concernant le service de son régiment, il voulut la garder.

Pendant le séjour des lanciers à OEdenbourg, je me liai d'amitié avec l'adjudant-major Duvivier. C'était le seul Français qui fût dans le corps.

Le 14 juin, anniversaire de Marengo et de Friedland, le prince Eugène gagnait la victoire de Raab sur le prince Jean[1] et l'archiduc palatin, qui avait rejoint son frère à Comorn, avec six mille Hongrois provenant d'une nouvelle levée. Le résultat de la bataille fut la déroute complète des archiducs, qui perdirent beaucoup d'hommes tués, plusieurs pièces d'artillerie, des drapeaux et cinq à six mille prisonniers.

Le 16 juin arrivèrent à OEdenbourg plusieurs blessés du 20e chasseurs, entre autres le brigadier André[2], de la compagnie d'élite, près de qui je m'informai avec empressement du régiment.

— Il a beaucoup souffert, me répondit-il, surtout la compagnie d'élite ; le capitaine Capitan et le sous-lieutenant Henri sont morts de leurs blessures.

A ces dernières paroles, une larme coula de mes yeux. — Pauvre Henri ! m'écriai-je. Sa mort a-t-elle été instantanée, au moins ?

1. Jean, archiduc d'Autriche, fils de Léopold II, né en 1782, mort en 1859 ; perdit contre Moreau la célèbre bataille de Hohenlinden (1800) ; contre le prince Eugène, en 1809, celle de Raab, mais il prit Huningue en 1815. C'était un prince savant et estimé des Autrichiens pour son caractère.

2. André (Jean). Entré au régiment le 12 messidor an VII (30 juin 1799), réformé le 23 mars 1811.

— Je l'ai vu tomber de cheval, frappé par un boulet qui lui a emporté la cuisse. On l'a porté à l'ambulance, et le soir on est venu dire à la compagnie que, quelques minutes après avoir supporté l'amputation avec un grand courage, il était mort !

Le capitaine Capitan, ajouta André, a été bien malheureux, car c'est pour avoir voulu le préserver de la mort qu'on l'y a précipité. Vous saurez, mon lieutenant, qu'il était sept heures du soir ; le feu avait cessé sur toute la ligne ; je crois même que c'est le dernier boulet que l'ennemi a tiré, qui a frappé le capitaine. Celui-ci avait mis pied à terre et donné son cheval à tenir, pour se porter à dix pas de l'escadron et y satisfaire un petit besoin. Il était debout, les jambes écartées, faisant face à l'ennemi, lorsque les chasseurs à cheval aperçurent dans la plaine un boulet arrivant à ricochet droit sur lui. Aussitôt ils s'écrièrent : — Capitaine, prenez garde ! voilà un boulet qui arrive droit sur vous ! A cet avertissement, le capitaine, par un mouvement peut-être involontaire, rapprocha vivement la jambe droite de la jambe gauche, et en ce moment même sa jambe droite fut fracassée. Sans ce funeste avertissement, il est probable que le boulet serait passé entre les deux jambes. Quelques instants après, il était mort.

Je regrettai sincèrement le capitaine ; mais, je n'ai pas besoin de l'avouer, tous mes regrets étaient concentrés sur mon pauvre Henri [1].

Le 20 juin, je reçus du quartier général du prince de Neufchâtel des proclamations pour être affichées et répandues dans la ville d'OEdenbourg : le but de ces proclamations était de détacher les Hongrois de la cause impériale d'Autriche ; mais les Hongrois, en 1809, étaient fortement attachés à l'empereur d'Autriche, et leur fidélité ne faisait que s'accroître par suite de ses malheurs récents. Je me rappelle que l'empereur Napoléon leur adressait des paroles qui certes étaient susceptibles de les ébranler:

« Je ne veux rien de vous, Hongrois, disait l'Empereur ; vous avez une langue nationale, devenez nation ; réunissez-vous

---

1. Henry (Jean), né en 1780, à Verdun (Meuse). Trompette au 20e régiment de chasseurs à cheval, le 11 février 1795 ; maréchal des logis, le 1er juillet 1806 ; sous-lieutenant, le 1er mai 1809. Tué le 13 juin 1809.

dans les plaines de Racos, comme jadis vos ancêtres le faisaient, pour élire un chef, je l'accepterai. »

Les Hongrois, comme je l'ai déjà dit, restèrent inviolablement attachés à leur souverain. Toutes les proclamations en latin et en allemand affichées le matin, étaient déchirées la nuit.

Il y avait trois semaines que j'étais à OEdenbourg ; ma blessure allait on ne peut mieux ; j'écrivis au prince de Neufchâtel la lettre suivante :

« Mon prince,

» La ville d'OEdenbourg, en Hongrie, était restée sans commandant de place depuis le passage du corps d'armée du général Lauriston. En passant dans cette ville pour rejoindre mon régiment, une blessure que j'avais reçue le 6 mai, et que je croyais guérie, se rouvrit et me força d'y faire séjour.

» Le bourgmestre et deux membres de la municipalité vinrent alors me prier de prendre le commandement de la place. Je l'acceptai ; car, ne pouvant, à cause de ma blessure, être dans les rangs des combattants, je pouvais encore être utile à l'armée dans le poste qui m'était offert. Maintenant que je suis guéri et que le devoir me prescrit de rejoindre mon régiment, j'ai l'honneur de prier Votre Altesse Sérénissime d'envoyer un officier pour me remplacer dans le commandement d'une ville qui, à cause des ressources qu'elle présente, mérite d'être ménagée.

» J'ai l'honneur d'être avec un profond respect,

» Mon prince,

» Votre très humble et très obéissant serviteur,

» Ch. PARQUIN,

» Sous-lieutenant au 20ᵉ chasseurs, maintenant commandant la place d'OEdenbourg.

» 24 juin 1809. »

Le 28 juin, un officier d'état-major, ayant le grade de chef de bataillon, arriva avec l'ordre du prince de Neufchâtel de prendre le commandement de la place d'OEdenbourg. Il lui était enjoint de prendre tous les renseignements possibles auprès du lieutenant Parquin au sujet de cette ville, et d'autoriser cet officier à rejoindre son régiment, si sa blessure était entièrement guérie.

Je quittai le lendemain OEdenbourg, emportant, j'ose le

dire, l'estime des habitants. Je ne jugeai pas à propos d'aller sur Raab ; je me dirigeai par la route la plus courte sur Vienne, et je rejoignis mon régiment au pont sur le Danube. J'étais heureux de retrouver mes camarades, qui m'accueillirent fort bien ; mais j'eus le cœur navré en ne retrouvant plus mon cher Henri.

J'eus des détails sur sa mort. Le maréchal des logis Nicloux [1], qui fut chargé de le conduire à l'ambulance, me dit que lorsque l'amputation fut terminée, il tâchait de le rassurer sur le résultat, en lui disant :

— Maintenant, mon lieutenant, dans quelques mois vous serez aux Invalides, à faire avec votre canne des plans de bataille.

Je lui faisais des contes de cette sorte, disait Nicloux, pour le distraire ; mais je craignais bien qu'à la suite d'une si terrible amputation, la fièvre ne vînt enlever mon digne lieutenant. J'étais très affecté, mais je cachais mes craintes. Tout à coup le lieutenant me dit :

— Maréchal des logis, donnez-moi ma sabretache.

Ayant satisfait à sa demande, je le vis tirer de cette sabretache une petite glace qui lui servait pour sa toilette au bivouac et en route (car ce bon Henri était très coquet) ; puis, après y avoir jeté les yeux rapidement, il me dit en me serrant la main :

— Adieu, maréchal des logis ; je vous remercie de vos soins ; faites mes amitiés à tous mes camarades présents et absents. (Je m'appliquai cette dernière expression, car nous nous aimions bien, Henri et moi.) Dites-leur bien que je suis content de moi, car j'ai envisagé la mort sans pâlir !

Une minute après, notre brave lieutenant expira. Ce fut un deuil général dans le régiment.

Le 5 juillet, nous allâmes bivouaquer dans un village à trois lieues du pont de la plaine de Wagram. Le soir, dormant sur la paille, pêle-mêle avec mes camarades, dans une maison de paysan non habitée, je me réveillai à minuit, et j'aperçus l'officier Rhaut [2] qui était encore occupé à écrire.

1. Nicloux (Louis), né en 1779, à Favre (Moselle), entré au service le 20 germinal an VIII (30 mars 1800), devint sous-lieutenant le 6 avril 1812, et passa au 2ᵉ régiment de lanciers le 18 août 1814.

2. Raux et non Rhaut (Gérard), né à Verdun (Meuse), le 10 avril 1777. Chasseur au 20ᵉ régiment de chasseurs à cheval, le 20 mai 1794 ; maréchal des logis-chef, le 12 décembre 1810

— Que faites-vous donc là à cette heure, mon cher camarade ? lui dis-je.

— J'écris à ma famille (il était de Verdun), et de plus à une jeune personne que j'aime beaucoup, dont je suis aimé, et qui est ma fiancée ; je lui écris que demain, dans la bataille qui doit se livrer, je serai tué.

— C'est un rêve que vous faites là, lui dis-je ; c'est le contraire qu'il faut croire.

Là-dessus je me rendormis jusqu'à cinq heures, où je me réveillai, car la trompette sonnait déjà dans le village ; un instant après j'étais à cheval.

Le 6 juillet, le soleil éclairait à peine l'horizon, qu'une forêt de baïonnettes resplendissait de tous côtés dans la plaine en réfléchissant les rayons du soleil dans mille directions différentes ; les tambours retentissaient au loin ; tout nous faisait présager une belle et chaude journée. Notre brigade était venue reprendre son poste d'avant-garde des grenadiers réunis sous les ordres du général Oudinot. Nous manœuvrions sous le boulet ennemi depuis huit heures du matin ; il était midi lorsque la brigade Colbert, forte de trente-trois escadrons dont nous faisions partie, fit un mouvement au trot, en colonne par escadrons, pour venir occuper le centre de l'armée, derrière cent pièces de l'artillerie de la garde impériale, commandée par le général Lauriston. Nous étions toujours exposés au feu de l'artillerie ennemie qui, dans une formidable position, riposta à la nôtre. Les canonniers de la garde avaient mis l'habit bas pour être plus libres dans leurs mouvements.

Le lieutenant Lauriston [1] commandait un peloton à la droite du mien. Son père, qui commandait toute l'artillerie de la garde, comme je l'ai déjà dit, venait toutes les demi-heures toucher la main de son fils. Il y avait à peine une minute qu'il venait de le quitter, lorsqu'un boulet ennemi traversa de part en part le cheval

sous-lieutenant à l'élection, le 21 mai 1804 : lieutenant, le 8 mai 1807. Tué le 6 juillet 1809, à Wagram. Membre de la Légion d'honneur, le 1er octobre 1807.

1. Lauriston (Alexandre-Bernard Law, duc de), petit-fils du financier Law, né à Pondichéry, en 1768, mort en 1828. Entra dans l'artillerie en 1793, fut général de brigade en 1800, commanda les troupes de terre embarquées sur l'escadre de Villeneuve en 1805. Il combattit aux armées d'Allemagne, d'Italie, d'Espagne, de Russie, fut fait prisonnier à Leipzig ; rentré à l'époque de la Restauration, devint ministre de la maison du roi.

de Lauriston. Le boulet était entré derrière le mollet gauche du cavalier, et il était sorti derrière son mollet droit. Cet officier était tombé, couché sous son cheval, et je crus un instant qu'il avait la jambe gauche coupée. Je fis mettre tout de suite quelques chasseurs pied à terre pour le dégager, puis je lui demandai :

— Lauriston, souffrez-vous de la jambe gauche ?

Il me répondit :

— Mon cher Parquin, elle est tout engourdie, mais j'ignore moi-même si elle est touchée.

Enfin, les chasseurs parvinrent à le tirer de dessous son cheval, et notre angoisse disparut en voyant Lauriston sauter sur ses deux jambes.

— Ce n'est rien, je n'ai pas été touché, dit-il.

— Eh bien ! mon cher, dis-je en lui donnant la main, je vous fais mon compliment, vous avez du bonheur.

Lauriston se retira à pied, et alla prendre un des chevaux de son père, car aucun de nos chevaux de main au régiment n'avait pu passer. L'ordre avait été donné de livrer le passage des ponts sur le Danube aux hommes combattants seulement, et nos domestiques étaient restés en arrière.

Une demi-heure s'était passée depuis que le cheval de Lauriston était tombé, lorsque j'aperçus de loin le général Lauriston qui venait probablement toucher de nouveau la main de son fils. J'envoyai immédiatement le brigadier de droite de mon peloton au-devant de lui, pour le rassurer sur son sort.

Il y avait une heure que nous étions dans cette pénible mais honorable position, car nous soutenions les cent pièces d'artillerie de la garde, dans la crainte que la cavalerie ennemie ne les chargeât, lorsque enfin notre feu força l'artillerie du prince Charles de cesser le sien ; alors notre brigade se mit en marche, prenant le même chemin et conservant le même ordre qu'à notre arrivée. Plus loin, les boulets ennemis passaient dans nos rangs, et allaient tomber près de l'Empereur, devant lequel nous défilions. Avant d'arriver à notre place de bataille, devant les grenadiers réunis, nous traversâmes un fort ruisseau qui serpentait dans la plaine de Wagram, et, à deux heures, nous étions formés en ligne de bataille. Trois carrés autrichiens sur six rangs, soutenus par l'artillerie du prince de Hohenzollern, occupaient la plaine devant nous. Le lieutenant Lauriston venait de nous rejoindre en grande hâte, montant un cheval de son père, et sans avoir pris le temps de substituer sa selle d'ordonnance du régiment au harnachement de sa nouvelle monture, dont la housse était en or.

Le général Oudinot passa au galop devant notre brigade, et dit au colonel Labiffe [1], qu'il connaissait :

— Allons, Labiffe, rebiffe-toi, tu vas charger.

En effet, au même moment, le brave général Colbert enleva sa brigade, composée des 7e et 20e régiments de chasseurs à cheval et du 9e régiment de hussards, qui chargèrent avec intrépidité les carrés ennemis qu'ils avaient en face d'eux en plaine.

Le 7e chasseurs chargea, ayant le général Colbert à sa tête ; mais, à cent pas, une fusillade terrible du carré ennemi porta un désordre affreux dans les rangs de ce régiment. Le général Colbert fut atteint d'une balle à la tête ; plusieurs officiers furent tués ou blessés, et cinquante à soixante chasseurs mis hors de combat : le 7e chasseurs dut faire demi-tour ; ce que voyant, le colonel Castex, au lieu de charger sur le carré qui était en face de lui, comme il en avait reçu l'ordre, aima mieux diriger le régiment, qui était au trot, sur le carré qui venait de faire feu sur le 7e chasseurs. Il commanda à propos :

— Escadrons, demi-à-droite, au galop, et chargez.

Le carré ne put résister à cette nouvelle charge et il fut enfoncé. Le 9e hussards avait réussi sur son carré ; la brigade en avait donc enlevé deux ou trois, sous le feu terrible de l'artillerie ennemie, qui, voyant les carrés enfoncés, tirait à mitraille sur nous et sur l'infanterie prisonnière.

Le lieutenant Lauriston nous avait à peine rejoints, qu'un

---

1. Labiffe (Louis), né le 30 avril 1773, à Strasbourg (Bas-Rhin). Hussard au régiment de Saxe, le 26 mai 1792 ; brigadier-fourrier, le 26 juin 1792 ; adjudant sous-lieutenant, le 13 frimaire an II (3 décembre 1793) ; lieutenant, le 1er brumaire an VIII (22 octobre 1799) ; capitaine, le 20 messidor an VIII (8 juillet 1800) ; capitaine adjudant-major au 7e régiment de hussards, le 2 germinal an X (18 avril 1802) ; officier d'ordonnance de l'Empereur, le 14 février 1807 ; chef d'escadron, le 11 juillet 1807 ; passé au 7e régiment de chasseurs à cheval, le 4 juin 1809 ; major au 11e régiment de chasseurs à cheval, le 21 septembre 1809 ; chef d'escadrons des chasseurs à cheval de la garde impériale, le 6 décembre 1811 ; colonel du 2e régiment de cuirassiers, le 17 mars 1814. Membre de la Légion d'honneur, le 14 mai 1807 ; officier, le 17 juillet 1809 ; baron de l'Empire, le 16 mars 1814. Cité au 31e bulletin de la Grande Armée, pour avoir, à la tête des escadrons de service, enfoncé et pris un carré de deux mille hommes.

boulet ennemi étendit de nouveau le cheval qu'il montait sur le terrain, ce qui fit dire le soir au général :

— Tu aurais bien dû prendre la plus mauvaise rosse de mon écurie, au lieu de mon meilleur cheval, puisque tu devais le faire tuer.

Mon cheval avait reçu dans le carré que nous venions d'enfoncer un coup de baïonnette à l'épaule gauche, et comme je me retirais en arrière avec mon cheval boiteux, je rencontrai sur mon chemin, se rendant à l'ambulance, le lieutenant Rhaut, qui m'avait pronostiqué sa mort la nuit dernière. Il n'avait qu'une blessure assez légère à la cuisse.

— Eh bien, lui dis-je, vous voyez qu'il ne faut pas se laisser aller aux pressentiments.

— C'est vrai, me dit-il ; j'en suis quitte à bon marché ; j'ai eu tort d'écrire chez moi la nuit dernière.

Ces paroles étaient à peine prononcées, qu'un biscaïen de l'artillerie ennemie, arrivant par le haut de son colback, lui fracassa la tête et l'étendit raide mort.

Je rendis compte au colonel Castex de cet événement, ainsi que du pressentiment que cet officier avait exprimé, et on prit chez le vaguemestre la lettre qu'il avait écrite la veille. L'officier d'administration écrivit à la famille que cet officier était blessé, et, huit jours après, qu'il était mort de ses blessures.

A trois heures et demie, la journée de Wagram [1] était finie pour notre brigade, tandis que, sur la gauche, le corps du prince Masséna [2] se battait encore à minuit. Le régiment bivouaqua sur le

1. 5 et 6 juillet 1809, le prince Charles, qui avait déjà combattu contre Bonaparte en Italie et Moreau en Bavière, commandait l'armée autrichienne.

2. Masséna (André), que ses victoires firent surnommer l'*Enfant chéri de la Victoire*, naquit à Nice, en 1758 ; mort en 1817. D'abord mousse, il s'engagea au régiment français dit Royal-Italien ; puis, retiré du service en 1789, rentra dans l'armée en 1792, dans le bataillon des volontaires du Var. Il était déjà général de division en 1795. Il coopéra puissamment au gain de la bataille de Loano, livrée par Schérer ; fut, pendant la célèbre campagne d'Italie, en 1796, le principal des lieutenants de Bonaparte.

En 1798, il commanda l'armée d'Helvétie, remporta sur les Russes la suite de combats que l'on a appelée la bataille de Zurich ; soutint, en 1800, le siège, resté fameux, de Gênes, et fut maréchal de l'Empire en 1804.

En 1805, Masséna battit les Autrichiens aux Caldiero ; en 1806, il s'empara du royaume de Naples ; en 1807, il commanda l'aile droite de la Grande Armée en Pologne ; en 1809, fut d'une rare énergie à Essling et à Wagram. Enfin, envoyé en Espagne, il obtint d'abord quelques beaux succès ; mais, refoulé par des forces anglo-espagnoles considérables, il quitta terrain où nous avions enlevé deux carrés d'infanterie du prince de Hohenzollern, formant un total de deux mille prisonniers. La journée de Wagram, que le prince Charles nous disputa vivement, valut à l'armée vingt mille prisonniers, des drapeaux et trente pièces de canon. On voit, par ce qu'a fait notre brigade, que nous avions pris une bonne part au résultat de cette bataille.

L'armée perdit à la bataille de Wagram l'intrépide général Lassalle. La balle d'un fantassin autrichien avait fait tomber un de nos meilleurs officiers de cavalerie, qui, en Égypte, en Italie et en Allemagne, s'était toujours fait remarquer par une énergie extraordinaire. Lui aussi, le matin de cette journée, il avait pronostiqué cette fatale circonstance. Son cheval de bataille, que son hussard avait mené imprudemment boire, dès quatre heures du matin, à un ruisseau au delà des avant-postes, avait été pris, ainsi que le hussard, par une patrouille ennemie. Ce fut le premier désagrément qui lui arriva dans la matinée. Un peu plus tard, en fouillant dans la fonte de la selle du cheval qu'il montait, pour y atteindre une petite bouteille d'excellente eau-de-vie de France que son domestique ne manquait jamais d'y mettre, il fut désappointé de n'y plus trouver que des morceaux de verre : la bouteille était brisée.

— Diable de journée ! dit le général Lassalle ; j'y serai tué.

Deux heures après avoir prononcé ces paroles, il était frappé mortellement, dans une charge brillante qu'il exécutait sur les carrés ennemis, à la tête des nombreux escadrons accoutumés à le suivre à la victoire [1].

Les majors Daumesnil et Corbineau, des chasseurs de la garde impériale, eurent chacun une jambe emportée.

On sait de quelle manière l'Empereur récompensa ces deux braves. Il donna au général Daumesnil le commandement de Vincennes, où il se couvrit de gloire plus tard, lors de nos revers, par la réponse énergique qu'il fit à l'ennemi, qui, maître de Paris, le sommait de se rendre :

l'Espagne en 1812, après la bataille indécise de Fuentès Oñoro et ne parut plus sur les champs de bataille.

1. Lasalle (Antoine-Charles-Louis, comte de), né à Metz, en 1775, était officier avant 1789. C'est l'un des plus brillants officiers de cavalerie des armées de la République et de l'Empire, qu'il émerveilla par ses faits extraordinaires de vaillance et d'audace. Il mourut le soir de la bataille de Wagram (1809).

— Dites aux Alliés que lorsqu'ils me rendront ma jambe, je leur donnerai les clefs de la place ; jusque-là, qu'ils passent au large, hors de la portée des boulets, s'ils ne veulent en sentir l'effet.

C'était ce même Daumesnil qui, simple guide du général Bonaparte, à Saint-Jean-d'Acre, avait exposé ses jours pour sauver ceux de son général. Il était de quelques pas en arrière du général en chef et de Berthier, tenant à la main leurs chevaux et le sien, lorsqu'un obus vint tomber à quatre pas du groupe. Apercevant le danger auquel est exposé le général, Daumesnil n'hésite pas : il quitte les chevaux et va couvrir de son corps celui qui plus tard devait être son empereur. Heureusement l'obus, entré profondément dans le sable, n'éclata pas, et Daumesnil revint près de ses chevaux. Le général Bonaparte prononça ces deux mots, qui, certes, dans sa bouche, valent tous les compliments :

— Quel soldat !

Le général Corbineau attendit le retour de l'Empereur à Paris pour lui demander une récompense. Ce fut quand la recette de Rouen vint à vaquer, en 1810, qu'il se présenta au lever de l'Empereur, et il lui en fit la demande. Tout le monde sait que cette recette est une des plus considérables de France, et qu'elle exige, en conséquence, un très fort cautionnement.

— Et qui fournira le cautionnement? dit l'Empereur.

— Ma jambe, Sire.

— Et moi probablement, dit l'Empereur en riant.

La recette de Rouen fut ainsi donnée au général Corbineau. Ces récompenses étaient dignes du dévouement de ces officiers, et la France les vit avec plaisir.

L'Empereur, voulant choisir par lui-même un des majors de sa garde parmi les colonels de l'armée, se fit présenter par le maréchal Bessières un certain nombre de candidats, dont le nom du colonel Lion [1] fermait la liste. Sa Majesté, ayant parcouru cette liste, s'arrêta au dernier nom.

1. Lion (Dieudonné), né en 1771, à Moriane (Ardennes). Soldat le 10 décembre 1789 ; sous-lieutenant, le 20 janvier 1749 ; capitaine, nommé par Lecourbe, le 1er décembre 1799 ; chef d'escadrons, le 8 mai 1807. Passé au 2e régiment de chasseurs ; en juin 1807, membre de la Légion d'honneur. Plus tard, colonel du 14e régiment de chasseurs à cheval.

— Il me faut un lion pour être major de ce régiment-là, dit-il.

Et le colonel du 14ᵉ chasseurs fut fait général-major aux chasseurs de la garde.

Ce fut dans la journée de Wagram que le régiment de chevau-légers de la garde, qui était venu à OEdenbourg lorsque j'y étais, eut une sanglante rencontre avec un régiment de lanciers ennemis. Les chevau-légers mirent en déroute leurs adversaires à coups de sabre et à coups de carabine, et se saisirent des lances, arme favorite des Polonais, pour les achever. Ils attaquèrent avec avantage, dans la même journée, et munis de ces mêmes lances, le régiment des dragons de la Tour, qui représente dans l'armée autrichienne un de nos régiments de carabiniers à cheval. Lorsque le maréchal Bessières rendit compte le soir à l'Empereur des glorieux faits d'armes des chevau-légers, sa Majesté dit :

— Qu'on leur donne donc des lances, puisqu'ils savent si bien s'en servir.

Le lendemain de la bataille de Wagram, l'armée apprit que l'Empereur avait fait maréchaux de France les lieutenants généraux Macdonald, Oudinot et Marmont. Le soldat français, avec son gros bon sens, les classait ainsi dans les causeries du bivouac :

« La France a nommé Macdonald [1] ;

« L'armée a nommé Oudinot ;

« L'amitié a nommé Marmont. »

Du 7 au 10 juillet, la brigade, privée de son général, qui, blessé d'un coup de feu à la tête à la journée de Wagram, s'était retiré à Vienne, la brigade, dis-je, manœuvra sous les ordres du colonel Gautrin, commandant le 9ᵉ hussards. Le 10, nous fîmes partie de la division du général Montbrun, qui se présenta devant

---

1. Macdonald (Étienne-Jacques-Joseph-Alexandre, né à Sedan, en 1765, mort en 1840. Soldat au régiment de Dillon, en 1791, fut colonel après Jemmapes, puis général de division en 1795. C'est lui qui conduisit un détachement à l'assaut de la flotte de guerre hollandaise arrêtée dans les glaces du Texel. Remplaçant, en 1798, le général Championnet dans le sud de l'Italie, il acheva la conquête des Deux-Siciles, et l'armée arrêta quelque temps la marche de Souvarow. Ami du général Moreau, il resta plusieurs années en disgrâce ; mais, rappelé au service en 1809, il gagna, par sa conduite brillante à Essling et à Wagram, le titre de maréchal de France, prince d'Essling. Il combattit encore en Russie, à Lutzen, à Bautzen, à Leipzig, et, après la chute de l'Empire, fut chargé du licenciement de l'armée.

Znaïm, où nous retrouvâmes l'armée ennemie réunie et rangée en bataille. Nous crûmes à un engagement général. Le corps du prince Masséna et celui du maréchal Oudinot s'étaient avancés jusqu'aux faubourgs de Znaïm ; on s'y battait et le canon ronflait, lorsqu'à sept heures un parlementaire vint se présenter aux avant-postes, à l'effet d'obtenir le passage libre pour le prince de Lichtenstein, qui se rendait auprès de l'empereur Napoléon, à Vienne, pour demander une suspension d'armes. L'armistice fut conclu le 13 juillet. Il était d'un mois, avec quinze jours d'avertissement. C'est ce qui fit que l'armée, et particulièrement la brigade, eurent d'excellents cantonnements, en Moravie, jusqu'à la paix. J'eus le mien avec mon peloton, composé de vingt-cinq chasseurs, dans un beau village qui se composait de deux à trois cents feux, et dans lequel était un vaste château appartenant au prince Esterhazy.

J'avais mis mon peloton en bataille sur la place de l'église pour recevoir les billets de logement du maréchal des logis que j'avais envoyé en avant. Lorsqu'il vint me remettre mon billet, je fus étonné de voir qu'il m'avait logé chez le curé, et non au château.

— C'est, mon lieutenant, me dit le maréchal des logis, parce que j'ai jugé que vous seriez mieux dans une maison habitée que dans un château d'où le prince est absent, et qui n'a que son intendant pour vous recevoir.

Un petit mouvement d'amour-propre, de dater ma correspondance des domaines du prince Esterhazy, me fit préférer le château, tout désert qu'il était. Je m'y présentai donc ; l'intendant de monseigneur me fit installer très confortablement, et vint prendre mes ordres, en m'annonçant qu'en tout point ils seraient exécutés. Il me prévint en outre que la cave était très bien garnie ; enfin, il parut vouloir provoquer ma dépense, plutôt que la réduire. J'invitais tous les jours le maréchal des logis du détachement à venir dîner avec moi, pour me tenir compagnie.

Je ne fus pas longtemps dans mon isolement au château. En effet, j'y étais à peine depuis quelques jours, lorsque le général Piré, ses aides de camp, l'état-major du 16ᵉ régiment de chasseurs à cheval et la compagnie d'élite de ce régiment, vinrent s'installer militairement dans le village. Le généraal vait obtenu du colonel Castex d'empiéter sur nos cantonnements, et de venir habiter lui-même le château du village, sans déplacer toutefois l'officier et les vingt-cinq chasseurs du 20e qui y avaient déjà pris leurs cantonnements. Je m'empressai d'offrir ma chambre au général Piré, qui l'accepta, à condition que je choisirais après lui, et que j'accepterais mon couvert à sa table, ce que je fis avec reconnaissance.

Le général avait pour aide de camp le lieutenant Castel-Bajac, avec lequel je ne tardai pas à me lier, et pour officier d'ordonnance le lieutenant Gaindé, du 10e hussards, dont j'étais l'ami depuis longtemps. Le lecteur se rappellera sans doute le maréchal des logis du même régiment et du même nom qui, dans la campagne de 1806, tua dans un combat singulier, à Saalfeld, le prince Louis de Prusse. Ce maréchal des logis était devenu le lieutenant Gaindé.

Tout ce monde fut parfaitement installé au village et au château. Il fallait voir alors l'intendant de monseigneur : loin d'être fâché, il était au comble de la joie ; il me disait en se frottant les mains :

— A la bonne heure, voilà qui fera honneur au prince Esterhazy ; on peut au moins ouvrir un compte, avec une clientèle pareille, avec des hôtes qui savent ce que c'est de vivre, avec ce général Piré, qui ne voyage jamais sans un bon cuisinier. Car, quant à vous, lieutenant, je vous l'avoue franchement, j'aurais été honteux de présenter à monseigneur, à son retour, une dépense qui ne se serait pas élevée, pour vous et votre suite, à dix florins (21 francs) par jour.

— Il est donc bien riche, lui dis-je, votre seigneur ?

— Quoi ! me répondit l'intendant, vous ne connaissez pas les richesses du prince Esterhazy ?

— Aucunement, lui dis-je ; cependant son nom ne m'est pas étranger, parce qu'avant la Révolution le 3e hussards portait le nom d'Esterhazy.

— Eh bien, reprit l'intendant, monseigneur est, je crois, le plus riche prince de l'Europe. Outre sa fortune en diamants, qui est immense, et qui se transmet d'héritage en héritage, ses domaines sont si vastes (c'est principalement en Hongrie qu'ils sont situés), qu'on peut compter jusqu'à dix mille moutons qui paissent sur ses terres.

Vingt ans après l'époque dont je parle, madame Parquin et moi nous recevions, au château du Wolsberg, la visite du prince Esterhazy, qui venait d'acheter le château et l'île de Maiman, situés sur le grand lac de Constance, à quelques lieues du Wolsberg. Le prince était un vieillard bien conservé, montant encore parfaitement à cheval, et on ne peut plus galant auprès d'une belle dame qu'il accompagnait. Il était difficile de rencontrer dans le

monde un homme de formes plus élégantes ; c'était un de ces grands seigneurs de l'ancien régime, dont M. de Talleyrand a été en France la dernière expression.

Une personne bien informée, à Constance, m'apprit que la fortune du prince Esterhazy avait été mise en tutelle ; un conseil de famille administrait ses domaines. Je me serais bien douté qu'il lui arriverait une pareille catastrophe, rien qu'au choix de son magnifique intendant de Moravie. Mais revenons à nos can_

tonnements en 1809, où nous passâmes trois mois des plus
agréables.

Le général était un bon vivant et un excellent soldat, aimant
la jeunesse.

On racontait de lui, au bivouac, que, dans la campagne de
Prusse, en 1806, capitaine d'un régiment de hussards, il était
entré dans une ville forte ennemie, Graudentz, je crois, par surprise à la faveur de la nuit, la plus grande partie de ses soldats
parlant l'allemand. Après avoir frappé une contribution très forte,
il avait rejoint son régiment à la pointe du jour, laissant l'armée
ennemie dans l'étonnement d'une pareille audace, sans exemple
dans ses rangs.

À dix heures, le déjeuner à la fourchette était servi ; à cinq
heures, le dîner à deux services, dessert, café et liqueurs. Nous
avions un excellent billard pour passer le temps, outre les dés et
les cartes qui ne quittaient pas le tapis vert. Au 15 août, la chasse
fut ouverte, et Dieu sait quelle part nous prîmes à cet agrément.
Le général était très bon chasseur. Quand nous faisions une
grande chasse, nous ne revenions pas au château sans y rapporter
des quantités énormes de gibier, à la grande joie de l'intendant,
qui était très fier de tout ce qui était une nouvelle preuve de la
grandeur de son maître, et une nouvelle cause de dépense. On sait
que, dans ce pays, la chasse est un droit de seigneur, et le propriétaire d'un champ est passible de peines très sévères s'il tue du
gibier sur son terrain avec une autre arme qu'un bâton.

Le général, ses aides de camp et moi, nous ne marchions
jamais en chasse sans avoir chacun derrière nous un chasseur du
prince armé de fusils à deux coups, qu'il nous présentait chargés
quand nous avions fait feu de nos armes. Une matinée que nous
étions fatigués de tuer lièvres, perdrix, renards, Castel-Bajac et
Gaindé établirent un pari à qui abattrait le plus d'hirondelles. Cet
oiseau, comme on le sait, est très difficile à tirer, et aucun de ces
deux messieurs n'en avait tué au bout d'un quart d'heure passé à
cet exercice. Ils se chicanaient sur leur maladresse réciproque,
lorsque Gaindé, pour faire valoir son coup d'œil, offrit à Castel-
Bajac de tirer à cent pas à plomb de lièvre sur la partie de son
corps que je ne nomme pas, promettant de se mettre dans la

même position pour recevoir la décharge de son adversaire
après qu'il aurait tiré son coup de fusil. Il fallait être bien jeunes,
comme l'étaient ces messieurs, pour qu'un défi pareil pût être
proposé et accepté ; cependant il s'étaient placés à la distance
voulue, et allaient commencer à exécuter leur gageure, lorsque
heureusement je vins m'interposer.

— Mon cher, dis-je à Gaindé, je ne veux pas vous empêcher
d'exercer votre adresse à vos dépens, mais je viens vous demander
à l'instant le pantalon que je vous ai prêté, et que vous portez sur
vous ; car je ne me soucie pas qu'il soit mis à jour dans le nouvel
amusement que vous vous créez.

Cette demande, faite avec un grand sérieux, mit fin au défi,
dont l'un ou l'autre eût, sans aucun doute, conservé des traces
douloureuses.

Le 15 septembre, le général Colbert, étant guéri de sa blessure, réunit sa brigade, forte de trente escadrons, dans une plaine,
sur la route de Brünn, pour être passée en revue par l'Empereur, qui arriva à midi précis. Il faisait une belle journée de fin
d'été. La brigade était sur trois lignes formées par le 9e hussards,
les 7e et 20e chasseurs. L'Empereur parcourut les rangs, parut
content, donna de l'avancement et distribua quelques décorations.
Jamais le nombre de ces dernières ne dépassait une douzaine par
régiment pour chaque campagne.

Le colonel Castex fut fait commandeur de la Légion d'honneur, et quelques jours après il reçut son brevet de général de
brigade.

Les deux chefs d'escadrons du régiment demandèrent et
obtinrent leur retraite. MM. Curély[1] et de Vérigny, capitaines
sortant des 6e et 7e hussards, furent nommés chefs d'escadrons au
régiment. C'étaient d'excellents officiers supérieurs, comme on le
verra dans la suite de ces Souvenirs.

Les lieutenants Lacour et Lauriston furent faits capitaines.
Parmi les officiers décorés se trouvait mon camarade Maille, qui,
au lieu d'une tête guerrière, tout bon officier qu'il était, avait

1. Curély (Nicolas), né le 26 mai 1774, à Aviller (Meuse). Incorporé au 5e de hussards,
le 5 avril 1793 ; sous-lieutenant, le 3 janvier 1806 ; chef d'escadrons au 20e régiment de chasseurs à cheval, le 4 septembre 1809. Est devenu un général cité comme l'un des meilleurs
chefs de cavalerie légère.

bien plutôt la paisible et honnête figure d'un fonctionnaire civil. Ce détail n'était du reste qu'un indice de ses destinées futures ; car, trente ans plus tard, je le retrouvai maire à Doullens, à la satisfaction de tous les habitants de cette petite ville. L'Empereur, qui ne voyait rien de guerrier sur sa figure, dit au colonel, qui présentait M. Maille comme ayant été blessé à la charge des houlans :

— Blessé, blessé, ce n'est pas une raison ; en a-t-il blessé d'autres, au moins ?

— Sire, cet officier a fait son devoir.

Et M. Maille fut décoré [1].

Le colonel présenta aussi à l'Empereur l'officier payeur du régiment, pour être décoré. Soit que son nom ne prêtât pas à une action d'éclat (il s'appelait Jeanjean), soit pour tout autre motif, l'Empereur répondit en avançant le pouce sur l'index :

— Un officier payeur, cela se récompense comme cela.

Mais le colonel ayant fait observer que cet officier avait depuis quatre ans rendu des services réels au régiment, ce qui était vrai, l'Empereur, pour en finir, dit :

— Cet officier peut-il prendre le commandement d'un peloton ?

Le colonel l'ayant affirmé, ce qui était chose plus que douteuse, Jeanjean fut décoré [2]. La revue finit par un défilé au galop par escadron, aux cris de : Vive l'Empereur ! Après le défilé, l'Empereur donna l'ordre au colonel de faire prendre le pantalon de drap au 1er octobre. Jusque-là, nous avions fait la campagne avec le pantalon de coutil.

Nous retournâmes dans nos cantonnements. Le 15 octobre, l'armée apprit, avec un sentiment d'horreur, qu'un jeune Allemand fanatique avait conçu le projet insensé de passer à la postérité en

---

1. Maille (François), né à Beaurepaire (Somme). Vélite aux chasseurs à cheval de la garde impériale, le 17 décembre 1805 ; sous-lieutenant au 20e régiment de chasseurs à cheval, le 13 juillet 1807 ; lieutenant, le 28 juillet 1811; capitaine-adjudant-major, le 6 mai 1813, a pris le commandement d'une compagnie, le 31 mai 1813. Membre de la Légion d'honneur, le 21 septembre 1809. Parti en non-activité, le 21 septembre 1809.

2. Jeanjean (Claude), né le 28 novembre 1777, à Monfaucon (Meuse). Chasseur au 20e régiment de chasseurs à cheval, le 5 novembre 1798 ; brigadier, le 22 novembre 1799 ; sous-lieutenant, le 14 janvier 1807 ; lieutenant-quartier-maître, le 12 juillet 1810 ; rang de capitaine le 18 septembre 1813. Membre de la Légion d'honneur, le 21 septembre 1809.

assassinant l'Empereur. Il s'était approché de lui, dans une revue
à Schœnbrunn, pour accomplir son dessein, lorsqu'il fut découvert, ayant sur lui un couteau fraîchement repassé, qui devait lui
servir à consommer le crime. Il avoua tout, sans vouloir manifester
le moindre repentir, répondant à l'Empereur, qui voulait lui
donner sa grâce :

— Quand je serai libre, je recommencerai, car vous êtes le
fléau de l'Allemagne.

Après un tel langage, il ne pouvait être sauvé ; il fut livré à
la rigueur des lois, et fusillé. Du 13 octobre, jour de sa tentative
d'assassinat, jusqu'au 17, jour où il devait être exécuté, Staps
avait refusé toute nourriture. Il n'en eut pas moins la force de
marcher au supplice le 17 ; et à sa dernière heure, ayant entendu
des décharges d'artillerie, il s'informa de ce que cela pouvait être,
et comme on lui répondait que c'était la paix qui venait d'être
signée, il s'écria :

— Vive la liberté ! Vive l'Allemagne !

Puis il mourut courageusement.

Le 19 octobre, au moment même où l'armée apprenait, par
l'ordre du jour, que la paix était faite, l'artillerie de la garde faisait
sauter les bastions de Vienne, et celle de l'armée démolissait également les fortifications des villes de Brünn, de Raab et Gratz.

Dès le commencement du mois de novembre, l'armée commença son mouvement rétrograde. A la même époque, le chef
d'escadron Cavroi [1], sortant des chasseurs à cheval de la garde, fut
nommé colonel au régiment pour remplacer le colonel Castex, qui
avait été promu au grade de maréchal de camp. La brigade Colbert
quitta ses cantonnements, et nous nous mîmes en route pour
sortir des États héréditaires de l'Autriche et venir habiter la
Bavière dans les environs de Bayreuth.

Vers la fin de janvier 1810, la nouvelle du divorce de l'Em-

---

1. Cavroi (Alexandre), né le 25 janvier 1775, à Arras. Soldat au 11e régiment d'infanterie,
le 25 septembre 1791 ; sous-lieutenant au 22e régiment de chasseurs à cheval, le 1er frimaire an II (21 novembre 1793) ; lieutenant, le 20 fructidor an IX (6 septembre 1801) ; adjudant-
major, le 22 ventôse an X (12 mars 1802) ; lieutenant au 1er régiment de chasseurs à cheval
de la Garde des consuls, le 21 vendémiaire an II ; capitaine, le 30 nivôse an XII (19 janvier 1803) ;
chef d'escadrons, le 27 frimaire an XIV (17 décembre 1801) ; colonel du 20e régiment de
chasseurs à cheval, le 3 août 1809.

pereur se répandit dans l'armée avec toute l'autorité d'un acte officiel. Je dois le dire, autant du moins que je puis en juger par ce que j'ai vu au régiment, cet acte ne fut pas accueilli avec faveur dans l'armée, où le nom de l'impératrice Joséphine jouissait d'une grande popularité. Certes, rien n'était plus vrai que ces paroles sorties de la bouche de l'Empereur :

— Joséphine, tu me gagnes les cœurs, tandis que je gagne les batailles !

Les hommes éclairés reconnaissaient dans le divorce un acte politique et dynastique ; les soldats, en voyant repousser la bonne, la gracieuse, la charitable Joséphine, y trouvaient de l'ingratitude. Le nom de Joséphine est souvent revenu sur leurs lèvres, lors de nos désastres. En parlant de l'Empereur, on les entendait dire :

— Il ne fallait pas qu'il quittât la vieille, elle lui portait bonheur, et à nous aussi.

Ces paroles, dénuées de galanterie, mais véritable et franche expression du soldat, ont dû trouver grâce auprès de l'aimable Joséphine, si elles sont parvenues jusqu'à ses oreilles. D'ailleurs, on regardait assez volontiers, dans l'armée, le prince Eugène comme appelé à succéder à l'Empereur. Il en était le fils adoptif, et Napoléon avait parut lui promettre ce brillant avenir par les paroles qu'il lui adressait le 4 juillet à Schœnbrunn, en lui faisant compliment du gain de la bataille de Raab :

— Bien ! Eugène, c'est ainsi qu'on devient roi !

Vers le 10 février 1810, nous quittâmes la Bavière pour rentrer en France, et le 1er mars nous étions à Strasbourg. Le général Castex, qui s'y était marié et y demeurait, vint passer la revue du régiment à Kehl, avec le général Colbert. Le corps d'officiers donna un dîner à ces deux généraux, à l'hôtel de la Maison-Rouge, à Strasbourg. C'est de ce jour-là que date ma connaissance avec MM. Bro et Brack [1], aides de camp du général Colbert. Le dernier de ces messieurs avait dans l'armée le surnom de Mademoiselle Brack, non pas qu'il lui manquât rien de viril, au contraire il avait à juste titre la réputation d'un très bon soldat et d'un excellent officier ; mais sa jeunesse, l'extrême blancheur de sa peau, sa che-

---

1. Devenu, comme Curély, l'un de nos meilleurs tacticiens de cavalerie pour la cavalerie légère.

velure blonde, l'absence de toute moustache et l'élégance de sa taille lui valurent ce surnom.

Il y avait près de quatre ans que nous avions quitté la France en passant le Rhin à Mayence, en 1806, lorsque nous y rentrions par le pont de Strasbourg en 1810. Pendant ces quatre années, qu'il me soit permis de le rappeler ici, j'avais fait la campagne de Prusse en 1806, la campagne d'Eylau en 1807 (où je fus blessé et fait prisonnier), enfin la campagne de 1809, dans laquelle je reçus un coup de feu au bras droit. Je puis ajouter, suivant l'expression de l'Empereur, que si j'avais été blessé, j'en avais blessé d'autres. Cependant une modeste épaulette de sous-lieutenant était la récompense de mes sept ans de service ; mais ce temps était une époque d'abnégation ; l'ambition était satisfaite quand on se battait pour faire triompher la Patrie de ses ennemis, et pour mériter à la France le titre de *la Grande Nation*. L'Empereur nous récompensa de nos veilles, de nos fatigues, de nos blessures par ces paroles :

— Soldats, je suis content de vous ; vous avez surpassé mon attente !

En 1810, à peine âgé de vingt-trois ans, j'étais heureux et fier : j'étais officier français.

Dans la première semaine du mois de mars, la brigade du général Colbert se mit en route pour être échelonnée en détachements de cinquante cavaliers, commandés par un officier, à chaque relais de poste, depuis Strasbourg jusqu'à Compiègne. C'était pour servir d'escorte à la nouvelle impératrice, Marie-Louise. J'étais avec mon détachement à Sarrebourg, petite ville et sous-préfecture en Lorraine. L'ordre était d'escorter les voitures, qui devaient prendre le trot sur la grande route et traverser les villes et les villages au pas, et de laisser approcher le peuple, afin qu'il pût voir l'Impératrice. Son Excellence le prince de Neufchâtel, qui avait épousé solennellement, le 11 mars, à Vienne, au nom de l'empereur Napoléon, la fille des Césars, commandait la marche du convoi, ayant sous ses ordres le général Lauriston, aide de camp de l'Empereur, qui voyageait dans la voiture du prince. La sixième voiture était celle de l'impératrice Marie-Louise ayant près d'elle, à sa gauche, la reine de Naples.

Le général Colbert remplissait les fonctions d'écuyer auprès de l'Impératrice, et un chambellan de l'Empereur, au lieu de se tenir à la droite de la voiture de l'Impératrice, restait souvent en arrière, paraissant souffrir beaucoup des fatigues du voyage. Cette circonstance me valut une orange que l'impératrice Marie-Louise passa probablement pour lui, mais que je pris de la main de l'auguste personne, qui laissa l'orange dans la mienne, n'apercevant pas le chambellan auquel elle était destinée.

Le général avait fait inviter MM. les officiers de la brigade à lui prêter un de leurs chevaux sellés, à chaque relais. En conséquence, à Sarrebourg, mon domestique lui tint prêt le cheval qui avait appartenu à l'officier de Barko, et qui était devenu ma propriété depuis l'affaire des houlans. Ce cheval, qui avait *courtes oreilles et courte queue*, était loin d'être jeune et beau : il avait cependant une allure très agréable pour le cavalier : c'était un petit galop de chasse très régulier, auquel il paraissait avoir été accoutumé de longue date. Arrivé à Blâmont, qui était la fin du relais, le général Colbert vint me dire que ce cheval l'avait délassé des fatigues de la route, et il me pria de le lui laisser pour faire avec lui encore un relais. J'acquiesçai à la demande du général, auquel je tenais à être agréable.

Je donnai à Blâmont la consigne de la marche à mon ami Jonglas, officier au régiment, qui commandait l'escorte jusqu'au relais plus loin.

Je venais d'avoir l'occasion de voir parfaitement l'impératrice Marie-Louise ; elle me parut être une très belle personne, ayant une taille des plus élégantes, une figure très fraîche, de belles dents et une main fort jolie, signe certain de la beauté du pied. La reine de Naples, qui l'accompagnait, était alors dans tout l'éclat de son extraordinaire beauté.

Au relais de Blâmont, après la harangue inévitable du maire de la ville, un villageois paraissant aisé, et portant le chapeau à trois cornes, s'approcha de la voiture de l'Impératrice et lui dit, en se découvrant :

— Madame, rendez bien heureux notre grand empereur Napoléon !

Puis il termina sa harangue par des cris de :

« Vive l'impératrice Marie-Louise, et vive l'empereur Napoléon ! »

Le convoi reprit sa route le soir. Lorsqu'on s'arrêtait pour le coucher, comme l'ordre en avait été donné par l'Empereur, l'Impératrice ne manquait jamais de recevoir une lettre de son auguste époux.

Le général Colbert m'avait envoyé, par les soins de mon ami Jonglas, le cheval que je lui avais prêté, en me remerciant beaucoup. Quelques jours après, je reçus de Lunéville une lettre du général ; il me mandait de faire parvenir par la gendarmerie, à Lunéville, le cheval que je lui avais précédemment prêté, et de lui en marquer le prix. Je m'empressai d'obtempérer à ses désirs, et je lui répondis que je voulais quinze louis de vingt-quatre francs de ce cheval, dont j'étais bien aise de me débarrasser, vu qu'en France je n'avais droit qu'à une ration pour un cheval. Huit jours après, le général Colbert me faisait remettre non quinze louis, mais trente, comme prix de mon cheval, qu'il avait vendu au prince de Neufchâtel, pour lui servir de cheval de chasse dans sa terre de Gros-Bois. Le général m'écrivait en outre que jamais de sa vie il n'avait monté un cheval d'une allure plus agréable.

CHAPITRE V

Campagne du Portugal. — Les Anglais, les implacables ennemis de la France nouvelle, étaient, en Portugal, les alliés des souverains de ce pays. Pour les chasser, Napoléon envoya Junot avec une armée. Celui-ci, traversant l'Espagne, entra à Lisbonne presque sans combattre, pendant que la famille royale s'embarquait pour aller chercher un refuge jusqu'au Brésil.

Guerre d'Espagne. — Pris pour arbitre par le roi Charles IV d'Espagne et par son fils Ferdinand VII, pour le règlement de leurs différends, Napoléon attira les deux princes à Bayonne, les retint prisonniers, et donna la couronne d'Espagne à son frère Joseph, déjà roi de Naples, mais qui abandonna ce royaume à Murat, beau-frère de Napoléon.

A la nouvelle de cette usurpation soutenue par une armée française, toute l'Espagne se souleva, et une guerre, longue et terrible, s'engagea, qui, de 1808, dura jusqu'en 1814. Elle fut signalée par de brillantes victoires, par l'occupation de Madrid, le siège célèbre de Saragosse, l'intervention d'une armée anglaise que commandait lord Wellesley, plus tard duc de Wellington, et l'entrée des Anglo-Espagnols en France au printemps de 1814.

Le 10 avril 1810, tout le régiment tenait garnison à Nancy, qui serait la première de France pour un régiment de cavalerie, si cette ville avait d'autres écuries, soit dit en passant. Nous y restâmes vingt jours, et nous en partîmes le 1er mai pour habiter la ville de Nantes.

Le 1ᵉʳ juillet, un ordre des bureaux de la Guerre vint à Nantes faire partir six cents hommes montés pour l'Espagne, sous les ordres du chef d'escadron de Vérigny. Je ne faisais pas partie des escadrons de guerre qui entraient en campagne ; mais l'adjudant-major Vincent[1] étant tombé inopinément malade, je reçus la visite du chef d'escadron un matin, dans mon modeste logement de sous-lieutenant. Il venait me demander si je voulais partir pour l'armée avec lui, pour remplir les fonctions d'adjudant-major. Je fus très flatté de cette distinction, et je répondis au commandant qu'étant le moins ancien officier du régiment, je ne pouvais remplir les fonctions qu'il m'offrait qu'en vertu d'un ordre positif, et que même je ne les remplirais qu'après avoir été annoncé officiellement par un ordre du jour au régiment et au détachement qui partait pour l'Espagne. Les choses étant réglées ainsi, je fis achat d'un excellent cheval de guerre, appartenant au commandant Curély, qui restait à Nantes, et je me mis en route le 5 juillet, précédant d'un jour le détachement, pour établir les vivres, fourrages et logements. Ce fut pendant ce trajet, en passant par Bordeaux, où nous séjournâmes, que je fis connaissance avec le fils du maréchal Oudinot, qui dîna avec le commandant de Vérigny, Lauriston et moi. Le capitaine Oudinot, sortant lieutenant du 5ᵉ régiment de hussards, se rendait en poste auprès du prince Masséna, dont il était l'aide de camp, et qui commandait en chef l'armée de Portugal.

Nous continuâmes notre route jusqu'à Bayonne, et nous passâmes la Bidassoa pour entrer en Espagne, par Irun, le 5 août ; nous arrivâmes à Vittoria en passant par Pont-Corbeau, et là on nous fit entrer dans le neuvième corps d'armée, commandé par le comte d'Erlon. Ce général passa la revue des escadrons, fit former cercle, et nous complimenta en nous disant qu'il connaissait déjà notre régiment, qui avait servi sous ses ordres dans les

---

1. Vincent (Joseph), né le 5 mai 1777, à Douai (Nord). Soldat à la 15ᵉ demi-brigade d'infanterie de ligne, le 3 nivôse an II (23 décembre 1793) ; passé chasseur au 20ᵉ régiment de chasseurs à cheval, le 1ᵉʳ frimaire an VII (21 novembre 1798) ; maréchal des logis, le 26 fructidor an VII (13 août 1799) ; sous-lieutenant, le 16 messidor an II (4 juillet 1803) ; lieutenant, le 14 janvier 1807 ; adjudant-major, le 7 avril 1809 ; aide de camp du général Castex, le 22 novembre 1812. Membre de la Légion d'honneur, le 10 mai 1807. A eu un bras emporté d'un coup de boulet, le 10 juin 1807, au combat d'Heilsberg.

campagnes de Moreau, et qu'il espérait que nous soutiendrions en Espagne la bonne renommée que nous nous étions faite sous ses yeux au delà du Rhin.

Les six cents hommes du régiment donnaient quatre escadrons complets et formaient, avec un pareil nombre de chevaux et d'hommes des 7e et 13e chasseurs, la brigade du général Fournier, forte de dix-huit cents chevaux. Le 9e corps resta un mois dans la Navarre, et se mit en route, après ce temps, pour Salamanque, où nous arrivâmes le 15 septembre, passant par Burgos et Walladolid. La brigade Fournier prit ses cantonnements dans les villes et environs de Salamanque, Toro et Zamora.

La ville de Salamanque est à quinze lieues des frontières du Portugal, que le prince Masséna, d'après les ordres de l'Empereur, avait franchies au printemps de 1810. Le général Gardanne, à notre arrivée à Salamanque, était sur le point de partir avec deux mille hommes d'infanterie du corps du prince, laissés en arrière dans les hôpitaux. Ces hommes, étant rétablis, partirent en effet pour le Portugal, quelques jours après notre arrivée ; mais le général Gardanne ne put exécuter sa jonction avec l'armée de Masséna. Il avait été obligé d'arrêter sa marche près de la ville de Sabugal. Tout le pays était en pleine insurrection, les routes étaient interceptées, et les cours d'eau dans cette saison étaient débordés. Enfin, le général Gardanne dut revenir sur ses pas, ce qui produisit une grande sensation dans l'armée. Le brave Claparède entreprit deux mois plus tard, avec quatre mille hommes, le passage à travers le pays même où le général Gardanne avait échoué, et il réussit à rejoindre le prince Masséna devant les lignes de Torrès-Védras, à quelques lieues de Lisbonne, où se tenait dans une position retranchée l'armée anglaise.

A Salamanque, le 1er février 1811, le commandant de Vérigny me fit appeler dans la matinée pour me donner l'ordre de faire monter à cheval cinquante chasseurs et un officier, qui devaient être prêts à midi, et dont il se réservait le commandement. Les hommes ne devaient partir qu'avec les armes seulement et sans bagages, car ils devaient revenir dans la journée même de cette course dans les environs de Salamanque. Le commandant partit avec son détachement à midi précis. On avait gardé le secret le plus absolu sur cette expédition, qui réussit parfaitement bien. Voici le fait :

Un marchand ou négociant français, comme on voudra l'appeler, le sieur Magnan, qui suivait l'armée du prince Masséna, était resté depuis quelques mois à Ciudad-Rodrigo. frontière du Portugal. Voulant revenir à Salamanque et profiter du départ d'un détachement d'infanterie qui venait

dans cette ville, il se mit en route, lui et sa jeune compagne, avec cette troupe. Il avait déjà fait la première étape et franchi les deux tiers de la seconde, n'ayant plus que trois lieues à faire pour arriver à Salamanque, lorsque, pressé par sa compagne, qui avait hâte d'arriver, et se croyant lui-même hors de tout danger, il fit mettre les mules de sa voiture au trot par son domestique. A peine avait-il fait une lieue, qu'au détour d'un chemin assez boisé, la voiture fut assaillie par une bande de brigands, le pistolet au poing. Toute résistance devenant inutile, le sieur Magnan, sa jeune et jolie femme, son domestique, ses mules et la voiture, furent détournés de la route et conduits à une demi-lieue dans la

forêt. Les bandits, après avoir dévalisé leurs prisonniers, se dis-
posaient à leur faire subir la mort, lorsque l'espérance d'obtenir
une forte rançon suggéra au chef de la bande l'idée de proposer à
M. Magnan sa vie, celle de son domestique et l'honneur de sa
compagne, contre dix mille francs comptants et en or, qu'il lui
ferait payer par une de ses connaissances à Salamanque. L'offre
fut acceptée avec joie ; M. Magnan écrivit à un de ses correspon-
dants de payer au porteur du billet la somme telle qu'elle était
exigée. A huit heures du matin, un homme de la bande se rendit
à Salamanque, sans armes, une baguette à la main. S'il ne reve-
nait pas à trois heures après midi avec l'or, le sort des prisonniers
devait s'accomplir.

M. Magnan avait des fonds chez son correspondant, et il ne
doutait pas qu'il ne comptât les dix mille francs. Les heures se
passèrent ainsi pour lui, sa compagne et son domestique, dans
des angoisses terribles, quoique venant d'échapper à un danger
plus imminent. La voiture, qui était tombée entre les mains des
brigands, contenait des provisions ; on leur en fit une part.

Le bandit espagnol, muni de sa lettre de crédit, se présenta
à la demeure de l'individu chez lequel les dix mille francs devaient
être payés. C'était un Français qui, ainsi que M. Magnan, suivait
l'armée pour y faire des affaires et des fournitures en tout genre.

Une lettre aussi laconique et sans date, de son ami qu'il
croyait encore à Ciudad-Rodrigo, lui donna des soupçons. Il ques-
tionna l'Espagnol, qui, ne parlant pas français, ne disait autre
chose que *dinéro*, en faisant signe de l'index et du pouce. Le négociant prit le parti d'envoyer chercher son voisin, le commandant de Vérigny, qu'il connaissait, et il lui fit part de son embarras.
Le commandant fit arrêter sur-le-champ l'Espagnol, puis le
somma de dire la vérité, toute la vérité, sous peine d'être pendu
à l'instant. Le bandit espagnol, voyant les chasseurs que le commandant avait fait venir se disposer à exécuter son ordre, avoua,
tout en faisant connaître le danger auquel allaient se trouver
exposés les voyageurs, si l'on n'arrivait pas à leur secours à trois
heures après midi. Il s'offrit à conduire les chasseurs à l'endroit
de la forêt où ces malheureux attendaient leur sort, en passant
par des chemins détournés, de manière à surprendre la bande.

— Si tu tiens parole en guidant notre marche, dit le commandant de Vérigny, je te promets la vie, la liberté et de l'argent.

Le détachement partit à midi, comme je l'ai déjà dit. Le bandit espagnol était sur un cheval de troupe, tenu de chaque côté, par deux chasseurs, avec ordre de le tuer s'il faisait mine de vouloir se dérober.

On marchait déjà depuis quelque temps dans la direction de l'endroit où se trouvaient les brigands et leur capture, lorsque le bandit fit signe d'arrêter un Espagnol qui passait sur la route. C'était un éclaireur de la bande, qui fut aussitôt saisi. Ce dernier dit au commandant que, pour arriver et surprendre la bande, il fallait prendre un sentier à lui connu, et qu'il s'offrait à y conduire le détachement. Le commandant accepta, en annonçant à ses deux guides qu'en cas d'embûches, ils seraient immédiatement mis à mort. Le détachement pénétra dans la forêt, et, après avoir marché dans le plus grand silence pendant dix minutes environ, il arriva inopinément sur la bande.

Il était temps, car le chef des brigands, commençant à s'inquiéter, tenait ce langage à M. Magnan, en lui faisant voir l'heure à sa propre montre, dont il était possesseur depuis quelques heures :

— Il est trois heures ! si dans un quart d'heure que je veux bien encore vous accorder, si dans un quart d'heure mon messager n'est pas de retour avec les dix mille francs en or, vous pouvez, vous et votre domestique, recommander votre âme à Dieu… Quant à votre charmante femme, son sort aussi, quoique différent du vôtre, est décidé !

Mais la Providence ne permit pas que le crime se consommât, car avant le terme fatal, le commandant de Vérigny et sa troupe arrivaient et faisaient feu sur les brigands, sans donner à ceux-ci le temps de saisir leurs armes. Un grand nombre tombèrent tués ou blessés, et les autres se jetèrent à genoux, les mains jointes, pour implorer leur grâce.

Le commandant s'empressa de détacher les liens avec lesquels les bandits avaient garrotté les prisonniers, en commençant galamment par la dame, qui était plus morte que vive. Le lecteur s'imaginera aisément quelles furent les sensations qu'éprouvèrent les prisonniers en passant d'un état désespéré à une délivrance aussi inattendue. Les voyageurs reçurent tout ce qui leur avait été pris, ce qui permit à M. Magnan de donner cinq onces à chacun des deux larrons qui avaient si heureusement guidé la troupe dans cette expédition. Le commandant leur donna la liberté qui leur avait été promise, en les exhortant à vivre plus honnêtement par la suite. Le détachement se mit en route pour Salamanque. Les morts, au nombre desquels se trouvait le chef de la bande, restèrent sur place. Neuf blessés et le reste des brigands furent garrottés et mis sur deux charrettes qui avaient été mises en réquisition sur la route.

Le commandant de Vérigny rentra le même jour en ville avec son détachement et les personnes qu'il avait si miraculeusement délivrées. Quant aux prisonniers qu'il avait faits, il les livra à la justice espagnole, qui ne tarda pas à les envoyer figurer à diverses potences au dehors de la ville, où l'on a l'habitude de suspendre, bien contre leur gré, messieurs les voleurs de grand chemin pris en flagrant délit.

Cette affaire, si habilement et si heureusement conduite, fit beaucoup d'honneur au commandant de Vérigny, qui en fut bien récompensé par la vive reconnaissance de la jeune et jolie dame qu'il avait si miraculeusement sauvée des mains de ces bandits peu scrupuleux.

C'est ici le moment de faire connaître le commandant de Vérigny. M. de Vérigny [1] était un officier de la plus grande distinction. Il n'avait que vingt-huit ans, et était d'une taille de cinq pieds quatre pouces. Sa tête était fort belle, et l'expression toute militaire de sa physionomie était rehaussée encore par de superbes moustaches. Élégant dans toute sa personne, il avait de plus une conversation fort originale et des plus amusantes. Bref,

---

1. Vérigny de la Châsse Joseph-Armand-Fidèle, né en 1779, à Auxerre (Yonne). Cavalier au 3ᵉ régiment de cavalerie, le 20 ventôse an VII (le 8 février 1799) ; maréchal des logis, le 12 messidor an VII (30 juin 1799) ; nommé sous-lieutenant par Bonaparte, sur le champ de bataille, le 11 nivôse an VIII (30 décembre 1799) ; lieutenant, le 28 fructidor an X (14 septembre 1802); aide de camp du général Pajol, le 11 mai 1807 ; chef d'escadrons au 20ᵉ régiment de chasseurs à cheval, le 10 juin 1809. Membre de la Légion d'honneur, le 9 octobre 1809.

c'était un homme aimable. Je vais citer de lui un trait qui fait honneur à la délicatesse de ses sentiments.

A la formation de la Légion d'honneur, le commandant de Vérigny était alors capitaine au 6e régiment de hussards ; il fut nommé chevalier. S'étant rendu quelques mois après dans sa famille pour y passer un semestre, il y rencontra son frère aîné, M. La Châsse de Vérigny, capitaine dans l'arme du génie, qui était venu également chez ses parents. Le capitaine de hussards détacha tout de suite sa décoration, et la mit dans le tiroir de son secrétaire, annonçant à sa famille que, pendant tout le temps du semestre qu'il aurait le bonheur de passer avec son frère aîné, il se priverait de porter une décoration qu'il ne devait qu'à son bonheur, et qui le distinguait de lui. Il tint parole, malgré les plus vives instances de son frère aîné, qui était bien plus fier que jaloux de la croix de son jeune frère.

J'ai vu ces deux frères à l'armée de Portugal. C'était un beau modèle de fraternité. L'un et l'autre sont morts d'une manière fatale. M. le commandant de Vérigny, qui promettait à l'armée, par son courage et ses brillantes qualités, d'être un second général Lassalle, fut assassiné par un gendarme français en Espagne ; son frère aîné, devenu général directeur commandant l'École d'application du corps royal d'état-major, fut une des victimes de l'horrible attentat Fieschi.

Les fonctions d'adjudant-major que je remplissais, me causèrent un seul désagrément : ce fut un duel avec un lieutenant du 20e régiment de chasseurs, qui était probablement jaloux que le choix de nos chefs m'eût préféré à lui. Toutes les fois que je me trouvais de service avec lui, il affectait de négliger ses devoirs. La première fois qu'il y manqua, je le prévins qu'il eût à arriver au commencement de l'appel, et non à la fin, comme il le faisait. N'ayant pas tenu compte de cet avertissement, et n'étant pas arrivé à l'heure voulue pour conduire sa compagnie au fourrage, j'en prévins le commandant Vérigny, sans lui laisser ignorer l'antécédent de M. Hymonet. D'après l'ordre du commandant, j'infligeai quatre jours d'arrêts à cet officier. Son temps d'arrêts étant expiré, il vint chez moi m'en faire des reproches qui nous conduisirent sur le terrain. Il avait choisi le sabre.

Nous ne fûmes pas plus tôt en garde, que, parant tierce, je fis voler la lame de son sabre en éclats ; il n'y avait pas de riposte à faire avec un homme désarmé ; aussi lui dis-je :

— Dans une heure, je vous attends sur le même terrain.

— Oui, me répondit-il, j'y serai, et j'apporterai des armes qui ne casseront point.

Puis, je partis avec mon témoin, et nous allâmes déjeuner. A dix heures, nous étions en présence, mon adversaire et moi. C'étaient des fleurets démouchetés que le lieutenant Hymonet avait apportés ; ils ne lui portèrent pas bonheur, car, sur la riposte d'un coup de seconde, se sentant frappé, il s'écria :

— Je suis touché.

Nous nous empressâmes de lui prodiguer nos soins. Il en fut quitte pour garder un mois la chambre ; ce qui lui fit faire la réflexion qu'il valait mieux être exact à son service que de m'appeler en duel.

Le lieutenant Hymonet n'était cependant pas un méchant homme. C'était ce qu'on appelle, en terme militaire, un ferrailleur. Il avait toujours la main sur la hanche. Sans éducation, son caractère était acariâtre et querelleur, ce qui lui attirait journellement des affaires ou de mauvais compliments, tels que celui-ci, par exemple :

Quelques mois après notre duel, un officier du régiment, à table, en déjeunant, se vantait, mais en termes mesurés, d'une affaire qu'il avait eue avec une bande de guérillas. Le lieutenant Hymonet demanda brusquement à cet officier, sans la moindre provocation :

— Depuis quand fais-tu donc le crâne ?

— Depuis que tu as cessé de l'être, — fut la réponse spirituelle de cet officier au lieutenant Hymonet, qui vit tous les rieurs contre lui.

Une autre fois, étant à Zamora, le lieutenant Hymonet passait sous mes fenêtres avec un autre officier. Je présumai avec raison que sous son manteau il portait des armes de combat cachées.

— Où allez-vous de si bon matin, Hymonet ? lui dis-je.

— Je vais expédier une vieille polissonne de pratique. (C'était son langage habituel.)

Laquelle ? repris-je.

— Fages [1].

C'était un officier du 13ᵉ régiment, très brave et fort adroit sur les armes.

— Mais, mon cher, lui dis-je, prenez garde, elle est mauvaise, votre pratique.

— Que veux-tu ? bonne ou mauvaise, il faut tout faire.

Un barbier n'aurait pas mieux dit, et avec aussi peu d'émotion, en parlant de sa clientèle. Une heure s'était à peine écoulée, que le lieutenant Hymonet repassait avec son bras en écharpe. Il venait de recevoir un coup de manchette. Le malheur le suivait toujours en duel ; aussi ses camarades lui donnaient-ils le nom de *Facile* (sous-entendu *à tuer*). Il était réellement très brave, mais il ne savait se servir de son sabre que pour le faire voltiger au hasard, à droite et à gauche. Il ne comprenait pas que la ligne droite est la plus courte, et avec son jeu ouvert il ne manquait jamais d'être touché le premier. Cela ne le décourageait nullement ; il changeait d'armes, et le malheur le suivait toujours.

Je demande la permission de raconter une bouffonnerie dont M. Hymonet [2] fut victime, parce que c'est depuis cette époque qu'il prit le genre humain en grippe.

En 1800, Hymonet était brigadier dans les guides, qui faisaient partie de la garde des consuls. Il se trouva commander le poste de huit grenadiers à cheval qui était de garde chez le second consul Cambacérès. Les vivres étaient portés avec soin et exactitude aux hommes de garde. Le dîner venant d'arriver, les grenadiers s'empressèrent d'offrir à leur chef, quoique d'un autre régiment, d'en prendre sa part. Le brigadier Hymonet refusa

---

1. Fages (Auguste), né à Montpellier, le 27 septembre 1787. Vélite aux chasseurs de la garde à pied, le 13 thermidor an XIII (31 juillet 1805) ; caporal, le 22 juillet 1806 ; sous-lieutenant au 85ᵉ régiment d'infanterie de ligne, le 13 juillet 1807 ; lieutenant le 12 juillet 1809 ; passé au 13ᵉ régiment de chasseurs à cheval, le 13 septembre 1809 ; capitaine, le 19 juin 1813. Prisonnier de guerre en 1813. Membre de la Légion d'honneur, le 13 août 1809. Pendant le bombardement de Presbourg (1805), le sergent Fages a traversé plusieurs fois le Danube à la nage, pour reconnaître les forces de l'ennemi.

2. Himonet (Léopol), né à Paris. Chasseur au 9ᵉ régiment, le 4 messidor an II (22 juin 1794) ; passé aux chasseurs à cheval de la Garde des consuls, le 15 pluviôse an VIII (3 février 1800) ; maréchal des logis, le 1ᵉʳ avril 1806 ; lieutenant au 20ᵉ régiment de chasseurs à cheval, le 9 septembre 1809 ; passé au 13ᵉ régiment de chasseurs à cheval, le 1ᵉʳ décembre 1811 ; capitaine, le 19 juin 1813. Membre de la Légion d'honneur, le 14 mars 1806.

nettement en montrant ses galons, qu'il ne voulait pas compromettre, disait-il. Il avait grand tort de ne pas répondre à cette honnêteté, qui ne froissait en rien son autorité, car, tous les jours, le brigadier partage la soupe de son escouade.

Les grenadiers se piquèrent, et quand ils furent rentrés à l'École militaire, où ils étaient casernés avec les guides, ils y parlèrent de la fierté du brigadier Hymonet. Les guides se chargèrent de venger les grenadiers, et, guettant le moment où le brigadier Hymonet passait sous leurs fenêtres, un d'eux cria à tue-tête par la fenêtre, tout en se cachant la figure :

— *Charivari* pour les jambes du brigadier Hymonet, qui, par fierté, n'a pas voulu manger la soupe avec les grenadiers !

Le brigadier Hymonet avait les jambes si mal faites, qu'il mettait son pantalon de cheval sous sa hongroise de nankin, pour se faire des cuisses et des mollets, qui lui manquaient totalement. S'entendant *charivariser* ainsi, il monta furieux dans la chambre de l'escouade d'où les cris étaient partis, et en prononçant des paroles que je me dispense de répéter ici, il provoqua, en brandissant son sabre, l'insolent qui avait élevé la voix. Les guides s'étaient donné le mot pour ne pas répondre ; ils gardaient le plus profond silence, laissant le brigadier en scène faire le don Quichotte. Enfin, ce dernier, lassé de ce rôle, prit le chemin de l'escalier, mais à peine se trouvait-il dans la cour du quartier, que le même charivari recommençait à une chambre plus loin. Le brigadier Hymonet se mettait dans de nouvelles fureurs, qui ne provoquaient que la plus parfaite indifférence, et ne parvenaient pas à rompre le silence absolu que s'obstinaient à garder les guides. Voulant éviter de pareilles scènes, le brigadier Hymonet changea sa sortie de l'École militaire ; au lieu de prendre la porte donnant sur le champ de Mars, il s'en fut pour sortir par la porte qui donne sur le boulevard Suffren. Vaine tentative ! car les grenadiers de la garde des consuls occupaient les bâtiments par lesquels le brigadier Hymonet était obligé de passer, et ils ne manquèrent pas d'en profiter pour recommencer le *charivari* de leurs fenêtres, sans répondre autrement que par un profond silence aux provocations furibondes du malheureux Hymonet.

Le brigadier, ne sachant où donner de la tête, prit le parti de porter sa plainte à son jeune colonel, M. Eugène de Beauharnais, commandant les guides, lequel sollicita et obtint du général Bessières, commandant toutes les troupes à l'École militaire, qu'il mît à l'ordre du jour, sous peine d'une punition sévère, de ne pas prononcer les paroles suivantes :

— *Charivari* pour les jambes du brigadier Hymonet.

qui, par fierté, n'a pas voulu manger la soupe avec les grenadiers !

Il faut croire que c'est depuis la circonstance de la garde des consuls, que je viens de raconter ici, que le caractère du brigadier Hymonet était devenu si irritable, au point que, quelques années plus tard, une pièce fort en vogue aux Variétés, et qui avait obtenu l'honneur des rues et des casernes, le mit hors de lui. Il y avait dans cette pièce le refrain suivant :

Bon voyage,
Monsieur Dumollet,
A Saint-Malo débarquez sans naufrage...

On ne pouvait chanter ce refrain sans qu'il prît cela pour lui, ce qui fut cause de nouveaux et nombreux désagréments qu'un nouvel ordre du jour ne put pas lui éviter.

Devenu officier, le lieutenant Hymonet ne changea pas son caractère. Il était capitaine, lorsqu'il succomba dans un dernier duel. Voici dans quelle circonstance.

En 1823, dans la guerre d'Espagne, un capitaine de son régiment, M. Delpêche, fut mis à l'ordre du jour pour sa belle conduite dans une affaire contre l'ennemi. C'en fut assez pour le capitaine Hymonet. Il soutint que c'était lui qui devait être mentionné. Cette prétention, qui n'était pas admissible, d'après les officiers présents à l'affaire et juges compétents, donna lieu à une rencontre que le capitaine Hymonet provoqua. Le choix des armes appartint à son adversaire, qui prit le pistolet. Les combattants furent placés en face l'un de l'autre à vingt pas. Le sort fut fatal au capitaine Hymonet. Le premier coup de pistolet tiré par son adversaire l'étendit sur le terrain. Ne pouvant plus se servir de son arme pour riposter, il la laissa tomber, et, portant la main sur son côté gauche, où la balle avait frappé, il s'écria :

— C'est fini ! c'est fini ! Voilà le bouquet ! Adieu, mauvaise pratique !

Telles furent ses dernières paroles.

Une matinée de l'hiver de 1811, à Salamanque, passant sous les arcades de la place, je rencontrai un de mes amis, M. V... Je l'avais vu à Augsbourg, en Bavière, au commencement de la campagne de 1809, sortant de l'École polytechnique, et alors lieutenant d'artillerie ; je le revoyais, deux ans après, portant l'uniforme d'aide de camp, ayant l'épaulette de capitaine et décoré de la croix de la Légion d'honneur.

— Apprenez-moi donc, mon cher V..., lui dis-je, comment vous avez fait pour abandonner l'arme de l'artillerie, à laquelle vous étiez si fier d'appartenir ?

— C'est, me dit-il, la reconnaissance qui m'y a décidé ; mais, comme c'est un peu long à raconter, si vous n'avez pas déjeuné, entrons chez Mariquitta, la belle limonadière, et, en prenant une tasse de chocolat, qu'elle fait si bien, je répondrai à votre question.

J'acceptai avec plaisir l'invitation de mon ami, et nous nous installâmes chez Mariquitta, qui, outre le chocolat qu'elle faisait elle-même, vendait d'excellente pâtisserie, dont mon ami était presque aussi friand. Voici ce qu'il me raconta :

— Vous avez assisté, mon cher Parquin, à la campagne de Wagram, et vous n'avez pas oublié, sans doute, la belle affaire dans laquelle s'est trouvée engagée la division du général Claparède contre le corps de l'archiduc Louis, qui occupait la magnifique position d'Ebersberg. Dans cette journée, 7,000 Français soutinrent le choc de 37,000 Autrichiens, leur prirent 6,000 hommes, 30 pièces de canon et 300 voitures. C'est dans la brigade d'avant-garde du général Cœhorn que se trouvait le bataillon de tirailleurs corses, surnommés dans l'armée les *Cousins de l'Empereur*. Ils prirent au pas de course le pont de Thann, de deux cents toises de long. Il est inutile de dire que ces braves Corses perdirent énormément de monde.

L'Empereur étant venu, le lendemain de l'affaire, passer la revue de la division et distribuer les récompenses aux troupes, le général Claparède me présenta à Sa Majesté comme étant l'officier dont les six pièces d'artillerie, dans un poste dominant le pont, avaient fait éprouver un mal énorme à l'ennemi, et avaient protégé efficacement le passage du pont à la division. L'Empereur voulut bien me nommer capitaine. Vous pensez, mon cher Parquin, que ce n'était pas là l'objet de mon ambition, car l'avancement ne pouvait m'échapper dans cette belle campagne ; aussi, suivant pas à pas le général Claparède dans cette revue, je le suppliai de faire à l'Empereur la demande de la décoration pour moi puisque Sa Majesté voulait bien me récompenser. Le général Claparède eut la bonté de faire la demande en ces termes :

— Sire, voilà un officier que vous venez de faire capitaine ; il ne se trouve pas heureux ; il préfère la croix d'honneur.

L'Empereur, se retournant vivement vers moi, et me toisant de son regard d'aigle, me dit :

— Jeune homme, tu demandes la décoration, et tu n'as pas encore de barbe !

— C'est vrai, Sire, dis-je sans me déconcerter; mais ce n'était pas une paire de moustaches qui commandait ma batterie hier.

L'Empereur fut content de ma réponse, qui le fit sourire, et il me décora sur-le-champ, me laissant le grade de capitaine, qu'il m'avait conféré quelques minutes auparavant.

Le général Claparède m'ayant demandé, après la campagne, si je servirais avec plaisir comme son aide de camp, ma reconnaissance dicta ma réponse, et je vins en Espagne, où le général Claparède eut une division à commander dans le 9e corps.

Je fis mon compliment au capitaine V... sur son aplomb et sa présence d'esprit, et je me promis bien de l'imiter si jamais l'occasion s'en présentait. On verra, dans la suite de mes Souvenirs, que je ne laissai pas échapper l'occasion de parler à l'Empereur, lorsque, le 6 avril 1813, Sa Majesté me décora de la Légion d'honneur.

Nous nous séparâmes bientôt après, mon ami et moi. Je lui souhaitai bon voyage, car il partait le lendemain, avec son général et une colonne de quatre mille hommes, pour joindre l'armée du prince Masséna en Portugal.

Je reçus, un jour, l'ordre du commandant de Vérigny de faire préparer, pour le jour suivant, un détachement de deux cents chasseurs, pris, en parts égales, dans les escadrons des 7e, 13e et 20e chasseurs. Deux capitaines, deux lieutenants, quatre sous-lieutenants, devaient suivre ce détachement pour une excursion dans le royaume de Léon, sous les ordres du commandant de Vérigny que j'accompagnais. Cette première course contre les guérillas espagnoles, qui se montraient souvent depuis quelque temps, devait durer dix jours, et nous devions revenir faire séjour à Salamanque ; la seconde course devait être de la même durée, et nous nous reposions cette fois dans la ville de Toro ; enfin, notre troisième course nous menait à Zamora.

Lorsque j'annonçai mon départ pour le lendemain à la marquise, elle eut l'extrême bonté de me retenir à souper avec elle. Le repas se ressentit de la circonstance, il ne fut pas gai ; mais ayant assuré à la marquise que dans dix jours je la reverrais, sa gaieté naturelle revint peu à peu. Cependant elle ne consentit pas à faire de la musique, quoique je l'en priasse avec instance.

Le lendemain, à six heures, j'étais à cheval, et je me rendis sur la place, où je trouvai tout le monde à son poste. En ayant

rendu compte au commandant de Vérigny, il commanda la
marche, et nous nous mîmes en route au pas dans la direction de
Toro. Comme je marchais à côté du commandant, où était mon
poste, il me dit :

— Adjudant-major, lorsque nous aurons fait halte à la moitié
de l'étape, vous partirez en avant avec un officier et cinquante
hommes du détachement, et vous précéderez ma marche en formant mon avant-garde. Vous vous informerez auprès des alcades
des villages que vous traverserez, si l'on a aperçu dans le pays des
bandes de guérillas. En quittant ces villages, vous me ferez parvenir les renseignements que vous aurez reçus, en me laissant un
avis chez l'alcade, sous sa responsabilité. Lorsque notre marche
aura été de sept à huit lieues, nous nous arrêterons dans le dernier village sur notre route, pour y passer la nuit, mais toujours
au bivouac, afin de n'y être pas surpris. Vous placerez votre détachement en grand'garde sur la place de l'église (il y en a dans
tous les villages de ce pays-ci) et vous établirez les vedettes tout
autour du hameau. Vous commanderez dans la meilleure hôtellerie de l'endroit, au compte de l'alcade, dix couverts servis pour
le repas de MM. les officiers. Les vivres seront fournis, pour les
hommes et les chevaux, par le village, à raison de double ration
en tout genre. Vous mettrez à l'ordre qu'il est expressément défendu aux sous-officiers et chasseurs de rien prendre ni de rien
exiger des habitants, leurs rations devant suffire.

J'ai ordre du général Fournier, ajouta le commandant, de
parcourir en tous sens avec ma troupe la province de Léon ; de
faire un vrai métier de partisan, étant parfaitement libre de mes
mouvements, pouvant marcher dans telle direction qui me pa-
raîtra convenable, de faire la route la nuit plutôt que le jour,
afin de surprendre l'ennemi. Dans le métier que nous faisons,
il faut de la célérité, aussi n'y aura-t-il que deux sonneries, la
première pour monter à cheval, la seconde pour en descendre.

J'exécutai mot pour mot les ordres que je venais de recevoir. Nous marchâmes ainsi pendant neuf jours sans rencontrer
de guérillas. Ce n'était pas qu'il en manquât, mais la population
les prévenait de notre arrivée, et comme leur rôle n'était pas de
combattre des forces avec lesquelles il y avait certitude d'être

battu, ils ne se laissaient pas atteindre. Cependant, le dixième jour, à notre entrée à Salamanque, au passage du gué de la Tormes, à trois lieues au-dessus de la ville, de très grand matin, je tombai inopinément sur la bande commandée par El Pastor, dont la moitié de la troupe était déjà au delà de la rivière. Ce qui restait ne tint pas contre nos chasseurs, qui les chargèrent vigoureusement. On leur tua quelques hommes ; d'autres se noyèrent et une dizaine d'entre eux furent faits prisonniers, portant le numéro du régiment sur la figure, ce qui voulait dire qu'ils étaient blessés. Quelque facile que fût cette victoire, le commandant de Vérigny fut flatté de ne pas rentrer à Salamanque sans résultats. Notre retour fut presque triomphal.

Le commandant, avant de nous séparer, donna les ordres pour le départ du surlendemain. Quant à lui, il fut rendre compte de sa mission au général Fournier..... Le détachement se mit en route de nouveau dans la direction de Valladolid ; nous faisions toujours le même métier de partisans, et l'ennemi était constamment prévenu de notre marche. Cependant, un jour, avant d'arriver au village de la Neva-del-Rey, nous eûmes un engagement avec la bande de Lampessinado, que nous mîmes en déroute. Nous fîmes quelques prisonniers, qui furent passés par les armes, car nous avions trouvé sur notre route plusieurs de nos fantassins pendus. Ces malheureux s'étaient laissé prendre en quittant un instant le convoi qu'ils escortaient et qui avait été attaqué, et cela à la porte de Valladolid. L'infanterie française, en Espagne, était d'une confiance qui, comme on vient de le voir, lui était souvent funeste. Je me rappelle qu'un jour quelques soldats étant restés en arrière des leurs et même de la cavalerie d'arrière-garde, je leur en faisais le reproche en leur disant :

— Mais si, éloignés des autres comme vous l'êtes, une bande de guérillas survenait, que feriez-vous ?

Ils me répondirent gravement :

— Mon lieutenant, nous formerions le carré.

Ils étaient trois.

Nous nous arrêtâmes un jour au village de la Neva-del-Rey, où nous étions fort bien ; car les fourrages y étaient en abondance pour nos chevaux, et il y avait une bonne hôtellerie pour MM. les officiers. On nous y donna, pour nous servir, une espèce de Figaro, qui nous parut fort intelligent, au point que le commandant de Vérigny le prit en affection et souvent lui fit boire du vin chaud, après le souper, en fumant les cigarettes qu'il faisait très bien. Il nous jouait du tambour de basque, dansait en chantant des chansons espagnoles, qui, n'étant pas bien pour nous, étaient encore plus mal pour l'épouse de leur ancien roi Charles IV, et en général très mal pour les Andalous. Nous prenions ce Figaro pour le fils du maître de l'hôtellerie où nous étions établis. Il resta jusqu'à minuit, heure à laquelle il disparut; nous le crûmes couché. Quant à nous, comme nous partions à la pointe du jour, nous passâmes la nuit à table, à boire du vin chaud. C'était, du reste, notre habitude pendant ces courses de dix jours, jusqu'à notre retour dans l'une des trois villes que le général Fournier avait indiquées au commandant comme stations.

A cinq heures du matin, le lendemain, en sortant du village de Neva-del-Rey, à une lieue sur notre route, je fus étonné de voir un berger, au milieu de son troupeau, qui me faisait signe d'aller à lui. Je quittai la tête de mon détachement et partis au galop pour l'atteindre. Je l'eus bientôt rejoint; il venait de tirer une lettre de dessous sa blouse, et il me la présenta. Je demeurai étonné de voir, en français, sur le dos de la lettre, l'adresse suivante :

« A Monsieur l'Adjudant-major, pour être remis à Monsieur le Commandant de Vérigny, chef de partisans de l'armée française. »

Pensant que cette lettre concernait le service, je l'ouvris ; voici ce qu'elle contenait :

« Commandant,

» Moi, *El Pastor*, avec la troupe duquel vous avez eu un engagement assez sérieux au passage de la Tormes, à trois lieues de Salamanque, j'ai désiré vous connaître, touché de la générosité que vous avez eue de me faire des prisonniers, qui, soit dit en passant, se sont déjà échappés des prisons de Salamanque et m'ont rejoint. Je me suis donc déguisé, pouvant compter sur la fidélité du maître de l'hôtellerie chez lequel vous avez passé hier la journée et la nuit, au village de la Neva-del-Rey. J'ai voulu vous connaître, dis-je, et voir de mes yeux : 1° de quelle manière vous vous gardiez ; 2° quel genre de vie vous meniez. Sur le premier de ces deux points, je vous fais mon compliment. Vous vous tenez de manière à ne pas laisser prise sur vous. Croyez bien que sans cela, le Figaro qui vous servait hier à table, et qui n'était autre que moi, serait venu vous surprendre avec sa troupe au milieu de la nuit. Quant à votre manière de vivre et de passer le temps, je vous en félicite de tout cœur ; vous êtes de vrais *carajos* (diables), qui savez vivre comme vous savez vous battre. Et comme il m'en coûte de me mesurer avec des hommes que j'estime, je vais aller dans une autre province, chercher d'autres adversaires que vous.

» Je vous souhaite bonne santé et bonne chance. Je vous salue.

» EL PASTOR, *chef de partisans.* »

Je continuai ma route après avoir donné une piécette (un franc) au berger, et je remis à la halte cette lettre au commandant de Vérigny, lui disant que j'en avais pris connaissance, croyant y trouver un renseignement concernant le service. Le commandant m'approuva. Nous ne pûmes nous empêcher d'admirer la hardiesse de ce chef de partisans, tout en rendant justice à la loyauté du maître de l'hôtellerie du village de la Neva-del-Rey, qui s'était mis dans le cas de payer une forte amende pour ne pas nous avoir prévenus. Le commandant de Vérigny me dit de ne parler de cette lettre à personne, car le général Fournier ne manquerait pas, s'il le savait, d'exiger une somme considérable de l'hôtelier de la Neva-del-Rey.

Je rappellerai, à cette occasion, mais sans me porter garant de sa justesse, le dicton suivant du soldat français, qui ne se gênait pas pour le transcrire en gros caractères sur les murs :

« Guerre d'Espagne !... la mort du soldat, la ruine des officiers, la fortune des généraux ! »

Nous venions de faire la deuxième halte à Valladolid, et le surlendemain nous nous mîmes en campagne. Au milieu de la journée, marchant à la tête de mon détachement, je dominais, du haut de mon cheval, le mur de la masure d'une maison qui avait été incendiée. Je fus frappé d'étonnement en voyant scintiller au soleil, avec une intensité extraordinaire, un objet luisant; je donnai l'ordre au trompette qui était à côté de moi, de voir ce que cela pouvait être. Le trompette s'étant approché, me cria :

— Adjudant-major, ce sont des chevaux de brigands, harnachés et armés. Aussitôt, je détachai vingt-cinq hommes pour entourer la masure et la fouiller dans tous les sens, et j'aperçus effectivement deux chevaux tels que le trompette les avait indiqués ; ils étaient attachés à un piquet, mangeaient de l'orge étendue sur un manteau. Les pistolets, qui n'étaient autres que des armes françaises, étaient dans les fontes. C'étaient même les pommeaux dont le scintillement au soleil m'avait ébloui. Des lances étaient pendues à chaque selle. Il était donc visible que les cavaliers ne pouvaient être loin, et cependant on ne voyait personne. L'idée me vint de faire monter mon cheval sur une colline, qui fut promptement gravie ; je jetai les yeux sur la plaine et je découvris deux hommes à pied, à travers champs dans la direction de la forêt. Je fis courir après eux. Ces hommes, quand ils ne furent plus qu'à cent pas des cavaliers, s'arrêtèrent tout essoufflés et furent pris. Je suspendis la marche de mon détachement, et j'attendis que le commandant de Vérigny fût arrivé avec la colonne. Je lui remis alors les prisonniers, et je lui demandai les deux chevaux, qui paraissaient excellents, pour mes deux officiers. Cette demande me fut accordée.

D'après les questions auxquelles répondirent à l'instant les prisonniers, nous apprîmes qu'ils appartenaient aux guérillas d'un curé, moine défroqué, homme des plus implacables, qui interceptait la route entre Valladolid et Salamanque ; il pendait ses prisonniers à des potences qu'il plaçait exprès sur la route, et il poussait la cruauté jusqu'à ouvrir le ventre des femmes qui tombaient en son pouvoir. Tel venait d'être le sort d'une malheureuse cantinière prise par le curé quelques jours avant notre passage par Valladolid. Si notre marche eût été dans la direction de cette ville, nul doute que la vue de ces brigands n'eût exaspéré la garnison, et que leur mort s'en fût suivie ; mais le commandant de Vérigny était résolu à les emmener à Zamora, où nous avions l'ordre de nous rendre, la brigade ayant quitté les environs de Salamanque pour occuper ceux de cette première ville. Ainsi donc ces malheureux pouvaient espérer d'avoir la vie sauve, si le commandant n'eût ordonné de les fouiller. Cette circonstance leur fut fatale ; car l'un d'eux, qui paraissait être un officier, et qui avait un coup de sabre de fraîche date sur la figure, se trouvait nanti d'un portefeuille contenant une reconnaissance sur papier bleu, et écrite en français, pour la poste de Valladolid.

Ce portefeuille avait appartenu à un officier français dont nous avions vu le cadavre étendu sur la route. En conséquence, le procès de ces deux guérillas ne fut pas long.

Le commandant de Vérigny les fit placer à genoux en face du mur de la masure où leurs chevaux avaient été pris. Un peloton du détachement prit les armes, et ils tombèrent fusillés, après avoir fait le signe de la croix et prononcé ces paroles :

— Mourir pour Dieu, mourir pour la patrie, c'est la mort de tout Espagnol.

Cet acte de représailles accompli, nous nous mîmes en route.

La veille de notre arrivée à Zamora, un officier et vingt-cinq chasseurs vinrent se réunir à nous dans la ville de Toro. L'officier, qui était du 7ᵉ chasseurs, apporta une lettre de la part du général Fournier au commandant de Vérigny. Le général lui enjoignait d'aller sur la gauche, à un bac établi sur le Douro, d'y arriver avant le jour, et d'y saisir une bande d'individus, ainsi que leurs mulets, qui devaient effectuer le passage du bac, et toutes les marchandises et denrées coloniales qu'ils passaient en contrebande, entrant en Espagne et venant des frontières du Portugal. Nous exécutâmes l'ordre tel qu'il était prescrit. Les lieux étaient si bien indiqués, et nos dispositions furent si bien prises, qu'il ne nous échappa rien, ni en hommes ni en marchandises.

Contrebandiers, mulets, denrées coloniales, tout fut conduit à Zamora, excepté quelques adroits muletiers qui parvinrent à s'échapper en route. Le commandant de Vérigny profita de cet incident pour distribuer les mulets des fugitifs aux officiers de son détachement. Ce fut le seul dédommagement de notre campagne d'un mois. Cela excepté, tout le convoi fut remis entre les mains du général Fournier, qui en fit... ce qu'il voulut : nous n'avions pas à lui demander des comptes à cet égard.

Il y avait quinze jours que nous étions rentrés dans nos régiments respectifs, lorsque, dînant un dimanche chez le général Fournier avec le commandant de Vérigny, nous fûmes témoins d'une scène fort singulière ; mais pour bien l'expliquer, il faut me reporter à son origine.

Le brave général Poinsot (c'est le même général qui, étant sous les ordres du général Dupont, à Baylen, en Andalousie, ne voulut point entendre prononcer le mot de capitulation, et montant à cheval précédés avec deux escadrons de cuirassiers d'un bataillon de marins de la garde impériale, traversa l'armée espagnole avec laquelle le général Dupont capitulait, et vint rejoindre le général duc de Berg à Madrid), le général Poinsot, dis-je, commandait la place de Toro, éloignée de sept lieues de la ville de Zamora. Le général Fournier, étant arrivé dans cette ville, fut rendre visite à son collègue, qu'il trouva couché, étant malade. Après s'être informé de sa santé, le général Fournier aperçut sur la cheminée deux piles chacune de vingt pièces d'or : c'étaient des onces d'Espagne. Il en mit sans façon une pile dans sa poche, en adressant ces paroles au général Poinsot :

— Comme il est probable, mon cher collègue, que ce ne sont pas vos fermiers de France qui vous payent en pareille monnaie, et me trouvant le général commandant la cavalerie dans cette province, il est juste que je partage avec vous. J'ai fait ma part, et je m'en vais. Bonsoir ; je vous souhaite une meilleure santé.

Et le général Fournier, qui avait son cheval et son escorte à la porte, partit au galop pour Zamora.

Le général Poinsot, tout déconcerté de ce qui venait de se passer sous ses yeux, se promit bien, lorsqu'il serait guéri de la fièvre, d'aller à Zamora, pour y avoir raison du général Fournier, et pour y prendre ce qui lui appartenait. Il ne manqua pas d'agir ainsi, et le dimanche dont je parle il était arrivé dans la matinée à Zamora. Je ne suis pas à même de savoir ce qui se passa entre ces deux généraux ; mais le soir, lorsque nous étions à dîner chez le général Fournier, comme je l'ai déjà dit, le général Poinsot entra dans la salle à manger sans se faire annoncer, et s'adressant au général Fournier, lui dit ces paroles :

— Vous voulez donc me faire assassiner sur la route par les guérillas, en donnant l'ordre à l'escorte de votre brigade de ne pas m'accompagner à mon retour à Toro ?

Et comme le général Fournier prenait la chose en riant, ce qui exaspérait encore davantage le général Poinsot, celui-ci l'apostropha de cette manière :

— Général Fournier, je sais qu'à quinze ans vous mouchiez une chandelle avec une balle de pistolet ; mais moi, je vous donnerai un coup d'épée à la hauteur du quatrième bouton de votre uniforme ; car c'est là que je mouche les insolents de votre espèce.

Et il sortit en disant :

— A demain !

Quand il fut dehors, le général Fournier nous dit :

— En voilà un, par exemple, qui est bien mal nommé, car il est *sot sur tous les points.*

Et il ajouta :

— Commandant de Vérigny, vous me ferez le plaisir d'aller

prendre, ce soir, l'heure du général Poinsot, puisque c'est son nom, et de me servir de témoin demain.

Le lendemain, le commandant de Vérigny était parvenu à éviter le duel entre deux officiers généraux, duel qui eût été d'un très mauvais exemple pour l'armée. Il avait également arrangé l'affaire des onces : le général Fournier donnait en échange un vieux cheval gris de ses écuries, qui avait appartenu, dit-on, à Marie-Antoinette, et que le général Poinsot n'aurait certes pas acheté vingt onces ou 1.700 francs, s'il en avait eu le choix.

Le 1ᵉʳ mai 1811, la brigade Fournier quitta ses cantonnements. Nous passâmes le Douro à Toro, et nous arrivâmes à Ciudad-Rodrigo, où nous fîmes partie de la division du général Montbrun, le plus bel homme de guerre que j'aie jamais vu de ma vie. Il était célèbre dans toute l'armée par sa bravoure et surtout à cause d'une réponse fort énergique, mais passablement originale, qu'il fit, étant au bivouac à Znaïm, dans la campagne de 1809. Le capitaine Lindsai, son aide de camp, accourait près de lui au grand galop de son cheval en lui criant de loin :

— Bonne nouvelle, mon général, bonne nouvelle ! J'arrive de Vienne, et je vous annonce que la paix est faite.

— Eh ! qu'est-ce que cela me f... à moi qui n'aime que plaies et bosses ! répondit ce lieutenant général qui, cependant, n'étant âgé que de trente-six ans, était comte de l'Empire, touchait 100.000 francs de solde avec ses dotations, avait une gloire militaire bien acquise, et était marié à une jeune et charmante femme. Que de motifs pour aimer la paix, au milieu d'une si brillante existence ! Néanmoins, il ne se plaisait que sur les champs de bataille, préférant la vie des bivouacs à celle des salons. Hélas ! ses vœux de mourir sur un champ de bataille ne furent que trop tôt exaucés, car il reçut dans le ventre un boulet de huit, avec lequel il fut enterré à la Moskowa.

Nous venions de faire notre jonction avec l'armée de Portugal. Ce fut le 3 mai, dans une reconnaissance à deux ou trois lieues de Ciudad-Rodrigo, que nous aperçûmes l'armée anglaise. Le commandant de Vérigny, ayant la direction de la ligne des tirailleurs de la brigade, jaloux de connaître messieurs les officiers anglais, me dit :

— Parquin, voilà une bouteille d'excellente eau-de-vie de France ; portez-vous au galop à quelques pas de la ligne anglaise, agitez votre mouchoir blanc, et quand on viendra à vous pour vous demander ce que vous voulez, vous répondrez que vous venez offrir de trinquer avec les officiers qui sont en ligne devant nous. Si on accepte, je vous rejoins au galop avec les officiers qui sont avec moi.

Le commandant finissait à peine de me parler, qu'ayant mis la bouteille d'eau-de-vie dans la sabretache, je partais au grand galop, le mouchoir blanc à la main. Je l'élevai en l'agitant lorsque je fus à une distance raisonnable des lignes anglaises. Un officier du 10e dragons légers anglais vint aussitôt sur moi au galop, et, quand il m'eut atteint, il me demanda ce que je voulais.

— Je viens vous offrir une bouteille d'eau-de-vie pour boire avec vos camarades et les miens, avant de faire connaissance d'une autre manière.

L'officier anglais accepta et fit signe à ses camarades ; de mon côté, j'en fis autant au commandant de Vérigny, qui me rejoignit avec une dizaine d'officiers, au moment où un pareil nombre d'officiers anglais arrivaient. La bouteille passa à la ronde et fut vidée à l'instant. On la trouva excellente, surtout les officiers anglais, qui nous remercièrent de notre procédé, auquel ils parurent fort sensibles. La conversation s'engagea ; ils nous demandèrent depuis quand nous étions en Espagne.

— Depuis peu de temps, leur répondis-je ; il y a deux ans que nous étions à cette même époque aux prises avec les Autrichiens, et nous arrivons de France pour faire connaissance avec vous, messieurs.

— Soyez les bienvenus ! dirent-ils tous à la fois.

Un d'eux ajouta avec un peu d'orgueil :

— Oh ! nous connaissons la cavalerie d'élite de l'armée française. Nous avons eu affaire au régiment des guides de Napoléon, dont nous avons pris le chef, le général Lefèvre-Desnouettes, à Bénévente.

Le commandant de Vérigny prit alors la parole :

— Une imprudence de ce général, dit-il, en attaquant vingt de vos escadrons avec quatre escadrons de ses guides, et une erreur de route qui l'empêcha de retrouver le gué de la rivière, furent la cause de son échec. Nous aurons probablement l'occasion de reprendre une revanche pour les guides, dans la campagne qui s'ouvre.

Un officier anglais demanda s'il y avait quelqu'un parmi nous de la ville de Moulins, en Bourbonnais, qui voulût bien se charger d'une lettre pour un de ses compatriotes, prisonnier dans cette ville. L'adjudant-major Dulimbert, du 13ᵉ chasseurs, dont le père était justement préfet à Moulins, s'en chargea avec plaisir, et la lettre lui fut remise par un parlementaire de l'armée anglaise, le lendemain.

Il paraît que la conversation avait duré plus longtemps sur ce point, que le général anglais ne le voulait, car deux ou trois obus tirés des lignes anglaises tombèrent non loin de notre groupe et nous forcèrent à nous séparer, non toutefois sans avoir accepté de boire le rhum que nous avaient offert, en revanche de notre procédé, les officiers anglais.

Nous opérâmes notre mouvement de retraite sur Ciudad-Rodrigo en arrière en échiquier (nous n'avions fait qu'une reconnaissance sur l'armée ennemie). Une demi-heure après notre conversation avec les officiers anglais, nous entendîmes quelques coups de carabine et des cris. Nous vîmes à l'instant un peloton de tirailleurs sur notre droite, qui était vigoureusement poussé par l'ennemi, et le lieutenant Fages, du 13ᵉ chasseurs, faisait signe avec son sabre d'arriver à son secours. Sans faire arrêter la marche de la colonne qui était en retraite, je partis au galop, en appelant à moi les officiers et sous-officiers en serre-file ; au nombre d'une cinquantaine de cavaliers, nous nous portâmes sur la droite au secours du peloton de tirailleurs. Nous chargeâmes à outrance les Anglais, qui furent contraints d'abandonner quelques-uns des nôtres qui avaient été pris, et nous nous emparâmes de plusieurs dragons légers. Dans ce mouvement, j'eus beaucoup à me louer de l'adjudant Dobersecq, que j'avais fait nommer à ce poste en entrant en Espagne. Mais bientôt nous fûmes chargés, à notre tour, par la cavalerie anglaise.

Je me rappelle que, rentrant dans nos lignes, que nous avions dépassées de beaucoup, je vis sur la route un de mes camarades dans une position des plus critiques. C'était un officier du régiment, appelé Jonglas ; son cheval, qu'il nommait *L'Enragé*, à cause de l'ardeur qu'il mettait à courir, s'était arrêté sur ses quatre pieds, n'obéissant plus aux mouvements de la bride ni aux éperons.

— Que diable fais-tu là, Jonglas ? lui dis-je.

— Mon cheval s'est arrêté dans cette position. Il est, je crois, fourbu.

— Attends-toi à être sabré, lui répliquai-je ; les Anglais nous débordent.

Jonglas, appliquant alors un vigoureux coup de plat de sabre sur le côté droit de la tête de son cheval, l'animal obéit enfin, fit son demi-tour à gauche, et courut comme un enragé, méritant ainsi son nom.

Nous rentrâmes le soir très tard au bivouac avec quelques dragons prisonniers. Le lendemain matin, le général Fournier me fit appeler à Ciudad-Rodrigo, où il logeait, et me donna l'ordre de prendre le commandement d'un détachement, composé d'un trompette, de cinquante chasseurs, d'un lieutenant et d'un sous-lieutenant. C'était pour aller en reconnaissance sur un village espagnol qu'il me désigna sur la carte, à deux lieues d'Almeida, frontière de Portugal. Je devais prendre là tous les renseignements possibles sur la marche des Anglais. Le général voulut bien ajouter :

— Parquin, c'est une mission qui exige de l'intelligence, que je vous donne là.

— J'y répondrai, dis-je au général en prenant congé de lui.

Je fus au bivouac commander mon détachement et je partis. Dix heures sonnaient quand j'entrai dans le village que le général m'avait indiqué. C'était un grand bourg, que je traversai au galop ; je plaçai mes vedettes en avant du village, regardant le Portugal, et fis mettre moitié des hommes pied à terre, pour débrider les chevaux, les faire boire et manger ; ils alternèrent avec l'autre moitié quand ils eurent fini de se rafraîchir. Les vivres, pain, vin et eau-de-vie, furent portés aux hommes sur le terrain par les soins de l'alcade, et je prescrivis aux officiers de tenir la main à ce qu'aucun cavalier ne quittât son cheval.

A mon arrivée imprévue dans le village, j'avais surpris un tambour espagnol lisant une proclamation aux habitants pour les engager à venir au secours de la guérilla de don Julien, célèbre chef de partisans, pour l'aider à réparer les pertes en hommes et en chevaux qu'il avait essuyées dernièrement. C'était le dernier appel, disait-il, que l'alcade faisait pour lui, et de ce jour il allait clore la souscription.

Ayant placé ma troupe de manière à ne pas être surpris, comme je viens de le décrire, je m'en fus avec mon trompette chez l'alcade, où j'appris qu'une forte patrouille anglaise était venue, à deux heures de la nuit, en reconnaissance sur la route d'Almeida, mais qu'ils n'avaient rien exigé des habitants. Après ces renseignements, je tirai la proclamation que j'avais dans ma sabretache, et je sommai à l'instant l'alcade de me remettre la somme qu'il avait quêtée pour la guérilla de don Julien. Le pauvre homme, s'attendant sans doute à être pendu pour l'action dans laquelle je le surprenais, était tombé à mes pieds. Je lui fis comprendre que je me contenterais de la somme qu'il avait entre ses mains, mais que je la voulais intacte. Je la voulais sans qu'il y manquât un maravédis. S'étant relevé, il me mena à son cabinet, et retira de derrière les livres de la bibliothèque une caisse contenant l'or et l'argent, jusqu'aux dernières piécettes, formant un total de six mille francs, que certes on ne se serait jamais attendu à trouver là. Je fis porter cette somme par mon trompette, et pris congé de l'alcade, qui s'estima sûrement fort heureux d'en être quitte ainsi.

Arrivé au détachement que je commandais, je fis deux parts, l'une de trois mille francs pour les chasseurs, l'autre de trois mille francs également, dont quinze cents francs en or pour moi, et quinze cents francs pour les deux officiers qui étaient sous mes ordres ; puis j'adressai ces paroles à ma troupe :

« Mes camarades, l'argent que je vous distribue serait entre les mains des guérillas, si nous avions tardé de quelques minutes à faire notre entrée ici : voici la proclamation de l'alcade à ce sujet. Cet argent nous appartient donc. J'exige de vous une seule chose, c'est le plus grand secret. » Ils me le promirent tous. Je fis monter mon détachement à cheval, et nous rentrâmes au régiment, d'où je fus de suite à Ciudad-Rodrigo, rendre compte au général Fournier de la reconnaissance que l'armée anglaise avait poussée vers Almeida la nuit dernière.

Le lendemain matin, la brigade monta à cheval et nous fîmes une marche de flanc sur notre droite. Le général Fournier et le 13ᵉ chasseurs passèrent le jour et la nuit dans le village où j'avais été faire ma reconnaissance la veille ; mais mon régiment ne fit que le traverser, et alla loger à une lieue plus loin, dans un autre village, à la droite de l'armée. Il n'y avait pas deux heures que le régiment y était établi, qu'une ordonnance vint me donner l'ordre de me rendre sur-le-champ chez le général Fournier. Je ne vis pas sans émotion, à mon arrivée chez le général, qu'il était établi dans la maison de l'alcade chez lequel j'avais levé une contribution la veille ; toutefois je me promis de tenir bon.

Je ne me trompais pas ; le général Fournier avait fait une pareille demande d'argent à l'alcade, lequel lui avait répondu :

— Vous arrivez trop tard, général : un officier qui est venu hier matin, a pris les six mille francs dont je pouvais disposer.

Il n'était pas difficile au général de connaître l'officier qui était venu en reconnaissance la veille dans le village, et voilà pourquoi il m'avait fait demander chez lui. Quand je fus devant le général, il me reçut très mal, et me somma de lui remettre les six mille francs que l'alcade m'avait comptés la veille.

— J'en suis fâché, mon général, lui dis-je ; je n'ai que le quart de cette somme à ma disposition. Les trois autres quarts ont été distribués au détachement et aux officiers. Mais permettez-moi, mon général, de vous faire observer qu'il y a plus d'un an que le Gouvernement me doit mes appointements, et que ce n'est pas par lui que je puis avoir trois bons chevaux à mon service, posséder de bonnes cartes de toutes les provinces d'Espagne, et être toujours prêt à marcher quand vous avez une expédition délicate à faire, ce qui m'a valu plus d'une fois de vous le titre d'officier intelligent. Veuillez me dire, mon général, s'il ne faut pas que, de temps en temps, une occasion pareille vienne remonter ma bourse et me venir en aide, à défaut de ma solde arriérée.

J'allais atteindre ma ceinture pour y prendre les quinze cents francs, qui étaient la part que je m'étais réservée, et je disais au général que, quant aux quatre mille cinq cents francs, je les ferais rendre par les officiers et les chasseurs, s'ils les possédaient encore ; le général me fit signe de n'en rien faire, en prononçant ces paroles :

— La manière loyale avec laquelle vous avez réparti les six mille francs à votre troupe me fait jeter un voile sur cette affaire-là. Mais, une autre fois ne recommencez plus sans m'en rendre compte.

Je remerciai le général Fournier, en l'assurant que je ne manquerais pas de me tenir pour averti, et je retournai au régiment.

J'ajouterai que le général Fournier devait être, en toute justice, d'une grande indulgence pour ces sortes de contributions forcées.

Le lendemain 5 mai, en montant à cheval de bonne heure, je remarquai que le chef d'escadron de Vérigny avait sa barbe fraîchement faite, qu'il avait mis ses gants, pris du linge blanc, fait cirer ses bottes, éclaircir ses éperons. Il montait sa belle jument turque (son cheval de bataille), dont le harnachement était magnifique ; son colback était surmonté de son plumet et en avait la flamme au vent ; ses moustaches étaient relevées et cirées ; il était enfin dans sa plus grande tenue : je lui en fis mon compliment.

— C'est ainsi qu'on doit être pour se présenter à l'ennemi, Parquin, me dit-il ; on n'est jamais trop beau quand le canon est en fête.

La brigade étant réunie, nous nous mîmes en route, et au bout de deux heures de marche, nous avions rejoint la division de cavalerie du général Montbrun et pris notre place de bataille à sa droite. L'armée anglaise était réunie en bataille sur la frontière de Portugal, dans une position assez critique, ayant une rivière derrière elle et des défilés rendus dangereux par les débordements des torrents. L'armée dite du Portugal, commandée par le prince Masséna, était en ligne devant elle, augmentée de la brigade du général Fournier, de la division d'infanterie du général Claparède et de quinze cents hommes de cavalerie de la garde impériale, envoyés de Valladolid par le général Bessières pour prendre part au combat. Nous avions des forces à peu près égales à celles de l'armée anglaise, soit en infanterie, soit en cavalerie, sauf les nombreux insurgés portugais et espagnols. Tout le monde était plein d'ardeur et désirait être aux prises avec les Anglais. Certes, si le prince Masséna eût voulu ajouter un laurier à ceux qui lui valurent le titre d'Enfant chéri de la Victoire, et s'il se fût soucié de gagner la bataille, l'ennemi eût été défait selon toutes les probabilités, et Dieu sait quel résultat cette victoire aurait eu sur les affaires de la Péninsule.

Ni la belle conduite de la division Claparède, sur notre droite du champ de bataille, qui faisait ainsi un noble adieu à l'armée de Portugal, puisqu'elle partait le lendemain pour l'Andalousie, ni la vigoureuse charge des quatre compagnies d'élites des 6ᵉ, 11ᵉ, 15ᵉ et 25ᵉ dragons, conduite avec tant de bravoure par le colonel Ornano, à travers les lignes anglaises, et qui fit craindre un instant au général Wellington que sa dernière ligne ne fût entamée, rien ne put faire sortir le prince Masséna de sa tente,

où il s'était enfermé avec le général Loison. Malheureusement
pour l'armée, le brave des braves, le maréchal Ney, manquait ; il
avait quitté le commandement de son corps d'armée huit jours
auparavant. Une brouille avec le général en chef privait l'armée
de ses talents et de son épée. Le prince Masséna avait reçu de
France, la veille, l'avis qu'il était remplacé dans son commandement par le maréchal duc de Raguse [1], qu'on attendait de jour en
jour à l'armée. Cette bataille, qui, toute la matinée, fut grandement à notre avantage, cessa tout d'un coup au moment où le
général anglais opéra sa retraite. La brigade Fournier fut la dernière troupe engagée avec l'ennemi. C'est en sabrant une ligne
de cavalerie anglaise que nous enfonçâmes complètement que le
général Fournier eut son cheval tué. Le gros major du régiment
et le capitaine Lasalle [2], le lieutenant Labassée [3], le lieutenant
Hymonet, ainsi que plusieurs chasseurs, avaient été démontés
par l'artillerie et par l'infanterie ennemies ; et moi, je reçus à
bout portant une balle qui me traversa le visage et m'enleva six
dents.

On pense bien que je dus gagner l'ambulance pour m'y faire
panser.

Une des qualités distinctives du commandant de Vérigny
était de savoir parler au soldat et de l'électriser dans les moments
les plus critiques.

Dans la matinée du 5 mai, où, comme on vient de le voir,
nos escadrons étaient le point de mire de l'artillerie ennemie, le

1. Marmont (Auguste-Frédéric-Louis-Wiesse de), né à Châtillon-sur-Seine, en 1774, était
sous-lieutenant d'artillerie quand il connut Bonaparte au siège de Toulon, en 1793. Il se lia
d'amitié avec lui, fit les campagnes d'Italie, d'Egypte, fut nommé général de division sur le
champ de bataille de Marengo, et prit part à toutes les campagnes de l'Empire. En 1805, il se
maintint dans Raguse contre les troupes réunies de la Russie et du Monténégro, d'où, par
la suite, le titre de duc de Raguse que lui octroya l'empereur Napoléon. Lors de la chute
de l'Empire et sous les règnes de Louis XVIII et de Charles X, Marmont remplit un rôle
politique important. Il mourut à Versailles, en 1852.

2. Lasalle (Georges-Nicolas-Francois), né le 30 novembre 1777, à Avisse (Marne). Chasseur
au 20e régiment, le 13 messidor an II ; sous-lieutenant, le 1er pluviose an III (20 janvier 1795) ;
lieutenant, le 14 janvier 1807 ; adjudant-major, le 7 avril 1809 ; passé au 13e régiment de
chasseurs à cheval le 1er décembre 1811. Retraité, le 1er août 1814. Membre de la Légion
d'honneur, le 10 mai 1807.

3. Labassée (Frédéric), né le 20 février 1792, à Saint-Jean-d'Angély. Page de l'Empereur le 27 novembre 1807 ; sous-lieutenant au 20e régiment de chasseurs à cheval, le 20 juillet 1810. Passé aide de camp dans le courant de 1813.

commandant de Vérigny et moi, nous passions dans les rangs au
pas, causant avec le soldat, ce qui était son habitude constante,
lors du danger.

— Parquin, me dit M. de Vérigny en me désignant un chasseur qui assistait au feu pour la première fois, et qui laissait voir,
sur sa figure pâle, l'émotion assez vive que lui inspirait le danger,
je vois sur le front de ce gaillard-là qu'il va donner un fameux
coup de sabre lorsque nous chargerons.

Le chasseur, dont l'âme fut retrempée à l'instant par ces
paroles, répondit en brandissant son sabre :

— Oui, mon commandant !

Et il tint parole, car une minute après il pénétrait un des
premiers dans les lignes anglaises, où il fut tué.

Parmi les blessés, je rencontrai le capitaine Ervas, du 24°
chasseurs, le beau-frère du duc de Frioul, blessé également au
visage, et le beau et brave Septeuil, aide de camp du prince
Masséna, arrivé de France la veille, qui supporta avec un rare
courage l'amputation de la jambe.

Le commandant de Vérigny ayant appris que je venais d'être
blessé, eut la bonté d'envoyer savoir de mes nouvelles. J'écrivis
au crayon ce petit billet que je lui fis remettre :

« Ma blessure ne sera rien ; j'avais une dent contre les
Anglais, ils ont voulu me l'arracher ; mais ils auraient bien dû
se dispenser d'en enlever cinq autres avec. »

J'appris le soir que notre armée avait conservé le champ de
bataille et que le général anglais avait opéré sa retraite en Portugal sans être poursuivi.

Du 9 au 10 mai, dix-huit cents hommes, qui composaient la
garnison d'Almeida, tous Français, avaient opéré leur jonction
avec nous. Un sergent d'infanterie se dévoua en traversant
soixante-dix mille Anglo-Portugais qui bloquaient cette ville,
pour porter, de la part du maréchal Masséna, au général Brenier
qui y commandait, l'ordre d'en faire sauter les fortifications.
Après les avoir fait sauter, la garnison, son général en tête, fit une
trouée dans l'armée ennemie, et rejoignit l'armée française, en
perdant beaucoup de monde.

Le maréchal duc de Raguse arriva à l'armée le 12 mai, et y

fut bien accueilli. Il réorganisa l'armée de Portugal, lui assura de bons cantonnements, tout en observant l'armée anglaise.

J'étais guéri de ma blessure ; j'avais acheté, pour quinze francs, à Ciudad-Rodrigo, une bouteille d'eau de Cologne, avec laquelle j'avais fait de l'eau blanche, et matin et soir j'en imbibais ma charpie ; ce fut ainsi que je me tirai d'affaire. J'oubliais de dire que pendant huit jours je n'avais pu prendre que du bouillon que mon domestique me servait dans la bouche par un entonnoir.

Pendant le temps que je mis à me rétablir, et qui fut fort court, car les blessures au visage se guérissent ordinairement plus vite que sur les autres parties du corps, j'habitais chez un riche Espagnol, dans un village où se trouvait un détachement de l'armée, à peu de distance et sur la route de la ville de Salamanque. Ma blessure, après les premiers moments passés, ne m'occasionnait plus de douleurs vives, mais elle me condamnait à un silence absolu. Je ne pouvais prononcer une parole. Mon hôte, qui était un fort brave homme, venait tous les matins s'informer de ma santé, et discourir sur les désagréments de la guerre, dont je devais aussi me plaindre, disait-il, blessé comme je l'étais. — Mais, ajoutait-il, quels que soient les maux que les Français aient entraînés après eux en Espagne, quels que soient ceux qu'ils nous réservent pour l'avenir, jamais ils ne nous feront autant de mal qu'ils nous ont fait de bien en détruisant l'Inquisition.

J'écrivis au crayon :

« Et en vous donnant des institutions que vous n'auriez jamais eues sans notre intervention. »

Il me fit un signe approbatif et ajouta :

— Puissions-nous être assez sages pour les garder !

On sait ce qu'il advint quand les événements nous forcèrent à quitter ce malheureux pays, et quand Ferdinand VII rentra à Madrid.

Les cantonnements de la brigade Fournier furent établis dans les environs de Salamanque. J'étais à peine guéri, que le général Fournier, sachant que don Julien devait se présenter sur la route de Zamora, me donna l'ordre de prendre cinquante chasseurs et de l'attaquer vigoureusement. Je surpris ce chef et sa troupe dans le village où il était venu passer la nuit. Je fis un bon nombre de prisonniers ; don Julien, à la vue des siens tués, blessés et pris, se jeta sur son cheval et s'enfuit, laissant ses papiers et les bagages. Les chasseurs du 20ᵉ firent là un bon butin.

Le général Fournier me complimenta sur cette expédition. Ce fut sans doute ce qui me valut d'être désigné de nouveau par lui, quelques jours après, pour faire une communication importante au gé-

néral Kellermann, à Valladolid. Le général Fournier m'autorisait à prendre vingt-cinq chasseurs d'escorte pour la route ; je lui fis observer que la distance que j'avais à parcourir n'était pas même de quinze lieues, et qu'en partant à la fin du jour, seul avec mon domestique, dont j'étais sûr, je me chargeais de la commission. Cela fut décidé ainsi.

Je partis, et j'arrivai à onze heures à une posada (auberge) isolée, à peu près à moitié chemin de Salamanque à Valladolid. Là, je comptais prendre des chevaux frais pour continuer ma route ; mais quel ne fut pas mon étonnement, en entrant dans la cour, de la voir remplie d'hommes, de chevaux, de mulets, tous établis au bivouac ! Je les pris d'abord pour une bande de contrebandiers, si communs dans la province de Léon, limitrophe du Portugal ; mais je fus bientôt désabusé à la vue des carabines et des pistolets dirigés contre nous. Je venais de tomber au milieu d'une bande de guérillas, commandée par le lieutenant d'Aguillard.

Toute défense devenant inutile, je gardai une attitude ferme et résolue ; conduit désarmé devant le chef des guérillas, je lui dis :

— Ma vie est entre vos mains ; une imprudence que j'ai commise en est la cause. Rendez grâce toutefois à cette imprudence, car si j'avais pris une escorte, ce serait vous, que je viens de surprendre, qui seriez en mon pouvoir ; mais songez que si un cheveu de nos têtes tombe, demain, dix de vos camarades, qui sont prisonniers à Salamanque, seront mis à mort !

Ayant ainsi parlé, je me tus, et je pris familièrement de la bouche du lieutenant d'Aguillard, la cigarette qu'il fumait (ce qui est un grand honneur parmi les Espagnols) ; je la portai à ma bouche en m'asseyant tranquillement, et en attendant, sans manifester aucune émotion, que notre arrêt fût prononcé.

Il se fit un profond silence pendant que le chef traduisait à sa troupe mes paroles. Après quelques instants le lieutenant d'Aguillard se leva et me dit :

— *Hombre demonio* (diable d'homme), ce n'est pas le sort de nos camarades que les Français retiennent entre leurs mains qui dicte notre résolution. Ils sauraient mourir, comme doivent le faire tous bons Espagnols, pour Dieu et la Patrie ; mais en vous donnant la mort, nous ne délivrerions pas notre pays de ceux qui l'oppriment.

Nous estimons votre caractère et votre résolution. Vivez donc ; voici vos armes, et soyons amis pendant quelques instants. Vous recevez ici l'hospitalité franche d'un chef de guérillas.

Et en disant ces paroles, il me tendit la main, que j'acceptai avec reconnaissance, et je m'assis à côté de lui. Mon domestique, dont la fermeté ne se démentit pas, prit, ainsi que moi, la part du modeste repas qui nous était offert, et après lequel nous montâmes à cheval. Nous prîmes la route de Valladolid, où nous entrâmes à la pointe du jour. J'avoue que, pendant l'année qui s'écoula encore pour moi en Espagne, je saisis toujours l'occasion de rendre service à tous les Espagnols qui tombèrent entre nos mains, et je crois avoir mérité la reconnaissance d'un grand nombre d'entre eux.

Lorsque je rentrai au régiment, et que mon aventure fut connue, le commandant de Vérigny me dit:

— Parquin, voilà deux fois en peu de temps que vous l'avez échappé belle : la première fois les Anglais vous ont serré de près; et vous venez de friser la potence avec les guérillas !

— Écoutez, repris-je en riant, je ne suis pas atteint du spleen, moi; si on me tue, foi de chrétien, je reviendrai. N'y a-t-il pas un précédent?

Dans les premiers jours de juin, le maréchal duc de Raguse se porta sur Badajoz, qui était assiégé par les Anglais : nous arrivâmes à temps pour délivrer la ville. Les forts, celui de Saint-Nicolas notamment, avaient déjà essuyé deux assauts, et quelques Anglais, surpris par le jour et par nous au moment où ils voulaient escalader les murailles, furent obligés de monter au plus vite dans les forts, à leurs propres échelles, pour y être faits prisonniers, car notre infanterie, qui n'était plus qu'à quinze pas, commençait sur eux un feu qui leur eût été fatal.

Le général Wellington ayant échoué sur Badajoz, ne voulut pas attendre les deux armées du maréchal Soult et du duc de Raguse, qui avaient fait leur jonction à Mérida. Nous poursuivîmes son armée jusque sous les murs de Campo-Major, en Portugal.

Le maréchal Soult retourna à Séville, et l'armée de Portugal fut cantonnée à Mérida et dans les environs; l'état-major de l'armée s'établit à Mérida.

La division de cavalerie du général Montbrun, dont la brigade faisait partie, occupa, à huit lieues de Mérida, la ville de Médellin, célèbre par le champ de bataille (à un quart de lieue des murs) où le maréchal Victor, sous les yeux du roi Joseph, défit, le 28 mars 1809, l'armée espagnole commandée par le général Cuesta, qui perdit 19,000 hommes.

Il y avait une heure que les logements venaient d'être distribués à la division, quand tous les trompettes sonnèrent à cheval. Les troupes se réunirent aussitôt sur le terrain qui avait été indiqué pour le rassemblement. Nous crûmes d'abord à une surprise de la part de l'ennemi; mais nous fûmes bientôt désabusés par le bruit qui se répandit promptement qu'un habitant de la ville, un homme d'une trentaine d'années, ecclésiastique de la paroisse de Médellin, avait été trouvé mort à la porte de son salon, frappé d'un coup de pointe au côté. Quel pouvait être l'auteur de ce crime? Tous les adjudants-majors de la division, sous le commandement du chef d'escadron de Vérigny, durent se rendre à la maison du mort, pour y dresser procès-verbal et faire faire l'inspection du cadavre. Nous devions nous faire assister, comme témoins, d'un officier de nos régiments respectifs. En passant devant la 3ᵉ compagnie du 20ᵉ chasseurs, je désignai au hasard le sous-lieutenant Bourgeois pour m'accompagner. Arrivé sur les lieux, et toutes les formalités étant remplies, nous nous perdions en conjectures pour savoir qui avait fait ce mauvais coup et à quel dessein. Je venais de signer le procès-verbal, et je passais la plume au sous-lieutenant Bourgeois pour qu'il en fît autant, lorsqu'à mon grand étonnement je le vis briser la plume sur la table, au lieu de signer, en disant :

— Il est inutile de prendre tant de peine pour connaître l'auteur du meurtre : c'est moi qui l'ai fait! Il est vrai que je n'avais que le dessein de frapper cet homme du plat de mon sabre. Je voulais le punir d'avoir eu l'impertinence de me jeter la porte de son salon au nez, lorsque je lui demandais qu'il m'y fît dresser un lit, ne voulant pas coucher dans le galetas qu'il m'avait désigné ; mais la lame de mon sabre ayant dévié, la pointe a atteint une artère au côté gauche, ce qui a produit la mort instantanément. Je me suis empressé alors de quitter le logement, emmenant avec moi mon domestique et mon chasseur, qui n'y avaient pas encore mis le pied. Personne ne peut donc m'accuser, car je n'ai eu aucun témoin ; mais, sur le point de signer le procès-verbal de l'attentat que j'ai eu le malheur de commettre, je n'ai pu retenir le cri de ma conscience, et j'avoue que c'est moi qui en suis l'auteur involontaire.

Cet aveu inattendu nous fit une peine infinie, surtout au commandant de Vérigny et à moi, qui aimions beaucoup le sous-lieutenant Bourgeois [1] : c'était pour moi un vieil ami, car il avait été mon premier brigadier d'escouade quand je m'étais engagé soldat au 20ᵉ régiment de chasseurs. Je fus donc très peiné lorsque le commandant de Vérigny, venant de rendre compte au général Montbrun de l'aveu de Bourgeois, me donna l'ordre de retirer le sabre de cet officier, et de le conduire à la prison de la ville, d'où je devais le lendemain le faire sortir, pour le conduire à l'état-major de l'armée de Mérida. Je devais prendre vingt-cinq chasseurs du régiment pour accomplir cette mission. Tous les officiers de la division étant convaincus que le malheur était arrivé comme l'avait raconté le sous-lieutenant Bourgeois, firent une collecte, et, quand ils surent que c'était moi qui le conduisais au quartier général, ils me donnèrent cinquante onces (4.000 et quelques cents francs) pour les lui remettre, et qu'il fût ainsi en mesure de traverser une partie de l'Estramadure et de se rendre près des Anglais, où il pourrait obtenir de prendre du service dans leurs vastes colonies. J'acceptai l'or pour le remettre à mon prisonnier, en les assurant que je mettrais à profit les difficultés de la route. Ils me comprirent très bien ; mais, ni eux, ni moi, n'avions jamais prévu que la difficulté viendrait du côté du sous-lieutenant Bourgeois.

A moitié chemin, profitant d'un petit bois à traverser, je m'approchai de Bourgeois qui se tenait au milieu de nous à cheval, et je voulus lui donner les onces de la part de tous nos camarades qui le priaient de se soustraire par la fuite à un jugement. Bourgeois fut inflexible, bien que je lui expliquasse que je supposerais une attaque par une bande de guérillas. J'allai même jusqu'à lui dire que le maréchal duc de Raguse, dont on vantait le bon cœur, me saurait gré d'avoir évité ainsi le jugement terrible d'un conseil de guerre. Rien ne put faire impression sur

1. Bourgeois (Louis), né, en 1779, à Gazenville (Seine-et-Oise). Entré comme chasseur au 20ᵉ régiment ; brigadier, le 11 août 1806 ; sous-lieutenant, le 1ᵉʳ mai 1809 ; passé au 13ᵉ régiment de chasseurs à cheval, le 1ᵉʳ décembre 1811 ; lieutenant, le 1ᵉʳ juin 1813. Membre de la Légion d'honneur, le 1ᵉʳ octobre 1807.

le sous-lieutenant Bourgeois, qui ne voulut accepter ni l'or, ni la liberté que je lui offrais.

— Mon cher Parquin, me dit-il, je te suis reconnaissant de ce que tu veux faire pour moi, et tu remercieras messieurs les officiers, de la collecte ; mais je ne puis accepter. Bourgeois saura mourir ; mais déserter, jamais !

Nous arrivâmes le soir même à Mérida, et dans la semaine le conseil de guerre fut convoqué. Malgré la défense brillante présentée par M. Lavilléliot, faisant fonctions de capitaine-rapporteur, le conseil condamna le sous-lieutenant Bourgeois à la peine de mort. Son défenseur appela de ce premier jugement, ce qui donna un laps de temps de six semaines. Cette circonstance sauva Bourgeois, dont j'aurai à parler plus tard.

Ayant ainsi accompli la pénible mission que j'avais eue de conduire le pauvre Bourgeois à Mérida, je remis aux officiers, à mon retour à Médellin, les cinquante onces, que Bourgeois n'avait pas voulu accepter. Tous mes camarades déplorèrent sa résolution, tout en rendant pleinement justice à son caractère. Il y avait deux jours que j'étais rentré au régiment, lorsque le gros major qui le commandait me fit appeler, et me dit que le maréchal lui demandait pour officier d'ordonnance à son quartier général un officier du régiment qui fût bien monté, actif et intelligent, et que, sur cette désignation, il avait jeté les yeux sur moi. J'acceptai avec reconnaissance, et je partis le lendemain pour Mérida. J'étais loin de m'attendre au désagrément que j'allais m'attirer au quartier général.

Il y avait deux jours que j'étais arrivé à Mérida, lorsque je reçus du régiment une lettre d'un officier nommé Duclos [1], qui me priait de toucher pour lui un bon de 259 francs de frais de poste, qui lui étaient dus pour une mission qu'il avait remplie à la première division, commandée par le général Roy. Les titres des payements à faire étaient joints à sa lettre. Je me présentai avec ces titres chez le payeur général de l'armée. Cette fonction, en l'absence du payeur général, était remplie par son frère, payeur divisionnaire.

1. Duclos (César), né le 5 décembre 1776, à Stenay (Meuse). Chasseur au 2e régiment de chasseurs à cheval, le 1er prairial an II (20 mai 1793) ; maréchal des logis, le 28 nivôse an III (17 janvier 1794) ; sous-lieutenant, le 7 avril 1809 ; lieutenant, le 9 février 1813.

Quand je me présentai à la caisse du payeur général à midi, un commis me dit :

— Le payeur fait la sieste, il ne peut vous recevoir.

Je promis de revenir plus tard, et en effet j'y retournai à six heures. Cette fois, il me fut répondu :

— Le payeur est à dîner.

Piqué de cette réponse qui me remettait au lendemain :

— Parbleu ! dis-je à haute voix, si le payeur passe le reste du temps à la promenade, quand le trouverai-je ? qui le remplace donc ici ?

Ces expressions, que je laissai échapper avec humeur, allèrent aux oreilles du payeur, qui, sortant de la salle à manger, sa serviette au menton, se présenta dans ses bureaux et examina assez cavalièrement mes titres. Il me demanda si j'étais M. Duclos; ma réponse fut négative, mais je m'empressai de lui présenter la lettre de mon ami, qui m'autorisait à toucher pour lui. Le payeur me congédia alors lestement, en me disant qu'il n'acceptait pas une pareille délégation. Je descendais assez mécontent les escaliers du payeur, lorsqu'un commis officieux me rejoignit et me dit :

— L'incident que soulève le payeur est misérable ; vous avez troublé son dîner, c'est assez pour qu'il soit peu poli et minutieux envers vous. Mais donnez-vous la peine de vous rendre chez M. Marchand, intendant général de l'armée; expliquez-lui l'affaire, je suis sûr qu'il lèvera les difficultés, lorsqu'il aura pris connaissance des titres de M. Duclos.

Je remerciai le commis ; et, suivant son avis, je fus chez l'intendant général, que je trouvai à dîner, mais qui se dérangea, voyant un officier qui avait besoin de lui parler. Il prit connaissance de ce que j'avais à lui communiquer, et mit obligeamment sur le titre de M. Duclos : « A payer à M. Parquin, officier du même régiment, qui est autorisé à toucher pour M. Duclos ». Il était trop tard pour retourner chez le payeur, je remis donc ma visite au lendemain, bien décidé, cette fois, à ne me présenter ni à l'heure de la sieste, ni à l'heure du dîner d'un payeur si jaloux de son repos.

Lorsque je me présentai le lendemain dans la matinée,

M. Malet, le payeur, était dans ses bureaux. Il n'eut pas plus tôt pris connaissance de ce qu'avait écrit monsieur l'intendant de l'armée, qu'il me remit le billet en me disant :

— M. Marchand ne sait pas ce qu'il fait, ni vous non plus ; je ne vous payerai pas.

— C'est, lui dis-je, je le vois, un parti pris ; mais vous pourriez, Monsieur, refuser avec plus de politesse, et j'espère que vous me rendrez raison des manières cavalières avec lesquelles vous m'avez traité.

— Le rang que j'ai dans l'armée, me dit-il avec beaucoup d'indifférence, me met au-dessus d'un officier comme vous. Sortez de mes bureaux, Monsieur, ou je vous fais mettre à la porte par le soldat qui est en faction chez moi.

Je sortis à l'instant en lui disant :

— Soyez assuré, monsieur le payeur divisionnaire, que je me rappellerai votre procédé.

Et je retournai chez moi.

En rentrant dans mon logis, je recevais l'ordre du chef d'état-major de l'armée de prendre un détachement de cinquante hommes du 76e régiment d'infanterie, commandé par un officier, et de partir pour Almaras, sur le Tage, pour m'y assurer si le pont que le maréchal y avait ordonné était établi. Ma course dura huit jours ; mais, à mon retour, lorsque j'approchais de la ville de Truxillo, au milieu d'une plaine fort aride, d'où l'on n'apercevait aucun village, nous vîmes tout à coup un nuage de poussière qui s'élevait au loin. L'officier d'infanterie, qui était habitué aux surprises des guérillas, me dit :

— Mon camarade, vous voyez bien ce nuage de poussière sur la droite ?..... dans cinq minutes, nous serons aux prises avec les Espagnols.

Il fit mettre la baïonnette aux fusils, qui étaient chargés, et nous continuâmes notre route. Les prévisions se vérifièrent ponctuellement ; les guérillas furent bientôt sur nous, et ils s'approchèrent en hurlant (c'est le vrai mot) ; mais l'officier commanda à propos :

— Halte, joue, feu !

Et dans un instant, les Espagnols faisaient demi-tour, comme une volée de pigeons. Ils n'avaient pas fait ce demi-tour sans nous avoir envoyé une grêle de balles, dont une avait atteint l'officier d'infanterie à la cuisse. Je mis tout de suite pied à terre ; puis, ayant fait monter cet officier sur mon cheval, je pris le commandement du détachement. J'arrêtai la marche, et fis croiser la baïonnette, pendant le peu d'instants que je mis à bander avec mon mouchoir la cuisse de l'officier.

Les guérillas, s'étant aperçus d'un mouvement de halte dans la colonne, revinrent sur nous en criant à mon escorte :

— Soldats, abandonnez l'officier de cavalerie, qui est probablement porteur de dépêches ; quant à vous, nous ne vous voulons pas de mal ; au contraire, nous sommes vos amis.

Ces mots dits en français me firent présumer qu'il y avait quelque déserteur parmi eux. On croira facilement que les fantassins n'écoutèrent pas ces propos, et quand les guérillas, en chargeant, furent arrivés à dix pas de nous, j'ordonnai le feu, qui dispersa les bandits. Plusieurs restèrent tués sur la place. Un d'eux, dont le cheval fut tué, resta notre prisonnier ; je devais le faire exécuter sur-le-champ ; mais je racontai à haute voix à l'officier de l'escorte et à ses soldats l'aventure dans laquelle j'avais dû la vie dernièrement à la générosité d'un chef de guérillas, le lieutenant d'Aguillard, et je demandai à l'officier qu'il me laissât disposer de ce malheureux.

— Mon camarade, me répondit-il, c'est votre prisonnier plutôt que le mien, disposez-en comme vous voudrez ; car, quoique les guérillas m'aient blessé, c'était principalement à vous qu'ils en voulaient ; ils l'ont assez crié.

— Merci, lui dis-je en lui serrant la main ; et puisque votre troupe a entendu ce que je vous ai raconté, veuillez lui demander si elle adhère à la concession que vous venez de me faire.

De toutes parts les soldats s'écrièrent :

— Oui, oui, disposez de ce bandit, monsieur l'officier, comme vous l'entendrez.

Alors j'écrivis au crayon sur un morceau de papier :

« L'officier Charles Parquin, du 20ᵉ chasseurs, qui, étant prisonnier du lieutenant d'Aguillard et de ses guérillas, près de Salamanque, a dû sa vie et celle de son domestique à leur générosité, leur témoigne sa reconnaissance le 10 août 1811, dans l'Estramadure, près de la ville de Truxillo, en donnant la vie et la liberté à un Espagnol de la guérilla du Médico. »

Je donnai ce papier à cet Espagnol, qui me dit savoir lire ; puis je lui remis une once d'or, et je lui rendis la liberté, en lui souhaitant de ne plus se rencontrer sur notre chemin. Le pauvre diable, qui, un moment auparavant, était plus mort que vif, embrassa mes genoux en faisant le signe de la croix, et disparut.

A notre arrivée à Truxillo, nous trouvâmes une troupe d'infanterie qui venait à notre rencontre, parce que des murs de la ville on avait aperçu la fumée des coups de feu ; cette troupe rentra avec nous en ville ; l'officier du détachement demeura à Truxillo pour y guérir sa blessure, et moi je conduisis l'escorte à Mérida. Là, je me rendis chez le chef d'état-major général, pour y faire mon rapport.

Après avoir rendu compte de ma mission, je m'empressai de rentrer chez moi, pour m'habiller et faire une visite de retour à l'aimable propriétaire de mon logement ; ce qui veut dire que j'étais logé chez une jolie dame. Mon domestique m'annonça, à mon grand étonnement, que le payeur divisionnaire Malet était devenu, depuis mon départ, un habitué de la maison ; que tous les soirs il passait deux heures chez mon hôtesse, et que dans ce moment il y était.

— Voilà, dis-je en moi-même, une bonne occasion pour me venger de cet insolent personnage.

Quand je fus habillé, je montai au second (j'occupais le premier), et je me présentai chez mon hôtesse, qui, dès qu'elle me vit, me présenta sa main à baiser. Il était aisé de voir que le payeur, qui se tenait debout, le chapeau à la main, se disposait à se retirer, et j'allais perdre le moment de satisfaction que je me promettais ; aussi, me retournant brusquement sur lui, je l'apostrophai en ces termes :

— Monsieur le payeur divisionnaire, vous qui êtes si malhonnête chez vous, comment vous trouvez-vous chez les autres ?

— Monsieur, je ne suis pas chez vous, étant chez madame.

— C'est possible ; mais j'ai le droit de vous dire partout où je vous rencontre que vous êtes un impertinent.

A cette apostrophe, le payeur s'en fut ; je le suivis immédiatement, en appelant mon ordonnance et mon domestique, qui étaient dans mon appartement et qui parurent aussitôt.

— Mettez à la porte, leur criai-je, cet individu qui descend, et je vous ordonne de ne pas le laisser revenir une autre fois.

Le payeur, qui était très robuste, voulut faire résistance ; mais mes gens le jetèrent à la porte.

En le faisant traiter de cette manière, je voulais le forcer à se battre... Je me doutais bien qu'il irait porter plainte contre moi ; aussi je me rendis tout de suite chez le général Lamartinière, chef d'état-major de l'armée, où je le rencontrai en effet. Il avait son jabot déchiré, preuve que mes ordres avaient été trop bien exécutés. Le général Larmartinière n'était pas chez lui. Il dînait chez le maréchal. Le capitaine Fabvier, aide de camp du duc, se trouvait là, et il écouta le récit du payeur.

— De quoi vous plaignez-vous, monsieur ? lui dis-je en me mêlant de la conversation. Il y a huit jours, vous m'avez mis à la porte de chez vous ; aujourd'hui je vous rends la pareille ; il y a une différence toutefois entre vous et moi : vous avez refusé de me donner satisfaction ; moi, monsieur, je vous l'offre et je me mets à vos ordres.

— Que diable alliez-vous faire dans cette maudite galère ? dit le capitaine Fabvier au payeur.

M. Malet me dit :

— C'est bon, monsieur, vous ne tarderez pas à recevoir de mes nouvelles.

Je m'en fus les attendre à mon logement, où, en effet, je recevais, une heure après, le billet suivant :

« Monsieur,

« La conduite que vous venez de tenir avec moi, indigne d'un officier, mérite que je vous demande raison ; je vous attends de l'autre côté du pont, demain à cinq heures du matin, et je vous corrigerai par l'épée.

« MALET,

« *Payeur divisionnaire*,

« f. f^{ons} de payeur général de l'armée du Portugal.

« Mérida, le 15 août 1811. »

J'accusai réception de cette lettre et je me couchai, donnant l'ordre à mon domestique de me réveiller, le lendemain, de manière à être habillé à quatre heures précises, heure à laquelle je me proposais de sortir de chez moi et de me rendre sur la place. Je rencontrai là un capitaine de grenadiers du 70ᵉ régiment d'infanterie, nommé Bellegarde, ancien tambour-major, dont le sobriquet était *Branche d'Or*, lorsqu'il professait les armes au 70ᵉ.

— Rendez-moi le service, capitaine, lui dis-je, de me prêter votre épée, et, si vous en avez une seconde pareille, faites-moi le plaisir de me la confier également. Voilà, lui dis-je en lui montrant la lettre du payeur, pourquoi j'ai besoin de ces armes.

— Avec plaisir, mon camarade, me répondit-il ; mais à une condition, c'est que je suivrai mes armes ; jamais je ne les quitte.

— Cela va sans dire ; je vous accepte pour témoin.

Et nous partîmes.

Quand nous fûmes sur le terrain, le payeur y était déjà, en habit brodé, pantalon de casimir blanc et bottes collantes à l'écuyère. Je m'étais mis en frac, avec un pantalon de nankin, et en souliers. En deux minutes, le payeur eut choisi une des deux épées et mis son habit bas. Il m'adressa alors ces paroles avec assez d'impertinence :

— Vous êtes bien long, monsieur !

J'avais besoin de plus de temps que lui, car je retirais le gilet de flanelle qui me couvrait le corps.

— Vous ne perdrez rien pour avoir attendu, lui dis-je en me mettant en garde.

Je m'aperçus aussitôt que j'avais affaire à un homme fort habile à l'épée ; mais ayant relevé le dégagement qu'il me passait dans les armes, je filai ma lame sur la sienne et j'atteignis sa bretelle, dont la boucle arrêta le coup ; cependant le sang jaillit.

— Vous êtes blessé, payeur, dit mon témoin.

— Ce n'est rien, répondit-il avec beaucoup de sang-froid.

Nous recommençâmes à croiser l'épée ; mais cela le rendit plus prudent. Il cessa de m'attaquer. Ce fut moi, cette fois, qui marchai sur lui vivement, et par un changement de front que je lui fis opérer en l'attaquant par des coupés, coup sur coup, sur les armes, je le forçai de rompre sur un terrain où la charrue avait déjà passé. Cette circonstance n'était pas favorable pour lui, à cause de ses grandes bottes à l'écuyère. Bref, un coup d'épée porté à fond lui entra dans le côté droit, et il tomba.

Je m'empressai de courir à lui pour lui tendre la main ; mais mon témoin, le capitaine Bellegarde, s'écria en le voyant tomber :

— Ah ! payeur, avant de défiler la parade, donnez-moi au moins les clefs de la caisse.

— Aidez-moi à secourir ce brave adversaire, dis-je au capitaine Bellegarde, au lieu de faire là une mauvaise plaisanterie.

Les deux témoins du payeur, partis en courant, ramenèrent bientôt deux soldats, qui mirent le payeur sur une civière et le portèrent à son logement. Un chirurgien-major arriva, le pansa, et ordonna le plus grand silence autour de lui, en donnant l'espoir que la blessure n'aurait aucune suite funeste. Notre cortège fut rencontré par le lieutenant général Ferray et son aide de camp Goudmetz, qui faisaient une promenade matinale. Ils allèrent près du maréchal rendre compte du duel qui venait d'avoir lieu.

J'étais à peine de retour à mon logement, qu'une ordonnance de planton du maréchal Marmont vint me donner l'ordre de me rendre chez lui. Je me mis en tenue, et je m'y rendis tout de suite. Dès que je fus en présence du maréchal, il m'adressa ces paroles :

— C'est donc vous, monsieur, qui arrivez à peine à mon état-major, et qui débutez pas des coups d'épée à mon payeur général !

Pour toute réponse, j'aveignis [1] de ma sabretache la lettre du payeur, que j'avais eu soin d'emporter, et je la présentai au duc en lui disant :

— Monseigneur, voilà ma justification, daignez la lire.

Le maréchal, après avoir pris connaissance de la lettre, me la remit, et me dit :

— Le payeur n'a que ce qu'il mérite ; du reste, je me rappelle que lorsqu'il se trouvait sous mes ordres en Illyrie, il a blessé successivement deux officiers d'infanterie avec lesquels il avait eu une querelle.

Après avoir prononcé ces paroles, le maréchal me congédia.

Le 20 août, le commandant de Vérigny vint de Médellin au

1. Ancien mot ayant à la fois le sens de : *prendre* et d'*atteindre*.

quartier général, où le maréchal, qui le connaissait, le faisait demander pour lui donner le commandement de son escorte.

Voilà comment était organisée l'escorte du maréchal.

Pour ne pas enlever deux compagnies d'élite à deux régiments, ce qui aurait nui beaucoup à ces corps, le maréchal avait demandé un officier et vingt-cinq hommes des huit compagnies d'élite des huit régiments de cavalerie de son armée, ce qui produisit un total de huit officiers et deux cents hommes pour l'escorte du maréchal. Le commandant de Vérigny accepta ce commandement avec joie, et me demanda au duc de Raguse pour faire les fonc-

tions d'adjudant-major auprès de lui. Je fus accueilli, ce qui me fit un grand plaisir, et me prouva que le maréchal ne me gardait pas rancune pour avoir donné une leçon à son payeur général.

L'escorte avait double solde et double ration de vivres ; le maréchal payait de sa poche la moitié de la double solde, sur des états que j'établissais tous les mois, et que le commandant de Vérigny lui présentait ; l'autre moitié de solde était faite par les corps respectifs.

Quelque temps après mon duel avec le payeur, j'appris qu'il passait deux heures par jour sur un canapé dans sa chambre. Je me transportai dans ses bureaux pour y représenter le bon de mon ami Duclos. Quand l'employé entra dans la chambre du payeur pour savoir s'il devait payer, j'entendis très distinctement la voix du payeur, car il n'y avait qu'une porte vitrée qui le séparât de ses bureaux :

— Oui ! oui ! disait-il, payez en or à monsieur.

Aussi me compta-t-on trois onces pour solder le bon de deux cent quarante francs qui m'avait valu tant de désagréments à moi, et au payeur un bon coup d'épée. Je fis parvenir cet argent à mon ami Duclos, qui croyait que j'avais oublié sa commission.

Pendant mon séjour à l'état-major général, on doit penser que je ne négligeai pas l'occasion de voir mon camarade Bourgeois.

L'armée quitta ses cantonnements pour se mettre en marche. Nous flanquâmes l'armée anglaise qui se portait sur Ciudad-Rodrigo. A notre passage à Plasencia, le deuxième conseil de guerre cassa pour défaut de forme le premier jugement qui avait condamné le sous-lieutenant Bourgeois à mort, et le renvoya devant d'autres juges. Il n'était pas douteux pour les amis de Bourgeois, et ils étaient nombreux, que ses nouveaux juges, prenant en considération l'éloignement du théâtre où l'attentat avait été commis, ne conduisissent cette affaire avec bienveillance, et que le sous-lieutenant Bourgeois ne fût acquitté ; mais il était aisé de voir que la longueur de cette affaire pesait à cet officier. Cependant j'étais loin de m'attendre au parti qu'il allait prendre pour en finir. Après avoir passé deux heures en conversation intime avec Bourgeois, je le quittai en lui disant :

— A demain.

Il me répondit avec un peu d'émotion :

— Bonsoir, mon cher Parquin.

Et je m'en fus. Les gendarmes qui étaient de garde chez Bourgeois, que l'on tenait toujours aux arrêts, ne lui refusèrent pas, voyant que son jugement était cassé, de lui monter dans sa chambre la selle de son cheval, dans les fontes de laquelle étaient ses pistolets chargés. Quand Bourgeois se trouva seul, il prit ses armes dans les fontes, et, s'appliquant le bout d'un des pistolets sous le menton, il lâcha la détente; mais un mouvement involontaire fit dévier la balle, qui, traversant le menton, sortit par la lèvre supérieure, et lui cassa dix-sept dents.

Bourgeois tomba sur le plancher, et, se sentant encore en vie, il se traîna tout ensanglanté vers la selle pour prendre le second pistolet et s'achever; mais les gendarmes, qui n'étaient pas encore couchés, entrèrent brusquement dans sa chambre, et l'arrêtèrent au moment où il allait en finir.

On vint tout de suite me prévenir, et je me rendis chez mon pauvre camarade, que je trouvai couché. Je lui serrai la main, et je m'informai de son état au chirurgien-major qui venait de le panser. Celui-ci m'assura qu'il en reviendrait, mais qu'il fallait qu'il fît le deuil de ses dents. Nous quittâmes Plasencia pour continuer notre route sur Avila, où nous séjournâmes. Le conseil de guerre qui devait statuer en dernier ressort sur le sous-lieutenant Bourgeois, écouta avec recueillement la chaleureuse défense du capitaine Lavilléliot. Cet officier présenta avec un rare talent toute la vie si pure et si brillante de Bourgeois, venant se terminer par un assassinat. Il démontra que la chose était impossible, si la fatalité ne s'en fût mêlée. Son client avait été maltraité par son hôte, qui lui avait jeté la porte de son salon au nez en lui disant :

— Français, un galetas est assez bon pour vous coucher, je refuse de mettre un lit dans mon salon pour vous.

Bourgeois n'avait voulu que le punir par un coup de plat de sabre ; mais la lame ayant dévié, le malheur voulut qu'il atteignît une artère au côté gauche ; c'est ce qui avait produit l'événement que tout le monde déplorait, et dont Bourgeois venait de se punir d'une manière si énergique et si triste pour lui.

Après un quart d'heure de délibération, le conseil de guerre déclara à l'unanimité le sous-lieutenant Bourgeois coupable de meurtre par imprudence, et le mit en liberté. Je sautai au cou de mon camarade au sortir de l'audience, en le priant de me donner sa parole qu'il n'attenterait plus à ses jours. Il me serra la main, et je crus comprendre au signe qu'il me faisait que c'était assez pour une fois. Il suivit encore quelque temps le quartier général, pour continuer d'avoir les soins que l'excellent docteur lui prodigua avec beaucoup de zèle. Quinze jours après son acquittement, il rejoignit le régiment : hors d'état de pouvoir déchirer la cartouche, il quitta l'Espagne et revint au dépôt. Ce pays lui rappelait de trop douloureux souvenirs pour que le major ne le chargeât pas à dessein d'une mission pour Niort, où était le dépôt du régiment.

Huit ans après, en 1820, à Paris, je rencontrai Bourgeois, que j'avais perdu de vue depuis l'Espagne ; c'était dans la cour des messageries Laffitte. Je le trouvai moins défiguré que je ne l'eusse supposé. Il partait pour Mantes, en Normandie, son pays. Notre conversation ne fut pas longue, vu le peu de temps dont nous avions à disposer. Après lui avoir serré la main avec affection :

— Qu'as-tu fait depuis notre séparation, en 1812, mon cher Bourgeois ? lui dis-je.

— Arrivé au dépôt, à Niort, après avoir quitté l'Espagne, répondit-il, j'ai pris ma retraite et je me suis retiré à Mantes, qui est la ville où je suis né.

— Et qu'y fais-tu ? continuai-je.

— J'ai, depuis quatre ans, l'inspection des gazons de S. A. R. madame la duchesse de Berri, au village de Rosny, à quelques lieues de Mantes, ce qui me vaut trois mille francs par an ; mais je suis obligé de payer, à mes frais, deux hommes qui travaillent sous mes yeux, et que je solde avec ma retraite de huit cents francs et le revenu de ma décoration ; il me reste donc intacts les trois mille francs que me vaut l'emploi d'inspecteur des gazons, et je vis fort heureux.

— Je t'en fais mon compliment fort sincère. C'est sans doute ton titre d'ancien officier qui t'a valu cet emploi ?

— Cela y a contribué pour beaucoup ; mais, sans le curé de Rosny, qui me veut du bien et qui m'a présenté à madame la duchesse de Berri, qui aime à obliger, je doute que j'eusse réussi. Il y a tant de solliciteurs maintenant.

— Tu n'auras pas, je pense, raconté à ce bon curé la malheureuse aventure de Médellin ?

— Chut! chut! me dit Bourgeois : c'est dans l'autre monde que j'aurai à en rendre compte, et non pas dans celui-ci.

L'horloge étant venue à sonner, Bourgeois me dit que c'était l'heure du départ pour Rosny. Je serrai la main de mon vieux camarade, et je ne l'ai pas revu depuis.

On se rappelle qu'au milieu de juin nous avions, avec la coopération du maréchal Soult et de son armée, débloqué Badajoz et poussé les Anglais vers le Portugal ; trois mois après, en septembre, nous nous portions de nouveau à la rencontre de l'armée anglaise, qui assiégeait la ville de Ciudad-Rodrigo. Dix mille hommes de l'armée du Nord, tous de la garde impériale, commandés par le beau et brave général Dorsenne, firent jonction avec le maréchal duc de Raguse. En cette circonstance, le général de l'armée anglaise ne voulut pas attendre nos troupes ; cette fois encore, il opéra sa retraite en Portugal, fidèle à cette tactique de temporisation si peu brillante, mais qui devait être si désastreuse pour nous. Nous suivîmes son armée ; et je me rappelle qu'un jour nous avons laissé échappé l'occasion d'en finir avec notre rusé adversaire. Nous apprîmes par un déserteur ennemi que le général Wellington [1] se trouvait au milieu d'un carré, à l'arrière-garde, avec le prince d'Orange, aujourd'hui roi de Hollande, qui servait auprès de lui comme aide de camp. Nous négligeâmes ce carré, qu'il nous eût été certes facile d'enlever en le foudroyant par notre artillerie et le faisant charger par l'escorte même du maréchal ; mais nous n'étions pas dans le secret de ce qu'il renfermait.

Nous n'avions pas perdu l'habitude, dans notre brigade, de boire quelques verres de rhum et d'eau-de-vie avec les officiers anglais, quand nous nous trouvions en tirailleurs vis-à-vis d'eux.

1. Wellington (Arthur-Colley-Wellesley), né la même année que Soult, son adversaire principal, et mort un an plus tard, arriva en Espagne en 1808, combattit d'abord sous les généraux Dalrymple et Moore, et après la mort de celui-ci tué dans une rencontre avec les Français, commandés par Soult. Wellington combattit avec ténacité et patience, obtint des succès, plutôt par les divisions des généraux français que par ses conceptions stratégiques, et, quoique souvent vaincu, sut toujours se maintenir. Ce sont ces qualités qui lui permirent, le 18 juin 1815, à Waterloo, de tenir bon sur le plateau du mont Saint-Jean, contre les forces de Napoléon, même la Garde impériale, et de recevoir le secours de l'armée prussienne de Blücher. Sa victoire inespérée lui valut, de la part de l'Angleterre et de toutes les puissances, des honneurs et des richesses dont l'exagération prouva la peur que les uns et les autres avaient encore de la France et de Napoléon.

Nos chasseurs avaient une manière moins polie de boire du rhum, quand l'envie leur en prenait, et cela arrivait souvent. Il n'était pas rare d'entendre dire à haute voix à l'un de nos braves :

— Nous n'avons plus d'eau-de-vie ; qui veut prendre un *goddam* (ce sobriquet était très en vogue à l'armée)? Et un chasseur, à tour de rôle, se chargeait de faire prisonnier un Anglais, avec la fiole de rhum dont il était toujours pourvu. Le chasseur profitait en outre de trois napoléons, qui était la taxe établie pour chaque cheval de prise.

Les officiers anglais sont très braves et de fort bonne compagnie, mais parfois très caustiques. Il était venu jusqu'à nous, qu'ayant repris la ville d'Abrantès, en Portugal, ils se confondaient en excuses pour avoir, par cette circonstance, empêché la duchesse d'Abrantès de faire ses couches dans son duché, où elle se rendait, de Paris par l'Espagne.

— La duchesse d'Abrantès, disaient-ils, qui avait été obligée d'accoucher à Salamanque, devait les trouver très peu *gentlemen*, et ils priaient qu'on les excusât auprès d'elle.

Ils firent aussi les plaisants avec nous, et voilà une circonstance assez comique à ce sujet : dans leur retraite, en Portugal, près de la ville de Sabugal, un des officiers de la brigade, M. Fages, du 13ᵉ régiment de chasseurs, poursuivait un officier anglais, qui, montant un excellent cheval, se tenait constamment à une distance de dix pas de l'officier français, distance que ce dernier ne pouvait réussir à franchir, malgré tous ses efforts.

L'officier anglais se retournait légèrement sans arrêter son cheval, et disait d'un grand sang-froid, mais avec un ton goguenard, à son adversaire :

— Vous montez là, sans doute, monsieur l'officier, un cheval normand ?

Piqué de cette saillie, Fages prit son pistolet, visa l'officier anglais ; mais l'arme rata.

— C'est, reprit celui-ci sans s'émouvoir, de la manufacture de Versailles que vous recevez vos armes ?

A cette seconde saillie, Fages, qui n'y tenait plus, lui cria :

— Attendez-moi ; nous essayerons quelle est la meilleure lame de nos deux sabres.

Mais l'officier anglais n'en fit rien, et ceci soit dit sans faire tort à la bravoure des officiers anglais, car nous étions pour eux fort dangereux à l'arme blanche. Nous nous servions toujours de nos sabres par la pointe, tandis que les Anglais ne se servaient des leurs que par le tranchant de la lame, qui a une largeur de trois pouces. Aussi arrivait-il que sur vingt coups qu'ils appliquaient, dix-neuf tombaient à plat ; mais si le tranchant arrivait une fois, le coup était terrible, et il n'était pas rare de voir tomber un bras du tronçon. C'est ce qui est arrivé au brave colonel Sourd[1], du 2ᵉ lanciers, dont le bras a disparu ainsi à Waterloo.

Devant la ville de Sabugal, nous fûmes témoins, avec l'escorte du maréchal, d'une bien belle charge de dragons conduite par le général Carlier, qui y fut blessé et fait prisonnier, son cheval s'étant abattu sous lui dans la ligne anglaise. Il était facile de voir

---

1. Sourd (Jean-Baptiste), né le 24 juin 1779, à Ligné (Var). Entré au service en 1792 ; maréchal des logis aux guides du général en chef Bonaparte, en l'an VI ; sous-lieutenant au 7ᵉ régiment de chasseurs, en l'an XII ; lieutenant, le 18 octobre 1806 ; adjudant-major en 1807 ; capitaine, en 1808 ; chef d'escadrons, le 18 juin 1812 ; colonel du 20ᵉ régiment de chasseurs à cheval, le 28 septembre 1813. Passé colonel au 2ᵉ régiment de cuirassiers, le 1ᵉʳ novembre 1814. Membre de la Légion d'honneur en 1807 ; officier le 26 décembre 1813.

quelle perte les dragons avaient fait essuyer aux chevau-légers hanovriens, **qui** étaient cependant réputés une excellente cavalerie : chaque coup de pointe qui avait été porté par les dragons avait causé la mort.

Le maréchal Marmont et le général Dorsenne, satisfaits d'avoir fait entrer l'armée anglaise en Portugal, ne la poursuivirent pas plus loin que Sabugal. Toute cette province était remplie de marchandises anglaises, suivant la constante habitude des Anglais, dès qu'ils ont mis le pied sur le continent. Ils inondent le pays de leurs marchandises, sans avoir égard aux intérêts des alliés qu'ils viennent secourir. Mais ce que la morale réprouve davantage, c'est le froid égoïsme que déployèrent les Anglais, ici plus que dans toute autre circonstance, en livrant aux flammes toutes les manufactures de ce malheureux pays.

L'armée de Portugal prit ses cantonnements dans la province de Léon, l'état-major à Valladolid, et le général Dorsenne retourna avec les troupes de l'armée du Nord à Burgos. Pendant notre séjour à Valladolid, le commandant de Vérigny reçut le brevet d'officier de la Légion d'honneur, qu'il avait, certes, bien mérité ; et comme je lui en faisais mon compliment, il me dit :

— Je suis d'autant plus sensible, mon cher Parquin, au compliment que vous me faites, que vous devriez avoir de l'humeur. Car la demande de décoration que le maréchal a faite pour vous, demande que je lui avais adressée, n'a pas réussi. Vous étiez, ajouta le commandant, vous étiez porté sur une liste de vingt noms, et l'Empereur, qui ne gâte pas les armées qui sont loin de lui, et qui n'a accordé que le quart des demandes, ne s'est malheureusement pas arrêté sur votre nom. Si vous vous fussiez appelé *Tarquin*, au lieu de *Parquin*, ce nom aurait probablement frappé Sa Majesté, et vous seriez décoré.

— Ne trouvez-vous pas, commandant, que je suis assez *superbe* pour porter ce nom ?

— C'est parce que vous me paraissez tel, que je vous fais cette plaisanterie.

Et il ajouta, en plaçant la croix d'or sur sa poitrine :

— J'aurais eu bien de la satisfaction, mon cher Parquin, à vous donner, pour en parer votre poitrine, ma propre décoration d'argent ; mais ne désespérez pas, je renouvellerai ma demande, à la première occasion, auprès du maréchal, qui a pour vous de l'affection. Espérons que, cette fois, nous serons plus heureux.

Le général Fournier venait d'obtenir sa rentrée en France, et il était remplacé à la tête de sa brigade par le général Curtot.

Le 21 février 1812, j'éprouvai un grand chagrin. Mon chef, je puis dire mon ami, M. le commandant de Vérigny, périt assassiné par un militaire de la garnison de Valladolid. Ce jour-là, il m'avait invité, ainsi que plusieurs officiers de l'escorte, et son neveu M. Soufflot, jeune sous-officier du régiment, à un dîner qu'il donnait à son ami, le colonel Thureau, du 1er régiment de hussards. Il passait par Valladolid pour rentrer en France, devant faire partie de l'expédition de Russie. Le dîner s'étant passé très joyeusement, les convives retournèrent chacun à leur logement : le commandant de Vérigny, accompagné de son neveu, regagnait le sien, lorsque, passant sous les arcades de la place, et dans l'obscurité de la soirée (il était dix heures et demie), ils furent coudoyés assez rudement par deux gendarmes de la garnison, qui, s'étant attardés dans un cabaret, regagnaient aussi leur logement. Au premier mot de M. Soufflot, qui leur dit : — Faites donc attention ! ces soldats répondirent par des propos grossiers, et l'un d'eux, plus échauffé par le vin, revint même sur ses pas, le sabre à la main. Le commandant, qui était en bonnet de police et sans armes, se jeta sur le sabre de son neveu, en disant :

— Laisse-moi faire, Jules.

Ce dernier tira son sabre de son fourreau, en s'écriant :

— Comment, gredin, tu oses tirer ton sabre contre un colonel !

Au même instant, ce gendarme, faisant un moulinet, frisa l'épaule du jeune Soufflot, et se fendant sur le malheureux commandant, qui s'avançait à découvert, tenant son arme sur le côté, il lui porta un coup de pointe dans le ventre. Le commandant tomba sur le coup, en prononçant ces paroles :

— Jules, soutiens-moi, je me meurs.

En effet, malgré tous les soins de l'art qui lui furent prodigués par le chirurgien en chef, notre brave commandant ne put être rappelé à la vie.

On rechercha activement le coupable, d'après les ordres du maréchal Marmont, et il fut arrêté dès le lendemain. Son jugement fut bientôt fait, et il fut fusillé avant notre départ de Valladolid.

Nous rendîmes les honneurs militaires au commandant de Vérigny ; il fut enterré dans la cathédrale même de Valladolid, par les soins de son frère, M. de Lachasse de Vérigny, qui, lui aussi, mourut plus tard sous les coups d'un assassin, Fieschi !

Dans le courant d'avril 1812, le maréchal Marmont se porta une troisième fois au secours de Ciudad-Rodrigo, que les Anglais assiégeaient derechef. Mais cette ville, qui n'était entourée que d'une chemise, et dans laquelle le général Wellington était parvenu à se ménager des intelligences avec les Portugais, qui lui étaient tous dévoués, fut escaladée avec des échelles, et l'ennemi s'en rendit maître. Le maréchal Marmont se présenta le lendemain devant la place, et si près, que l'escorte eut à souffrir des boulets qui lui furent lancés. Quelques hommes et quelques chevaux furent tués. Le capitaine Laroche [1], de la compagnie d'élite du 11° dragons, attaché à l'escorte, fut blessé. Cet officier reçut un éclat d'obus à la cuisse, et fut conduit à Salamanque par le capitaine Narpp, du 11° régiment, qui l'escorta avec un détachement de son corps.

Le maréchal duc de Raguse tourna la ville de Ciudad-Rodrigo, et nous poursuivîmes l'armée anglaise, dont le général Beresford formait l'arrière-garde avec une division de Portugais. Nous atteignîmes ces troupes dans la vallée de Mondégo. Le commandant Denys, qui a pris plus tard le nom de Damrémont, et qui avait remplacé dans son commandement M. de Vérigny, tomba à l'improviste sur cette division, à la tête de deux cents cavaliers d'élite, formant l'escorte du maréchal. Le temps était favorable à une attaque de la cavalerie sur l'infanterie ; car une pluie battante empêchait l'infanterie de faire feu. Le général anglais avait mis aussitôt ses troupes en carré ; mais elles ne purent tenir contre la charge. Le premier carré, enfoncé, porta le

1. Laroche (Joseph), né le 30 mars 1773, à Épinal (Vosges). Dragon au 11° régiment de chasseurs, le 14 octobre 1790 ; sous-lieutenant le 21 messidor an VII (9 juillet 1797) ; lieutenant, le 16 ventôse an XII (8 mars 1805) ; capitaine adjudant-major, le 22 novembre 1806 ; chef d'escadrons au 11° régiment de cuirassiers, le 1er janvier 1814.

désordre chez les autres, qui se rompirent, se débandèrent et s'enfuirent dans les bois, dont ils n'étaient pas loin, et qui leur servirent de refuge contre la cavalerie.

Je blessai d'un coup de sabre, dans cette charge, au milieu du carré, où j'arrivai le premier, l'officier qui portait le drapeau du régiment Eurillas, dont la flamme bariolée avait le numéro 1808. C'était probablement la date de la formation de ce régiment. L'officier s'empressa de m'offrir le trophée qu'il portait, en implorant miséricorde par ces paroles :

« Nos la mata ! » Ce qui veut dire :

« Non la mort ! »

Ce carré, que nous venions d'enfoncer, était formé par un régiment réputé d'élite. Les quatre autres drapeaux de la division s'y trouvaient renfermés. Ils furent tous pris par l'escorte du maréchal. Le lieutenant Dubar, du 11ᵉ dragons, le maréchal des logis Soufflot, du 20ᵉ chasseurs, et deux autres cavaliers revinrent chacun avec un drapeau. Le général Beresford [1] mit à l'ordre du jour, comme on peut le voir dans le *Moniteur Français*, qui reproduisait les journaux anglais de l'époque (1812), que l'unique drapeau restant à la division serait déposé à Oporto, et que les Portugais marcheraient sans drapeaux, jusqu'à ce qu'ils en eussent repris aux Français un pareil nombre.

Cinq drapeaux, quinze cents prisonniers et un assez grand nombre de morts furent le résultat de cette journée, où deux cents cavaliers d'élite furent seuls engagés.

A quatre heures après midi, en traversant, à la tête de l'escorte, un village qui était abandonné, comme le sont toujours les lieux que la guerre choisit pour son théâtre, j'aperçus, non sans surprise, un enfant du sexe masculin, nouvellement né, abandonné tout nu au milieu du chemin, et en danger imminent d'être foulé aux pieds de nos chevaux. Je fis appuyer la colonne à droite, et j'ordonnai au trompette, qui marchait auprès de moi, de mettre pied à terre, afin de tirer cet innocente créature de la dangereuse position où elle était abandonnée. Mon mouchoir et celui du trompette lui servirent de layette. Je fis placer l'enfant

----

1. Beresford (William Carl, vicomte de), général anglais, l'un des principaux lieutenants de Wellington, pendant la guerre d'Espagne et la campagne de 1815.

sous une grande porte cochère. J'eus la satisfaction, en revenant par ce village, à six heures, après la belle charge que nous venions d'exécuter, de ne plus le retrouver après notre premier passage.

Les cinq drapeaux et les quinze cents prisonniers furent remis à monsieur le maréchal, qui en remercia l'escorte, et qui promit la décoration aux personnes que j'ai citées plus haut, qui avaient été assez heureuses pour s'emparer des drapeaux. Mais il était dit qu'il n'en serait rien ; car la bataille des Arapiles, que l'armée de Portugal perdit moins de trois mois après, effaça auprès de l'Empereur la brillante charge exécutée le 12 avril par l'escorte du maréchal. J'ai encore entre mes mains une lettre autographe du duc de Raguse, où il me dit avoir demandé la croix pour moi, pour la prise du drapeau du régiment Eurillas.

L'armée de Portugal revint en Espagne, et nous prîmes les cantonnements derrière le Douro. Nous repassâmes cette rivière au milieu de juillet, lorsque les Anglais pénétraient de nouveau en Espagne.

Le 15 juillet 1812, à quelques lieues en deçà de Salamanque, le maréchal duc de Raguse, accompagné de quelques officiers de son état-major, faisait une reconnaissance près de la ligne ennemie, lorsqu'un officier, dépassant les vedettes de son armée, vint faire caracoler son cheval à la vue des avant-postes français.

— Que veut cet officier ? dit le duc de Raguse.

Étant adjudant-major de son escorte, je répondis :

— Monseigneur, cet officier veut, sans doute, échanger un coup de sabre, et si je n'étais de service auprès de Votre Excellence...

— Qu'à cela ne tienne, reprit le maréchal, je vous accorde la permission.

Ces paroles étaient à peine prononcées, que je mettais mon cheval au galop, et que je joignais l'officier anglais. Je parai le coup de sabre qu'il me porta, puis je ripostai par un vigoureux coup de pointe, qui renversa de cheval mon adversaire. Passant lestement la lame de mon sabre dans les rênes de la bride de son cheval, je ramenai l'animal en laisse, aux applaudissements du maréchal et de ses aides de camp, Richemond, Perregaux,

Lancelot et Denys, ce dernier chef d'escadron commandant l'escorte. Je renvoyai tout de suite le portemanteau de l'Anglais, en faisant demander de ses nouvelles ; j'appris avec plaisir que sa blessure, quoique dangereuse, ne serait pas mortelle.

L'on me remercia du procédé que j'avais eu de renvoyer le portemanteau, auquel il ne manquait rien, et l'on me fit demander si je voulais vendre le cheval, duquel l'on m'offrait quarante guinées, bien qu'en même temps l'on m'avertît qu'il n'était que de seconde race.

— C'est possible, fis-je dire ; mais il me sera agréable de monter un cheval anglais, et je le garde.

Du 16 au 23 juillet, le maréchal réunit son armée dans les plaines qui séparent Salamanque de la ville d'Alba de Tormès ; il appela à lui la division du général Bonnet, qui occupait les Asturies. Le général Dorsenne était mort depuis peu de temps, de la maladie du tétanos. La garde impériale, dont il avait le commandement en Espagne, était partie en poste pour faire la campagne de Russie ; le général de cavalerie Carlier avait été blessé et pris ; l'intrépide général Montbrun avait quitté l'Espagne, pour aller trouver une mort glorieuse à la Moskova.

Il nous restait seulement pour commander la cavalerie, le général Hurteau, très bon manœuvrier, sans doute, mais il n'avait pas dans l'armée cette réputation qui attire la confiance aveugle du soldat, confiance souvent si nécessaire en campagne. Du reste, le nombre de nos cavaliers ne s'élevait pas à plus de deux mille, et les Anglais en avaient le double. Les forces des deux armées étaient à peu près égales en artillerie et en infanterie, sauf que l'armée anglaise avait quelques milliers d'Espagnols avec elle.

Le duc de Raguse, qui était à la tête de notre armée, avait de grands talents, était très brave et très aimé pour les soins qu'il prenait du soldat. Les généraux des divisions étaient tous d'un très grand mérite, et on en sera convaincu quand je nommerai les généraux Foy [1], Clausel, Ferray, Maucune et Bonnet. Les

---

1. Le général Foy (Maximilien-Sébastien), né en 1775, à Ham, en Picardie, mort en 1825, à Paris, fut élève de La Fère. Il en sortit lieutenant d'artillerie en 1792. Il servit dans les armées de Moreau en 1796, 1797 et 1800, puis dans celle de Masséna en 1799 ; lieutenant en 1801, il fut ambassadeur à Constantinople et en Portugal ; général de brigade en 1808, de division, en 1810, alors qu'il appartenait à l'armée d'Espagne. Le général Foy

généraux de brigade marchaient après eux en réputation et en bravoure ; toute l'armée était bien disposée à se mesurer en plaine avec les Anglais. Aussi l'ordre du jour que publia le général Marmont, le 22 juillet, et que je lus moi-même aux deux cents cavaliers de l'escorte, produisit un bon effet.

Le maréchal annonçait aux troupes que l'armée anglaise, qui, depuis deux ans, ne nous attendait qu'appuyée sur de formidables positions, venait de changer d'attitude, qu'elle descendait enfin dans l'arène, qu'elle voulait combattre corps à corps avec nous, et que l'Empereur, quoiqu'à cinq cents lieues de l'armée de Portugal, avait toujours les yeux sur les braves qui la composaient. Puis il ajoutait que l'armée était réunie pour marcher sur les Anglais, et pour les combattre aux cris de Vive l'Empereur !

Les Anglais ont donné le nom de bataille de Salamanque à cette journée ; c'est ainsi que j'ai vu désigner cette bataille sur la statue élevée à Londres, dans Hyde-Park, par souscription des dames anglaises à leur héros. L'armée française, au contraire, a nommé cette journée bataille des Arapiles, nom de deux montagnes assez élevées et à distance l'une de l'autre d'une portée de canon. Ces deux montagnes se trouvent au milieu de la plaine où l'on s'est battu toute la journée. Une d'elles était à la lisière de la ligne anglaise et se trouvait occupée par le général Wellington et son état-major ; l'autre était dans les lignes de notre armée. Le maréchal Marmont et son état-major, après avoir laissé les chevaux en bas, avaient gravi la montagne. Sur les onze heures du matin, par une belle journée d'été, le duc de Raguse, la lunette à la main, promenait sa vue sur l'armée anglaise ; son valet de chambre venait de dresser sur l'herbe la vaisselle plate, pour servir au maréchal un déjeuner froid, et Son Excellence avec ses aides de camp et son chef d'état-major allaient se mettre à déjeuner, lorsque plusieurs obus sortant d'obusiers portés à bras sur la montagne opposée, mirent fin brusquement au déjeuner qui commençait.

se signala à Salamanque en 1812, fut grièvement blessé à Orthez en 1814, et combattit à Waterloo. En 1819, les électeurs de l'Aisne le choisirent pour leur député, et le renommèrent en 1824. C'est de l'époque de la Restauration que date la grande réputation du général Foy. Orateur de grand talent, il soutint ce que l'on appelait alors les idées libérales. D'une haute intégrité, il était mort sans fortune, mais une souscription publique lui éleva un superbe tombeau au cimetière du Père-La Chaize, de Paris, et dota sa famille d'une somme de plus d'un million.

Le général anglais avait fait masquer la position qu'occupaient ses
pièces par une troupe d'infanterie qu'il fit retirer promptement
au moment de lancer les obus. Ces projectiles tombant à l'improviste sur notre montagne, nous forcèrent à descendre au pas de
course pour retrouver nos chevaux. J'étais
à cheval, lorsque j'entendis une voix que
je reconnus pour celle du duc de Raguse,
qui appelait fortement :

— *Nicolas, Nicolas*, mon cheval !

Nicolas était le nom du piqueur de Son Excellence, et il
n'était pas sur le point où le duc était descendu. Je mis tout de suite
pied à terre, et j'offris mon cheval au duc, qui, dans ce moment
critique, accepta ma monture. Il avait déjà mis le pied à l'étrier
et il allait s'élancer sur mon cheval, lorsque le piqueur arriva,
tenant en main le cheval du maréchal. Le maréchal me remit alors
le mien, et partit au galop pour rejoindre notre ligne de bataille.
Mais, avant de quitter la place, n'ayant aucun aide de camp auprès
de sa personne, le duc m'envoya donner l'ordre à la division du

général Foy d'avancer. J'exécutai la mission qui venait de m'être
donnée.

A mon retour vers l'escorte, j'aperçus des hommes et des
chevaux de mon régiment dont j'étais absent depuis longtemps,
me trouvant de service à l'état-major général. Le désir bien
naturel me vint de savoir des nouvelles de mon régiment, et je
m'approchai d'un groupe de chasseurs qui tenaient les chevaux
de main.

— Que faites-vous là ? dis-je à Narbonne [1], officier du 13ᵉ chasseurs, que je trouvai établi près de la cantinière du régiment,
tenant un saucisson de Lyon d'une main et une bouteille d'eau-
de-vie de l'autre.

— Parbleu ! mon cher camarade, je suis à déjeuner, comme
vous le voyez. Voulez-vous en faire autant ?

— Non, dis-je ; je suis pressé. Passez-moi seulement la
bouteille, que j'humecte un peu mes lèvres, car il fait chaud
aujourd'hui.

Ayant avalé une gorgée d'eau-de-vie, je le remerciai en lui
rendant la bouteille, et je lui dis :

— Vous pouvez être tranquille : les boulets ne viendront pas
jusqu'ici vous troubler. Est-ce que vous êtes de service aux équipages de la brigade ?

— Quoi ! vous voulez, Parquin, que je me batte avec les
Anglais, des gens qui ont été parfaits pour ma famille et pour
moi lorsque nous sommes allés chercher un refuge en Angleterre,
en 93 ? Jamais ! Je ne veux pas être ingrat à ce point. Si l'on veut que
je me batte, continua-t-il en prenant un air résolu, eh bien ! qu'on
me présente une autre puissance, les Autrichiens, par exemple !

— Oui, dis-je, éclatant de rire et mettant mon cheval au
galop, vous chercheriez à ceux-là une querelle d'Allemand.

Ce Narbonne était un jeune homme du faubourg Saint-Ger-
main, qui, galopant un jour sur le chemin de l'Empereur qui se
rendait à la Malmaison, envoya de la poussière dans la voiture.
Le lendemain, il recevait un brevet de sous-lieutenant pour se

1. Narbonne (Albéric), né à Paris, le 1ᵉʳ janvier 1786. Sous-lieutenant au 8ᵉ régiment
de chasseurs à cheval, le 31 mars 1809 ; passé au 20ᵉ régiment, le 20 novembre 1809 ; lieutenant, le 9 février 1813. Démissionnaire le 31 mai 1814.

rendre à l'armée, où il ne fit pas de poussière, car on n'a jamais
pu obtenir aucun service de cet officier, qu'on renvoya au dépôt,
et de là chez lui. Je crois qu'il est devenu fou.

Le maréchal Marmont, imitant le général anglais, venait de
faire hisser à bras de l'artillerie sur sa montagne, et il était
remonté à cette hauteur, y établissant son quartier général pendant la journée. Son Excellence, n'ayant pas besoin de son escorte
dans cette position, dit au commandant Denys de se porter avec
ses deux cents braves partout où il le trouverait nécessaire. Le
commandant nous mit en bataille à la droite du 3ᵉ hussards, où
nous fûmes exposés pendant une heure au feu de l'artillerie ennemie, qui nous fit essuyer quelques pertes. Nous quittâmes cette
pénible position pour charger avec avantage un régiment de
cavalerie habillé en rouge. En revenant de cette charge, j'aperçus à cent pas de moi un chasseur du 26ᵉ régiment qui faisait
partie de l'escorte, et qui était serré de très près par deux cavaliers anglais.

— Face à l'ennemi, chasseur! lui dis-je, en arrivant à son
secours.

Mais le chasseur ne s'arrêta pas, et l'un des deux cavaliers
anglais, dont le cheval l'emportait évidemment, atteignit l'en-
colure du mien, et les deux chevaux s'abattirent. Alors le second
cavalier anglais, arrivant rapidement, me cria :

— Prisonnier!... me faisant signe avec son sabre de marcher
devant lui.

Le souvenir d'avoir été fait prisonnier en Russie me revint
aussitôt, et m'apercevant que l'Anglais auquel j'avais affaire ne se
servait pas de son pistolet, avec lequel il m'eût fait marcher devant
lui sans aucun doute, je continuai à parer les coups de sabre qu'il
me porta ; car je m'étais très promptement relevé de dessous mon
cheval, qui s'était sauvé au galop du côté de l'escorte. Je cherchais
avec mon sabre à atteindre aux jambes la monture de mon adversaire, pour le démonter, lorsque mon cheval, arrivant sans moi,
fit naître de l'inquiétude dans l'escorte, ce qui engagea deux cavaliers à accourir et à me ramener l'animal. En m'apercevant aux
prises avec un cavalier ennemi, ils se dirigèrent sur nous bride
abattue. L'Anglais, les voyant venir à mon secours, m'abandonna ;

mais j'avais reçu dans ce combat inégal un coup de sabre sur le poignet. Ce fut mon gant à la crispin qui amortit le coup dirigé sur ma tête, sans quoi j'aurais eu certainement le poignet abattu. Dans l'ardeur du combat (je n'étais âgé que de vingt-cinq ans alors), je n'avais pas senti le coup, quoique perdant beaucoup de sang. Je ne m'en aperçus que lorsque, voulant mettre la main à la selle pour monter à cheval, il me fut impossible de m'enlever sur le poignet droit, et malgré l'aide des chasseurs qui étaient venus à mon secours. Je dus monter à droite, et me retirer de ce terrain dangereux, ne prenant pas le temps de ramasser mon colback, qui fut perdu, et étant bien heureux d'en être quitte à si bon marché.

Lorsque nous eûmes rejoint le terrain où les deux chasseurs s'étaient séparés de l'escorte pour accourir à mon secours, nous trouvâmes un chasseur qui nous attendait pour nous dire que l'escorte s'était portée au galop vers le pied de la montagne, sur laquelle le général en chef venait d'être dangereusement blessé. Nous devions nous diriger sur l'ambulance, qui était établie dans la ville d'Alba de Tormès. Il y avait une lieue à faire, dont la moitié dans les bois. Nous mîmes nos chevaux au galop, et il était temps de gagner du terrain, car la nombreuse cavalerie de l'ennemi avait pu tourner notre gauche et marcher dans la direction du pont de la Tormès. Heureusement, le général de division Maucune, s'en étant aperçu, se jeta dans le bois, et par un changement de front à gauche qu'il fit faire à sa division, arrêta la marche des Anglais.

J'avais perdu une telle quantité de sang, en galopant, le sabre pendu par la dragonne à mon poignet, que je serais tombé infailliblement de cheval, si les chasseurs ne s'en fussent aperçus et ne m'eussent aidé à mettre pied à terre. L'ennemi s'avançait, et les coups de fusil, qui se rapprochaient de nous de plus en plus, nous annonçaient assez que nous perdions la bataille. Les chasseurs n'avaient rien sur eux à me faire prendre pour me me donner de la force. Ils venaient de me rafraîchir le visage avec de l'eau d'un ruisseau qui coulait à l'endroit où nous venions de faire halte ; mais je restais toujours sans mouvement. Alors ces paroles des chasseurs :

— Que c'est malheureux d'être obligé d'abandonner à l'ennemi notre brave officier ! frappèrent mes oreilles et me firent ouvrir les yeux. S'en étant aperçus, ces braves chasseurs s'écrièrent :

— Du courage, du courage ! adjudant-major.

Un épisode de la bataille de Salamanque.

La nouvelle vient à Wellington que Marmont le poursuit et l'atteint. Il jette de suite la cuisse de poulet qu'il mangeait, à cheval, et appelle ses généraux à sa suite.

Et me portant, plutôt que m'aidant, ils me mirent sur mon cheval. Nous continuâmes notre route au pas. Il était six heures lorsque nous passâmes le pont de la Tormès pour entrer dans la ville d'Alba de Tormès.

M. le maréchal y était arrivé à quatre heures ; sa blessure, quoique très grave, n'était pas mortelle. Un obus lui avait fracassé le bras droit et deux côtes. On pouvait ne pas lui couper le bras, mais il ne devait plus s'en servir. Le général Clausel prit le commandement de l'armée, qu'il sauva par d'habiles manœuvres. A minuit, la division Foy, qui était de réserve, se forma en carré et arrêta l'ennemi, qui dut se trouver bien heureux que le duc de Raguse, qui avait temporisé sept jours, n'eût pas attendu un jour de plus. En effet, le roi Joseph et le maréchal Soult arrivaient à son secours, suivis de quarante mille hommes, dont dix mille de cavalerie.

Quoi qu'il en fût, nous fîmes payer cher aux Anglais leur victoire. De notre côté, nous essuyâmes des pertes énormes, et nous eûmes à déplorer la mort des généraux Ferray, Thoumière, et du colonel Jardet, aide de camp du maréchal. La blessure du général en chef, celle des généraux Bonnet, Merle, Taupin, et des colonels Dorsay et Bonnaire, la perte d'un grand nombre d'officiers, et de quatre à cinq mille hommes, attestaient assez avec quel acharnement l'armée s'était battue. La retraite s'opéra lentement sur Valladolid et Burgos. Une division anglaise nous suivit, sans être de force à nous chagriner.

Le roi Joseph, le maréchal Soult et son armée furent désolés que l'ambition du maréchal duc de Raguse lui eût fait livrer une bataille à lui seul, bataille qu'il venait de perdre, et qui eût été la ruine de toute l'armée anglaise, s'il eût attendu vingt-quatre heures l'armée d'Andalousie.

Le roi Joseph reprit la route de Madrid; mais le général Wellington, qui suivit l'armée du maréchal Soult, occupa cette ville, et eut la satisfaction de dater ses dépêches de son quartier général dans la capitale des Espagnes. Cette satisfaction ne fut pas de longue durée. En l'absence de l'Empereur, qui était à la tête de son armée en Russie, le Gouvernement français nomma le général Souham au commandement en chef de l'armée de Portugal. Ce général reprit l'offensive, et débloqua le château de Burgos, où venait de s'immortaliser le général Dubreton par une défense héroïque. Ce général n'avait que douze cents hommes de garnison, dont la moitié était composée de Hollandais, et cependant, durant quarante-quatre jours, il avait repoussé les attaques des Anglais.

Plusieurs assauts donnés jusqu'aux derniers retranchements avaient constamment échoué, avec de grandes pertes du côté des assiégeants ; plusieurs officiers anglais qui avaient pénétré jusque dans l'intérieur du fort, y trouvèrent une mort glorieuse.

A l'affaire de Burgos, il y eut un fait d'armes de cavalerie qui honora à jamais un régiment provisoire de gendarmerie. Ces troupes exécutèrent avec une énergie incroyable des charges à fond et successives sur la cavalerie anglaise, qui fut mise en une déroute complète. Les Anglais prirent cette troupe d'élite pour des gentilshommes : le chapeau bordé d'argent, et la grande tenue magnifique dont ces gendarmes étaient revêtus, en faisaient sans contredit la plus belle troupe de l'armée, comme elle en fut l'orgueil en cette occasion. Par leurs charges brillantes, ils avaient jeté la terreur chez les Anglais. Parfaitement montés, et armés de leurs grands sabres si dangereux par la pointe, ils avaient fait un carnage affreux dans la cavalerie ennemie.

L'Empereur, à son retour de Russie, récompensa, contre son habitude, d'une manière éclatante, ce régiment qui ne faisait pas la guerre sous ses yeux. Son colonel, M. M..., qui avait été ramassé sur le champ de bataille, couvert de blessures, fut fait général. Ce régiment fut traité comme l'était la garde impériale, où l'on sautait deux grades lorsqu'on passait dans la ligne, et les décorations ne lui furent pas épargnées. En un mot, ce corps de gendarmerie, qui avait fait payer si cher sa connaissance à l'armée anglaise, fut décimé par l'Empereur en honneurs et en récompenses.

Le général Wellington ne jouit pas plus de six semaines de son séjour à Madrid ; la reprise de l'offensive par l'armée de Portugal fit battre son armée en retraite de tout le terrain qu'elle avait conquis en Espagne : le roi Joseph rentra dans sa capitale, et le maréchal Soult, d'accord avec le général Souham, poursuivit les Anglais. Les armées combattantes revirent le champ de bataille des Arapiles ; mais l'armée anglaise ne voulut pas se mesurer derechef sur un terrain qui lui avait été si avantageux ; elle évacua Salamanque, rendra en Portugal, et se mit à couvert derrière la ligne des forteresses de Ciudad-Rodrigo et d'Almeida.

Maintenant que j'ai raconté comment l'armée d'Andalousie,

commandée par le maréchal Soult, avait regagné tout le terrain que la bataille des Arapiles nous avait fait perdre, je vais faire connaître à mes lecteurs comment s'est opéré le retour en France de M. le maréchal duc de Raguse, que j'ai accompagné.

La blessure du général en chef le faisait extrêmement souffrir; il ne pouvait supporter ni le cheval, ni la voiture. Son chirurgien avait voulu le faire transporter sur un brancard que portaient des mules, l'une attelée devant, l'autre derrière; mais la marche inégale de ces animaux produisait des secousses et par suite des souffrances que le duc ne pouvait endurer. Aussitôt que cette circonstance fut connue de l'escorte, les cavaliers proposèrent spontanément de porter la litière sur leurs épaules pour lui éviter toute secousse. En effet, vingt-quatre hommes, sur près de deux cents dont se composait l'escorte, mirent pied à terre : douze hommes portant les deux brancards de devant, et le même nombre portaient les deux brancards de derrière. Ces vingt-quatre hommes étaient relevés par leurs camarades quand ils étaient fatigués. Ils rendirent ainsi la marche moins pénible au duc, qui, s'étant reposé à Valladolid, à Burgos, à Vittoria, arriva dans le mois de septembre à Bayonne, où il trouva Mme la maréchale duchesse de Raguse, qui s'était empressée de quitter les eaux d'Aix, en Savoie, dès qu'elle avait appris la bataille des Arapiles et la blessure grave de son mari.

Le maréchal remercia l'escorte du service qu'elle venait de lui rendre, et renvoya les troupes à leurs régiments respectifs.

J'avais fait toute la route à cheval, mon bras droit en écharpe, avec l'escorte du duc de Raguse, jusqu'à Bayonne. Ma blessure étant loin d'être guérie, je fus rejoindre le dépôt du régiment qui était en garnison à Niort. Les escadrons du 20e régiment de chasseurs à cheval dont je faisais partie, qui étaient détachés à l'armée de Portugal, venaient d'être incorporés au 13e chasseurs à cheval. Ce ne fut pas sans un regret profond que je quittai le régiment dans lequel je m'étais engagé, et que j'affectionnais profondément; mais le 20e régiment de chasseurs à cheval faisait partie de l'expédition de Russie, ce qui avait nécessité la mesure prise à l'égard des escadrons de guerre détachés à l'armée du Portugal.

J'oubliais de dire qu'à six heures du matin, le jour même

de notre départ d'Alba de Tormès, le lendemain de la bataille
des Arapiles, je trouvai à l'ambulance un de mes parents, M. de
Vassy, capitaine aux carabiniers du 25ᵉ régiment d'infanterie
légère. Il était blessé d'un coup de feu au bas-ventre. Avec la
permission du colonel Richemond, premier aide de camp du
maréchal, je fis mettre mon cousin sur deux matelas, dans un
caisson appartenant au duc. J'eus le soin de laisser le dessus
du caisson ouvert, pour procurer de l'air au blessé, et je fus
heureux d'emmener ce brave officier à Bayonne, où il entra à
l'hôpital.

J'aurai occasion de parler de nouveau du capitaine de Vassy,
devenu chef de bataillon, que je retrouvai, en 1813, blessé sur
le champ de bataille de Dresde, et auquel je fus assez heureux
de pouvoir être utile une seconde fois.

Arrivé à Niort dans le mois d'octobre 1812, je ne tardai pas
à y tomber malade de douleurs rhumastismales provenant des
blessures que j'avais reçues dans la campagne de Pologne, en
1807 ; dans la campagne de Wagram, en 1809, et enfin dans la
malheureuse guerre d'Espagne.

Les bivouacs où j'avais couché dans ce dernier pays, dans
lequel on ne peut se procurer d'autre paille, pour se reposer, que
celle qui est hachée, avaient beaucoup contribué aux douleurs que
je ressentais... Je demandai au ministre de la guerre un congé
de convalescence qui me fut accordé, et je me rendis dans ma
famille, à Paris, où je passai l'hiver.

Je trouvai mes sœurs mariées, et mon frère l'avocat qui commençait à se faire un nom dans une profession qu'il illustra plus
tard, avec les Dupin, les Barrot, les Mauguin, les Hennequin, les
Berryer, etc. ; déjà il se mesurait, et quelquefois avec avantage,
avec ses maîtres, les Chauveau-Lagarde, les Roy, Bonnet, Tripier,
Bellard et Berryer père.

L'Empereur arriva soudainement à Paris, le 19 décembre 1812;
il s'était fait précéder par le vingt-neuvième bulletin, de Mallo-
deozeno, bulletin aussi vrai, mais autrement terrible que ceux des
batailles d'Eylau et d'Essling.

L'Empereur avait l'habitude de passer en revue les troupes
qui se trouvaient disponibles à Paris. Le 6 mars 1813, je fus par

curiosité à la revue de ce jour, et, ayant aperçu dans la cour du Carrousel le général Lefèvre-Desnouettes, colonel des chasseurs à cheval de la garde, je me présentai à lui pour servir dans son régiment.

— Mon camarade, me dit-il après plusieurs questions auxquelles j'avais répondu, connaissez-vous quelqu'un qui vous porte intérêt et qui puisse me parler de vous ?

En ce moment même j'aperçus le maréchal duc de Raguse, portant le bras droit en écharpe, et qui descendait de voiture pour entrer dans l'intérieur de la cour des Tuileries.

— Voilà, dis-je, général, monsieur le duc de Raguse, sous lequel j'ai servi en Espagne ; voulez-vous bien lui demander quelques renseignements sur mon compte ?

Le général Lefèvre-Desnouettes s'approcha du maréchal, après m'avoir demandé mon nom. Le duc, lorsqu'il me vit et m'entendit nommer, m'appela, et dit devant moi au général Desnouettes :

— Prenez cet officier dans votre régiment, général ; c'est une bonne acquisition que vous ferez.

Quelques jours après, je recevais mon brevet de lieutenant dans le régiment de chasseurs de la vieille garde.

Le 15 mars, à sept heures du matin, étant au quartier, l'ordre fut donné à tous les militaires qui se trouvaient là, de se réunir au champ de Mars, pour paraître à l'inspection de détail qui allait être passée par l'Empereur lui-même. N'étant pas encore revêtu de l'uniforme du régiment, je fis la remarque, au général Lefèvre-Desnouettes, que j'étais habillé en bourgeois ; mais il me répondit de paraître dans la tenue de ville.

En effet, je parus à pied à mon rang. La revue se passait à pied et en colonne par escadrons. Quand l'Empereur parut devant nous avec son état-major, il fut étonné de me voir en bourgeois, et, lorsqu'il en fit l'observation, le général Lefèvre-Desnouettes lui répondit :

— Sire, cet officier arrive d'Espagne, et n'est pas encore revêtu de l'uniforme du corps.

L'Empereur, sur cette réponse, me fit approcher et me dit :

— A quelle armée apparteniez-vous, en Espagne ?

— Sire, à l'armée de Portugal ; j'y ai été blessé à la bataille des Arapiles.

— Dans quel corps serviez-vous ?

— Au 20° régiment de chasseurs à cheval.

— Ah ! vous faisiez partie des deux escadrons que j'ai envoyés en Espagne en 1810 ?

— Oui, Sire, répondis-je, tout étonné qu'un pareil détail n'eût pas échappé à sa mémoire ; et je repris mon rang.

Le dimanche 6 avril 1813, je me trouvais en grande tenue du corps avec mon peloton, et deux escadrons du régiment, à une de ces revues que passait fréquemment l'Empereur, dans la cour des Tuileries, à son retour de la campagne de Russie. Je désirais parler à Sa Majesté, et, comme je craignais d'en manquer l'occasion, car l'Empereur, qui ne se gênait pas avec ses guides, passait souvent au galop sans s'arrêter près d'eux, je mis pied à terre dans un moment que nos escadrons étaient au repos, et j'allai me placer à la gauche d'un régiment d'infanterie de la jeune garde que Sa Majesté passait en revue.

— Qui es-tu ? me dit l'Empereur dès qu'il se fut approché de l'endroit où je m'étais porté.

— Un officier de votre vieille garde, Sire ; je suis descendu d'un grade pour servir près de Votre Majesté.

— Que me veux-tu ?

— La décoration.

— Qu'as-tu fait pour la mériter ?

— Enfant de Paris, je suis parti, enrôlé volontaire, dès l'âge de seize ans ; j'ai fait huit campagnes. J'ai gagné mes épaulettes sur le champ de bataille, et reçu dix blessures que je ne changerais pas contre celles que j'ai faites à l'ennemi. J'ai pris un drapeau en Portugal ; le général en chef m'avait, à cette occasion, porté pour la décoration ; mais il y a si loin de Moscou au Portugal, que la réponse est encore à venir.

— Eh bien, je te l'apporte moi-même ! Berthier, écrivez la croix pour cet officier, et que son brevet lui soit expédié demain ; je ne veux pas que ce brave me fasse plus longtemps crédit.

C'est ainsi que je fus décoré.

J'en étais si heureux que, retournant à mon peloton, j'en fis part à plusieurs officiers du régiment, présents à cette revue, et qui arrivaient nouvellement, comme moi, dans la garde, sortant d'Espagne, sans être décorés. Le lieutenant Goudmetz suivit mon exemple, s'approcha de l'Empereur, et lui demanda la décoration.

— Qu'as-tu fait pour la mériter ?

— Sire, deux de mes frères et moi, nous nous sommes enrôlés volontaires, il y a dix ans, au 3ᵉ régiment de hussards. Les services que mes frères et moi nous avons rendus à Votre Majesté, méritent, je crois, la décoration.

— Ah ! tu crois, reprit l'Empereur.

— Oui, Sire, et d'autant plus que mes deux aînés ayant été tués, je reste seul maintenant au service de la Patrie.

— Marquez cet officier pour la croix, dit l'Empereur, d'un ton visiblement ému, au prince de Neufchâtel.

Un troisième officier se présenta et reçut le même accueil. C'était Legout-Duplessis, qui dit à l'Empereur :

— Sire, à la bataille de Talavera, en Espagne, étant maréchal de logis au 5° dragons, j'ai pris l'enseigne des gardes wallonnes, après avoir tué l'officier qui la portait et mis en déroute l'escorte qui était auprès de lui. J'ai été mis à l'ordre du jour pour ce fait d'armes.

— C'est beau, ça, dit l'Empereur en souriant ; mais qui m'affirmera que c'est la vérité ?

— Votre aide de camp ici présent, Sire, le général Corbineau, qui, alors colonel du régiment, commandait la charge.

Le général Corbineau fit un signe affirmatif, et Legout-Duplessis fut décoré.

Après le défilé de la parade, l'Empereur fit donner aux troupes une gratification en vivres et en vin, payée sur sa cassette, et invita les officiers à dîner, à six heures du soir. Deux cents officiers de toutes armes, présents à la revue, se réunirent au banquet sur la terrasse des Feuillants dans le jardin des Tuileries, où le fameux traiteur Véry avait alors ses salons. Quatre tables d'une cinquantaine de couverts chacune furent dressées, et présidées par les généraux Lemarois, Lauriston, Lobau et Rapp, tous aides de camp de Napoléon, qu'ils représentaient à cette solennité, et au nom duquel ils faisaient les honneurs. Le repas fut joyeux, comme on le pense bien ; on y porta des toasts à l'Empereur, à l'Impératrice, au roi de Rome. Beaucoup des assistants au banquet avaient reçu de l'avancement ou la croix ; d'autres, plus jeunes au service, avaient les récompenses en perspective. Les occasions de les mériter ne pouvaient leur manquer, car, le lendemain de la revue, nous partions pour l'armée d'Allemagne.

Plusieurs d'entre nous avaient certainement fait, le 6 avril 1813, leur dernier dîner chez le fameux Véry.

Le lendemain, je recevais trois mille francs du quartier-maître du régiment comme première mise d'entrée dans la garde. Cette somme était destinée à aider l'officier à s'habiller et à s'équiper dans ce corps, dont l'uniforme était fort coûteux.

Le 10 avril je quittai Paris avec un détachement du régiment, pour traverser la France et me diriger sur l'armée d'Allemagne, commandée par l'Empereur en personne. Nous nous arrêtâmes à E..., petite ville champenoise.

D'ancienne date, il était passé en habitude parmi les officiers des chasseurs de la garde, lorsqu'ils logeaient à E..., de se réunir à l'hôtel de l'Écu, d'y dîner en corps et d'y boire le meilleur champagne à la santé de l'Empereur, ce que nous fîmes.

Nous continuâmes notre route pour la frontière, où nous passâmes le Rhin, le 1er mai, à Strasbourg, et le 10 du même mois nous arrivâmes à Dresde.

Le régiment des chasseurs à cheval de la garde était cantonné dans les villages environnant la ville. Il y avait au corps le major général Lion, qui était pour moi une ancienne connaissance. On se rappelle qu'il avait servi comme capitaine au 20e régiment de chasseurs à cheval. Il m'accueillit très bien, et je lui sus gré de me placer dans la 10e compagnie du régiment, commandée par son beau-frère, le capitaine Klein de Kleinenberg, un des meilleurs officiers de cavalerie que j'aie connus dans ma carrière militaire. Il est devenu plus tard officier général.

Le 12 mai, nous fûmes témoins de la rentrée du roi de Saxe dans la capitale de son royaume, de laquelle il s'était retiré à l'approche des souverains alliés.

L'Empereur, à la tête d'une division de sa garde à pied et à cheval, fut à sa rencontre à un quart de lieue au dehors de la ville. Il avait envoyé son aide de camp, le général comte de Flahaut, jusqu'à Pirna, pour complimenter Sa Majesté saxonne sur son retour dans ses États.

Le 20 mai, eut lieu la bataille de Bautzen et la prise de cette ville. Le lendemain, la bataille de Wurchen fut, comme la première, gagnée sur les armées coalisées. Malheureusement, le manque de cavalerie nous priva des résultats de ces journées, qui furent de vraies batailles d'Égypte, gagnées par l'artillerie et l'infanterie.

Du 20 au 30 mai, je fis partie avec mon peloton de l'escadron de service des chasseurs à cheval, plus connu en campagne sous la dénomination de guides, auprès de l'Empereur, qui, en temps de guerre, avait constamment près de lui quatre escadrons de différentes armes de cavalerie de la vieille garde, qu'il pouvait lancer sur l'ennemi au besoin. Ce fut dans une de ces occasions que le brave général Letort, au village de Gilles, la veille du combat des Quatre-Bras, en 1815, donnant tête baissée avec les quatre escadrons de service, culbuta et fit prisonniers deux bataillons prussiens mis en carré, et enleva cinq pièces de canon. Malheureusement, le général Letort fut tué dans cet engagement, et l'armée perdit un de ses plus braves officiers.

L'escadron des chasseurs à cheval avait, en outre, un service spécial près de l'Empereur. Un lieutenant, un maréchal des logis, deux brigadiers, vingt-deux chasseurs et un trompette, marchaient devant et derrière lui. Un brigadier et quatre chasseurs, dont deux portaient, l'un le portefeuille, et l'autre la lunette de Sa Majesté, galopaient en avant de l'Empereur et lui faisaient faire place. S'arrêtait-il, mettait-il pied à terre, ces chasseurs l'imitaient à l'instant, plaçaient la baïonnette au bout du mousqueton, et marchaient ainsi en carré, l'Empereur au milieu d'eux. L'officier commandant le peloton d'escorte suivait constamment Sa Majesté. Il n'y avait que le roi Murat et le prince de Neuchâtel qui pussent lui disputer le pas.

L'Empereur s'établissait-il dans un logement : cet officier stationnait dans l'appartement le plus près du sien. Les chasseurs de son peloton étaient pied à terre, tenant à la main les rênes de la bride des chevaux, à la porte de la maison occupée par l'Empereur, qui avait toujours là un cheval de ses écuries, sellé, bridé et tenu par deux piqueurs. Le peloton d'escorte chargé de ce service était relevé toutes les deux heures, de façon qu'à toute heure du jour ou de la nuit, c'était la même disposition. La première personne qui s'offrait à l'Empereur, à la sortie de son appartement, était l'officier de l'escorte, comme on vient de le voir. C'était un poste d'honneur et d'entière confiance. Cette troupe avait le plus grand dévouement pour son empereur. Elle en était d'ailleurs parfaitement récompensée. Il y avait quatre chasseurs par compagnie de chaque régiment de vieille garde, qui, outre la croix d'honneur et souvent la couronne de fer, avec un revenu de 250 francs, étaient dotés de rentes sur les canaux ou sur le mont Napoléon de Milan, ce qui leur rapportait depuis 500 jusqu'à 800 francs. Il faut dire que ce n'est pas chez ces braves soldats que Sa Majesté a fait des ingrats ! Parmi les traits qui font éclater le courage, le dévouement et le désintéressement des chasseurs de la garde, j'en signalerai un, qui est vraiment admirable.

A Leipsick, le 18 octobre 1813, un chasseur de mon peloton, de la catégorie de ceux que je viens de nommer plus haut, c'est-à-dire décoré et doté, ayant eu son cheval tué dans la journée, je crus qu'il s'était rendu au petit dépôt du régiment pour s'y remonter, ce qui devait nécessiter une absence de huit à dix jours. Je fus donc très étonné, le lende-main, 17 octobre (on sait que la bataille de Leipsick a duré trois jours), de le voir dans le rang, montant un superbe cheval à

courte queue ! Sur l'observation que je lui en fis, il me répondit gravement :

— Mon lieutenant, quand on est doté par Sa Majesté l'Empereur et Roi, on a toujours une année de sa dotation dans sa ceinture pour acheter un cheval, et se faire tuer au service de Sa Majesté. Si, dans le courant de la campagne, le malheur veut que j'aie encore mon cheval tué, alors, cette fois, j'irai au petit dépôt en chercher un autre. Le cheval que je monte maintenant, je l'ai acheté hier de mes deniers, à un officier de dragons de la garde qui n'en aura plus besoin, car il a été amputé de la jambe à l'ambulance.

— Et combien t'a-t-il coûté ?

— Vingt-cinq louis.

L'Empereur, qui connaissait le dévouement de ses guides, leur passait souvent des saillies qu'il n'aurait certes pas tolérées à d'autres. Un jour, le cheval d'un des chasseurs de l'escorte qui galopait en avant de lui, s'abattit, et le guide se ramassait comme il pouvait, lorsque l'Empereur, passant au galop devant lui, le traita de maladroit. Cette parole était à peine prononcée, que Sa Majesté, qui pensait à bien autre chose qu'à soutenir son cheval de la bride et des jambes, roulait avec sa monture dans la poussière. Tandis qu'aidé de son écuyer, l'Empereur remontait un autre cheval, le chasseur, qui s'était relevé, passant au gâlop devant Sa Majesté pour rejoindre son poste à l'avant-garde, se mit à crier assez haut pour que Sa Majesté l'entendît :

— Il paraît que je ne suis pas maladroit tout seul aujourd'hui.

Le 22 mai, à quatre heures du matin, la cavalerie de la garde, les lanciers rouges, ayant à leur tête le général Colbert et une division de cuirassiers saxons, commandés par le général Latour-Maubourg, poursuivirent les Prussiens et les Russes sur la route de la Silésie, prirent un grand nombre de traînards, de voitures et de fourgons ; mais l'artillerie russe fit beaucoup de mal aux Saxons. Un seul officier du régiment des guides fut atteint à la main d'un éclat d'obus : ce fut Lautivy. Une grande perte pour l'armée fut celle du général Bruyère, frappé à mort par un boulet qui lui fracassa les deux jambes. C'était un excellent officier de cavalerie, dont les services dataient d'Égypte. Dans cette journée, l'Empereur, voyant tomber mort près de lui un chasseur de l'escorte, atteint par un boulet, dit au grand maréchal, qui l'approchait :

— Duroc, la fortune nous en veut bien aujourd'hui !

Deux heures après, la fortune allait porter un coup bien plus sensible au cœur de Sa Majesté.

L'Empereur, en quittant le village de Reichenbach et poursuivant sa route vers Gorlitz, où il espérait passer sa nuit, descendait rapidement le chemin creux du village pour se porter sur une hauteur voisine, lorsqu'un boulet perdu porta contre un arbre, et, ricochant, tua raide le général du génie Kirgener, et ouvrit le bas du ventre du général Duroc. L'un et l'autre venaient de s'écarter de cinquante pas de leur route, pour faire abreuver leurs chevaux à une mare qui se trouvait sur la droite. Quelle fatalité! Un officier de la gendarmerie d'élite qui venait de voir tomber mort le général Kirgener, en porta la nouvelle à l'Empereur. Une minute après, un autre officier apportait à Sa Majesté l'affligeante nouvelle que le grand maréchal venait d'être dangereusement blessé. Au premier mot de cet officier, l'Empereur reprit vivement:

— Vous vous trompez: c'est du général Kirgener que vous voulez parler. On vient de m'annoncer sa mort à l'instant.

— Sire, reprit l'officier, il n'est que trop vrai que le même boulet a frappé ces deux officiers généraux. La mort du général du génie a été instantanée, et le grand-maréchal vient d'être transporté, dans un état désespéré, à la maison du prêtre protestant de ce village.

En ce moment, le colonel Gourgaud, premier officier d'ordonnance, vint rendre compte à l'Empereur que le mouvement du prince de la Moskowa sur Gorlitz avait réussi. Mais, sans lui répondre un seul mot, l'Empereur revint sur ses pas et se rendit immédiatement au lit du grand maréchal. Un bataillon de vieille garde bivouaqua, ainsi que le peloton de l'escorte, autour de la maison du pasteur, et les quatre escadrons de service se logèrent dans le village de Markersdorf.

En quittant cet endroit si fatal, le lendemain 23 mai, l'Empereur assura une rente de douze cents francs au pasteur, et lui donna de plus une somme d'argent pour l'achat de sa maison, à la condition de placer et de conserver à l'endroit où avait été le lit du grand maréchal, une pierre avec cette inscription:

ICI LE GÉNÉRAL DUROC

DUC DE FRIOUL

GRAND MARÉCHAL DU PALAIS DE L'EMPEREUR NAPOLÉON

FRAPPÉ D'UN BOULET

A EXPIRÉ DANS LES BRAS DE SON EMPEREUR ET SON AMI

Le 4 juin, l'armistice de Pleiswitz nous fit prendre nos cantonnements dans les environs de Dresde. L'Empereur logea en ville, et établit son quartier général au palais Marcoloni. Le 10 août, toute la garde fut passée en revue par l'Empereur, et on célébra la Saint-Napoléon. Il y avait à cette revue cinquante mille hommes, artillerie, infanterie, cavalerie. L'Empereur, en parcourant les dix lignes formées par les troupes, ne manquait jamais de se découvrir lorsque les cris de : « Vive l'Empereur ! » frappaient son oreille, et de prononcer ces paroles à haute voix : « Vive la France ! » C'est ici l'occasion de dire que le mois d'août se payait double à tous les officiers de la vieille garde. On avança de cinq jours la Saint-Napoléon, les hostilités ayant commencé par suite de la violation criminelle des droits de la guerre, de la part du général Blücher. Le 17 était le terme de la convention.

Le 14 août, nous levions nos cantonnements pour nous rendre à Dresde ; le lendemain 15, nous quittions cette ville, l'Empereur à notre tête, et nous entrions en campagne dans la direction de Bautzen.

Le même jour, M. de Narbonne, aide de camp de l'Empereur, revenant de Vienne, en apporta la déclaration de guerre de l'Autriche à la France. Nous comptions donc une forte puissance de plus contre nous. Les Alliés nous menaçaient avec cinq cent mille hommes, auxquels nous ne pouvions en opposer que trois cent mille et la garde impériale. Mais l'Empereur était là !

Le 21, à Löwenberg, le corps du général Maison chassa les Prussiens du duc d'York qui s'étaient emparés de cette ville. De son côté, le maréchal Marmont chassa la division Sacken de Bautzen, tandis que le maréchal Macdonald menaçait le centre de Blücher, qui fit sa retraite. L'armée française poursuivit ses succès avec vigueur, et força l'armée prussienne à se réfugier derrière la Katzbach. Enfin, le 23, l'Empereur battit complètement Blücher à Golberg, et le refoula sur la Silésie. Le fils de Blücher, qui servait auprès de son père comme aide de camp, fut pris et amené à l'Empereur par un mamelouk de la garde. Sa Majesté le renvoya à Berlin, prisonnier sur parole.

L'Empereur, satisfait d'avoir refoulé l'armée prussienne, fit une contre-marche avec sa garde, et se porta sur Dresde, où nous arrivâmes le 26 août, à dix heures du matin. Il était temps, car l'armée autrichienne, qui avait débouché de la Bohême, ayant franchi les montagnes de l'Erzgebirge, campait devant Dresde, au nombre de deux cent mille hommes, à la tête desquels se trouvait le prince de Schwartzenberg. Ce jour même 26 août, à quatre heures du soir, le prince attaqua sur tous les points les faubourgs de Dresde. Ces faubourgs furent défendus vaillamment; plusieurs officiers généraux de la garde furent blessés. Parmi eux se trouvaient le général Gross, si connu par sa bravoure et ses reparties à l'Empereur. Voici une des reparties du général.

Un jour, Sa Majesté, pour le taquiner, lui dit au champ de Mars, à l'exercice :

— Gross, les grenadiers font mieux le maniement d'armes que les chasseurs.

Ce général répliqua :

— Je vous parie six francs, monsieur Sire, que mes chasseurs font mieux l'exercice que vos grenadiers.

Ces paroles, dites avec un accent auvergnat bien prononcé, annonçaient, entre autres choses, que le général n'était pas né à Paris.

On raconte qu'un maladroit courtisan, aux Tuileries, faisant remarquer à l'Empereur que le général Gross, de sa garde, et l'un de ses chambellans, ne savait pas écrire le français et le parlait fort mal, s'attira de la part de Sa Majesté cette réponse qui faisait le plus grand honneur au colonel des chasseurs à pied de la garde :

— Je ne me suis jamais aperçu que Gross fît des fautes de français sur le champ de bataille.

Le jeune Béranger, officier d'ordonnance de l'Empereur, eut la jambe emportée par un boulet en revenant de porter un ordre dans les faubourgs. L'ennemi, repoussé sur tous les points, perdit six mille hommes, dont quatre mille furent tués. Mais cette journée sanglante nous mit trois mille hommes hors de combat.

Le même jour, en traversant la rue du Faubourg-de-Berg, à Dresde, où le régiment était établi, je fus salué par un brigadier de la 3ᵉ compagnie du corps, légionnaire. Comme je passais en lui rendant son salut sans m'arrêter, il m'accosta en ces termes :

— Mon lieutenant, permettez-moi de vous souhaiter le bonjour et de vous demander de vos nouvelles, étant une de vos anciennes connaissances. Probablement, vous ne me reconnaissez pas?

— Je ne vous remets point, lui dis-je ; je suis seulement depuis cinq mois dans les chasseurs de la garde, et j'y connais peu de monde. Votre nom, s'il vous plaît ?

— Je suis, me répondit-il, le trompette-major du 8ᵉ hussards que vous avez blessé d'un coup de pointe, en 1806, à dix lieues de Varsovie, dans un duel que nous avons eu ensemble.

— Ah! lui dis-je, maintenant je me le rappelle très bien. Vous avez donc quitté la trompette et votre régiment pour entrer dans la garde ?

— Oui, mon lieutenant.

— Je suis charmé de vous revoir; depuis quand faites-vous partie du corps ?

— Depuis la campagne de Russie, et il y a un an j'ai été fait brigadier.

— Quel est le nom de votre capitaine ?

— M. Hiacynthe.

— Je le connais, et je serai charmé de vous recommander à lui ; mais faites-moi le plaisir, brigadier, lorsque vous me rencontrerez à cheval ou au bivouac, de venir m'accoster. J'aurais toujours une goutte d'eau-de-vie à partager avec vous.

Hélas ! il n'usa qu'une fois de cette offre, que je lui faisais de si bon cœur. Le lendemain matin était le jour de la bataille de Dresde, et le soir, quand je fus voir le capitaine Hiacynthe pour lui recommander mon protégé, j'eus le regret d'apprendre que celui-ci avait été tué par un boulet.

— Je le regrette vivement, me dit son capitaine, ce pauvre Auguste, c'était un excellent sujet, et j'en aurais fait certainement un maréchal des logis dans ma compagnie.

Le capitaine Hiacynthe ajouta :

— Ce pauvre brigadier revenant hier au soir de causer avec vous, Parquin, racontait à ses camarades le coup de pointe qu'il avait reçu de vous, quand vous étiez fourrier. « Ce n'est pas un fourrier, disait-il, qui ne sait qu'écrire et chiffrer, et qu'on envoie promener ; celui-là sait dégaîner ! »

— Pauvre Auguste, dis-je ; il n'enverra plus promener personne, il est maintenant où nous irons tous.

Je pris congé du capitaine Hiacynthe, et je rejoignis mon peloton.

La journée de Dresde, si glorieuse pour l'armée, n'avait rapporté au régiment qu'une pluie battante des plus incommodes, et des boulets de l'ennemi. Le lieutenant Brice[1], officier payeur au régiment, eut un magnifique cheval tué sous lui ; il n'aurait certes pas donné ce cheval pour trois mille francs, et le plus curieux de cela fut qu'il reçut une verte réprimande du général Lefèvre-Desnouettes, qui ne voulait pas que son comptable fût sur le champ de bataille, où il n'avait rien à faire, disait-il, son poste étant à Dresde, avec sa comptabilité et sa caisse.

La cavalerie du prince Murat fit des prodiges de valeur ; elle chargea en masse et enfonça le centre de l'armée ennemie, déjà ébranlée par l'artillerie de la garde. Ce fut dans cette journée, vers trois heures du soir, que le général Moreau, qui était avec les Alliés dans un groupe d'officiers généraux, fut frappé à mort à côté de l'empereur Alexandre. A cinq heures, le paysan saxon dans la cabane duquel avait été emporté le général Moreau, les deux jambes fracassées par un boulet, amena à l'Empereur un superbe chien danois, ayant au cou un large collier en cuivre sur lequel était écrit en gros caractères :

« J'appartiens au général Moreau ».

Le paysan venait donner connaissance de l'événement qui avait eu lieu, et il offrait le chien contre dix napoléons. L'Empereur lui fit donner cette somme, et lui laissa le chien danois.

Le général Moreau, avant de mourir, adressa à l'empereur Alexandre ces paroles caractéristiques :

— Sire, attaquez l'empereur Napoléon partout où il n'est pas.

Ce conseil fut transmis aux généraux alliés, et l'on sait qu'il ne fut que trop bien suivi !

1. Brice (Charles-Nicolas), né le 22 juin 1783, à Lorquin (Meurthe). Soldat à la 88ᵉ demi-brigade d'infanterie de ligne, le 2 pluviôse an XI (21 janvier 1794) ; réformé pour cause de jeunesse, le 27 messidor an V (15 juillet 1694) ; soldat au 4ᵉ régiment de hussards, le 1ᵉʳ messidor an XII (20 juin 1804) ; chasseur au régiment de chasseurs à cheval de la garde impériale, le 20 août 1807 ; maréchal des logis, le 21 août 1809 ; lieutenant en second, le 29 février 1813 ; capitaine, le 15 mars 1814. S'est retiré avec demi-solde le 1ᵉʳ novembre 1815. Membre de la Légion d'honneur, le 14 septembre 1813.

Le soir de la bataille de Dresde, le chef de bataillon de Vassy,
mon cousin (le même qui, capitaine de carabiniers, fut blessé à
la bataille des Arapiles, en Espagne), vint me trouver en se
rendant à l'ambulance. Il avait une balle dans le bras ; je l'envoyai
dans le logement que j'occupais à Dresde, chez un chanoine, où il

fut très bien. Malheu-
reusement, il faisait partie de la division de
Dresde, qui, sous les ordres du maréchal Gouvion Saint-Cyr,
capitula après la campagne de Leipsick. Cette capitulation ne fut
pas reconnue bonne par le prince de Schwartzenberg, et trente
mille Français furent, contre tous les droits de l'honneur, conduits prisonniers de guerre en Autriche.

Cette journée de Dresde, que l'Empereur a comparée pour
les manœuvres à celle d'Iéna, qui s'était donnée également en
Saxe, sept ans auparavant, amena la déroute complète des

Autrichiens, qui perdirent trente mille hommes, dont douze mille prisonniers, deux cents pièces de canon, mille fourgons, voitures, etc., etc. L'Empereur coucha sur le champ de bataille, et le lendemain il rentra avec la garde à Dresde. Nous continuâmes notre marche sans nous arrêter sur Pirna, d'où nous repartîmes le lendemain pour Dresde, sans pouvoir nous rendre compte de ce prompt retour. Le bruit circulait dans l'armée que le brave général Vandamme, avec son corps d'armée, avait eu à lutter contre toute l'armée autrichienne, qui battait en retraite sur la Bohême, et qu'il avait été fait prisonnier avec sept mille des siens, après des prodiges de valeur.

La garde fit un mouvement sur la route de Berlin, le 7 octobre, mais après deux jours de route, nous retournâmes à Dresde, d'où nous partîmes le 10, pour nous rendre avec l'armée à Leipsick. Le 13, l'Empereur bivouaquait avec la garde à un quart de lieue de cette ville. Je commandais le peloton des chasseurs de service, et à quatre heures, je vis arriver au trot un escadron de gardes d'honneur escortant le roi de Saxe et sa famille, venant de Dresde à Leipsick. L'Empereur, aussitôt qu'il eut aperçu la poussière, s'était avancé à pied de cinquante pas sur la route, et il continuait d'aller au-devant du roi. Mais Sa Majesté saxonne avait déjà mis pied à terre et marchait découverte droit à l'Empereur. Je vois encore le roi de Saxe, grand et beau vieillard, ayant la tête poudrée et portant la queue. Il était revêtu d'un uniforme blanc et portait deux montres, dont les grandes chaînes lui pendaient sur les cuisses. Il se dépêcha au plus vite d'ôter ses gants, pour présenter sa main à l'Empereur. Mais celui-ci l'embrassa en le nommant son frère, et se rendit avec lui à la voiture de la reine de Saxe. La reine avait à sa gauche sa fille, la princesse Augusta. La proximité de l'Empereur, qui parlait d'ailleurs assez haut avec les princesses, à la portière droite de la voiture, qui était ouverte, me permit d'entendre ces paroles :

— Sire, lui dit la reine, comment se portent l'impératrice et le roi de Rome ?

— Tout le monde se porte bien, dit l'Empereur, j'ai reçu un courrier hier.

— Vous allez livrer demain bataille, Sire, reprit la reine.

— Oui, je le crois.

— Et vous la gagnerez, ajouta la princesse Augusta.

— Ah ! voilà bien les femmes ; elles ne doutent de rien ; mais il faut l'espérer.

L'Empereur salua ses augustes hôtes, qui retournèrent à la ville, et lui-même ne tarda pas à entrer dans Leipsick.

Ce jour-là 13 octobre, le prince Murat, avec les dragons d'Espagne, qui la veille seulement étaient arrivés à l'armée par la France, fit des merveilles. Mais le prince faillit perdre la vie dans ces brillantes charges, en traversant un terrain fangeux, où son cheval entra jusqu'au jarret. Il était sur le point d'être percé par un officier russe, qu'il ne savait pas derrière lui, lorsque son piqueur s'aperçut du danger. Ce piqueur, étant ancien dragon, avait gardé son sabre, qu'il préférait en campagne à un couteau de chasse, arme ordinaire des piqueurs ; il dégaina rapidement son arme, et la passa au travers du corps de l'officier russe, au moment où ce dernier allait percer l'Ajax français. L'Empereur décora de la croix d'honneur ce piqueur, à qui la ville de Naples fit une rente de 6.000 frrancs pour sa belle conduite du 13, à Leipsick.

Le 16 octobre, à neuf heures du matin, s'ouvrit la journée de Wachau, plus connue sous le nom de première journée de la bataille de Leipsick. Trois bordées de coups de canon furent le signal donné par l'ennemi, et immédiatement après s'ouvrit le feu terrible de deux cents pièces d'artillerie, dont les boulets tombaient dans nos rangs comme des oranges. Le feu couvrait la marche de trois fortes colonnes de Wittgenstein et de Kleist, qui se dirigeaient sur Wachau. Le village fut vigoureusement défendu par le corps d'armée du général Lauriston. Il fut pris et repris par la cavalerie du général Latour-Maubourg qui, à midi, eut la jambe emportée par un boulet. Vers ce même point, le général Cœhorn eut les deux jambes emportées aussi par un boulet, qui passa sous le ventre de son cheval. Cette journée coûta la vie au général Vial et au général Rochambeau, ancien compagnon d'armes du général La Fayette en Amérique.

La cavalerie de la garde était en bataille au centre de l'armée. Je vois encore devant nous le général Drouot, à pied, dirigeant avec la plus grande énergie le feu d'une batterie de cent pièces de l'artillerie de la garde.

L'Empereur s'étant aperçu que l'extrême droite, commandée par le maréchal Oudinot, forte de dix-neuf mille hommes d'infanterie de jeune garde, était en danger, envoya à son secours le général Letort, avec huit cents hommes de cavalerie, composés de deux cents chasseurs, deux cents lanciers, deux cents dragons et deux cents grenadiers à cheval, tous pris dans sa vieille garde.

Le duc de Reggio avait fait rompre sa ligne par précaution et l'avait fait former en carré. Je me trouvai faire partie de la colonne envoyée par l'Empereur. Nous nous portâmes sur la droite par une marche de flanc, par peloton et au trot. Lorsque nous arrivâmes sur le terrain, nous passâmes dans l'intervalle de deux carrés, et nous nous formâmes immédiatement en bataille,

Une charge de cavalerie autrichienne sur nous échoua complètement, et nous procura même un brillant succès. Par la position que nous venions de prendre sur le champ de bataille, toute retraite était coupée au régiment de dragons-cuirassiers de Latour qui ne pouvaient trouver leur salut qu'en nous traversant pour regagner leurs lignes. Le maréchal Oudinot, dont nous venions de rétablir les affaires, sortant d'un carré, s'écria en se présentant subitement dans nos rangs :

— Demi-tour, cavaliers ; voici un hourra !

En effet, un nuage de poussière précédait les pointes des sabres des dragons de Latour, auxquels nous opposâmes un mur d'airain, et cent quatre-vingt-dix ou deux cents des leurs tombèrent en notre pouvoir.

Dans cette circonstance, j'aperçus le maréchal Oudinot, seul, au milieu de la charge, dans un péril réel et s'efforçant de mettre son épée à la main, mais il ne pouvait parvenir à dégainer. Je ne perdis pas un instant, et, me plaçant devant l'illustre maréchal, je le couvris de mon sabre. Son Excellence mit aussitôt le pistolet à la main dans ce moment critique, et j'eus le bonheur de dégager ainsi le duc de Reggio, qui parvint sain et sauf au milieu d'un carré de son infanterie. Le soir, je fus conduit par son fils, qui était capitaine au régiment, à son bivouac. Le maréchal m'embrassa, me remercia et me fit partager son modeste souper, composé d'une volaille froide, que nous arrosâmes d'une bouteille de vin et d'un verre d'eau-de-vie.

Le lendemain 17, pendant toute la journée, les armées restèrent en présence l'une de l'autre, et l'on peut dire l'arme au bras. Ce fut dans cette journée qu'un de mes camarades de classes au collège, M. de Coussy, qui était à Leipsick, attaché au roi Murat comme secrétaire, vint sur le point du champ de bataille que nous occupions, pour chercher à découvrir parmi les morts le corps d'un bureaucrate attaché au prince, dont on n'avait pas de nouvelles depuis la veille. Ses recherches furent vaines, et M. de Coussy, que j'ai revu depuis agent de change à Paris, m'a dit que jamais on n'avait su ce que cet individu était devenu, et que sans doute il avait disparu de plein gré.

L'Empereur donna l'ordre dans la matinée à un chasseur intelligent de l'escorte, qui parlait allemand, d'aller se présenter en parlementaire aux vedettes ennemies, pour porter au prince Coloredo les compliments de la part du prince de Neuchâtel. C'était une ruse pour savoir si ce général était entré en ligne, avec quarante mille Autrichiens qu'il commandait. Mais on fit répondre au chasseur, par les vedettes ennemies, qu'on n'avait aucune conversation à avoir avec lui, et qu'il eût à se retirer. Nous avions passé toute la journée à blanchir et à nettoyer ; et, le lendemain 18, nous étions, à la façon du commandant de Vérigny, dans une tenue superbe pour nous faire tuer.

Nous passâmes ce jour-là auprès d'un moulin à vent, dans la plaine où avait été établi le quartier général de l'Empereur. Le régiment resta en réserve pendant toute la journée, où nous n'eûmes qu'à supporter quelques pertes par le canon. J'eus à regretter un de mes amis, lieutenant au régiment, nommé Henneson[1], qu'un boulet vint frapper, en ricochant, en pleine poitrine. Le boulet se logea dans son manteau, qu'il portait en sautoir, après lui avoir fracassé l'estomac.

A la nuit tombante, nous allâmes bivouaquer dans une

1. Henneson (Georges), né le 30 mars 1774, à Pareid (Meuse). Soldat au 11e régiment de chasseurs à cheval, le 27 pluviôse an II (5 février 1794) ; passé au régiment de chasseurs de la garde des Consuls, le 18 pluviôse an XII (7 janvier 1804) ; brigadier, le 1er février an VIII ; maréchal des logis, le 21 août 1809 ; lieutenant en second, le 27 février 1813. Tué à Leipzig, le 18 octobre 1813. Membre de la Légion d'honneur le 14 mars 1806.

prairie, tout le long et autour d'une haie. En me rendant à l'emplacement désigné pour mon peloton, j'entendis prononcer mon nom ; c'était un de mes amis, capitaine d'infanterie dans un régiment de la garde, qui était établi au bivouac avec deux officiers de sa compagnie. Il m'offrit de venir à son bivouac quand le mien serait établi, et de partager son modeste souper.

— Avec plaisir, mon cher ; j'apporterai de l'eau-de-vie, que je me suis procurée chez la cantinière du régiment.

En effet, un quart d'heure après, portant un pain de munition sous le bras, je rejoignis Servatius ; c'était le nom de mon ami, qui est maintenant colonel de gendarmerie à Arras. Lorsque nous fûmes réunis, l'un d'eux versa dans une gamelle de bidon une énorme ratatouille, composée d'un lièvre en morceaux arrangé avec des pommes de terre et des oignons. Le plat fut trouvé excellent.

— Est-ce que tu as envoyé au marché à Leipsick ? dis-je en riant à Servatius.

— Non, mon ami, me répondit-il ; c'est un sergent-major qui, à dix pas, a logé une balle dans la tête de ce gros lièvre que nous mangeons et qui s'est avisé de traverser, très heureusement pour notre appétit, le champ de bataille près de la compagnie.

— Eh bien ! tu n'invites pas à souper ton sergent-major ?

— Il n'y a qu'une petite difficulté, reprit Servatius ; le sergent-major, une minute après avoir abattu le lièvre, l'avoir mis sur son sac, et m'avoir crié : « Mon capitaine, voilà pour souper ce soir ! » tomba lui-même frappé d'un boulet qui l'envoya souper chez Pluton...

Le lièvre qu'il m'avait donné m'est donc resté en héritage, et voilà l'histoire de notre souper.

— Eh bien ! mon cher Servatius, lui dis-je en lui présentant la fiole d'eau-de-vie, buvons la goutte à la mémoire de ton sergent-major.

C'est ce que nous fîmes, et, prenant congé de ces messieurs, je retournai à mon bivouac, que le régiment quitta à deux heures du matin pour rentrer à Leipsick, où nous passâmes le pont de l'Elster, qui devait être si fatal à notre armée et à ce brave Poniatowski, nommé maréchal de France, le 17 octobre, pour sa belle conduite à la journée du 16. Il ne devait jouir que bien peu de temps de cette grande distinction !

Le peu d'intelligence d'un caporal du génie, qui, avec quatre hommes de son arme, avait mission de faire sauter le pont à l'approche de l'ennemi, fut la cause du désastre. En voyant arriver jusqu'à lui des balles tirées par des déserteurs saxons, ce caporal mit le feu à la mine, quand nous avions encore sur l'autre rive vingt à vingt-cinq mille hommes des corps Reynier, Lauriston et Poniatowski, qui battaient en retraite vaillam-

ment, sur les promenades et dans les rues de Leipsick ! Lorsqu'ils arrivèrent au pont, il venait de sauter, et ils le trouvèrent encore tout fumant. Les deux premiers de ces généraux furent faits prisonniers, et le dernier, l'infortuné Poniatowski, blessé, perdit la vie dans la rivière qu'il voulut passer en mettant son cheval à la nage. Vingt à vingt-cinq mille hommes furent tués, blessés ou pris. Le général Dumoutier, de la garde impériale, fut dans le nombre des morts. Tel est le récit exact de cette effroyable catastrophe.

Voici comment cette triste circonstance vint à la connaissance de l'Empereur.

L'Empereur, ayant couché à l'auberge de l'Aigle-Noir, au delà du pont de l'Elster, revint le matin à six heures, avec son peloton d'escorte, au palais du roi de Saxe, pour faire ses adieux à ce monarque, qui versa des larmes en prenant congé de Napoléon. A sept heures, l'Empereur repassait ce fameux pont avec la garde, et s'acheminait sur la route d'Erfurt, lorsque nous entendîmes le bruit d'une explosion terrible, qui nous fit retourner, et, quand nous aperçûmes une épaisse fumée, nous présageâmes un sinistre. L'Empereur fit tout de suite volte-face, et nous le suivîmes sur la route dans la direction de Leipsick. Une demi-heure après, nous avions connaissance du fatal événement qui venait d'arriver à l'armée ; et moi je l'appris particulièrement par un homme pieds nus, ayant une chemise et un caleçon pour tous vêtements, les cheveux collés au visage, et qui demandait après moi au régiment. C'était un de mes amis, Destignac, capitaine, aide de camp du général Reynier, qui venait de se retirer des mains de l'ennemi en passant l'Elster à la nage, et qui heureusement ne fut pas atteint par les balles que les Saxons tirèrent sur lui. Je m'empressai de lui jeter mon manteau sur les épaules, et je lui passai ma petite bouteille d'eau-de-vie, ce qui lui fit grand bien ; il me remercia avec effusion.

Puisque j'ai prononcé le nom de ce bon et brave Destignac, que j'ai beaucoup aimé et avec lequel j'ai toujours été dans les meilleurs termes, bien que nos opinions politiques soient devenues diamétralement opposées sous la Restauration, je dirai que j'ai été vivement affecté en apprenant le malheur qui lui est arrivé à la révolution de Juillet. Étant au pont de Sèvres, à la tête du régiment des lanciers de la garde, dont il était le colonel, dans une position qui n'était pas hostile, un enfant, un gamin de Paris, s'approcha de lui sans exciter aucune défiance, et lui lâcha à bout portant la charge de son pistolet dans le gras de la jambe, ce qui nécessita l'amputation.

Cet événement fut cause de grands malheurs, car les lanciers s'étant aperçus de ce qui venait d'arriver à leur colonel, qu'ils affectionnaient, le vengèrent en chargeant sur le peuple, et de braves gens payèrent pour l'acte qui venait d'être commis par un méchant gamin.

Il n'y a pas un seul des dignitaires de Charles X, existant encore, qui ait perdu à la révolution de Juillet plus que mon ami Destignac. Il était duc de Firmacon et pair de France, ayant succédé à son père qui avait été nommé à cette dignité par Louis XVIII ; voici dans quelle circonstance. Lorsqu'en 1820 le ministre Decazes, dans le but de s'assurer la majorité à la Chambre du Luxembourg, présenta à Sa Majesté une liste de soixante pairs à nommer, le roi y inscrivit en tête le duc Destignac duc de Firmacon, en disant :

— M. Decazes élève à la pairie soixante de ses amis ; il me semble que moi, le roi, j'ai bien le droit de faire mon cousin pair de France.

Son fils, Destignac duc de Firmacon, colonel des lanciers de la garde à la révolution de Juillet, ne voulut pas prêter serment de fidélité au nouvel ordre de choses, et perdit ainsi sa pairie, les douze mille francs qui y étaient attachés, douze mille francs qu'il avait de pension sur la liste civile de Charles X, et douze mille francs d'appointements comme colonel d'un régiment de cavalerie de la garde ; enfin, il perdit sa jambe, ayant subi l'amputation après l'événement que je viens de rapporter. Ainsi, il ne conserva de cette brillante position que la retraite de colonel de la garde royale. Mon ami Destignac était un fort bel homme, un officier excellent, très brave, qui fut regretté de ses frères d'armes et qui le méritait sous tous les rapports. Pour moi, je fais des vœux sincères pour qu'il soit heureux dans la position où il se trouve maintenant à la cour du roi de Sardaigne, son parent, qui l'a accueilli dans ses États après la révolution de 1830.

Revenons à l'armée, qui exécutait sa retraite sur Mayence, ayant à combattre cent cinquante mille Autrichiens qui la suivaient en queue, et cinquante mille Bavarois qui, après leur défection, s'étaient portés le plus vite possible sur la ville de Hanau, pour nous couper la route de France. L'armée, toujours pleine d'ardeur, exécutait sa retraite en bon ordre. L'arrière-

garde, sous le commandement du duc de Trévise, livrait journellement des combats meurtriers.

Le régiment de chasseurs à cheval de la garde allait effectuer
le passage de la Fulde, le 27 octobre, lorsque nous rencontrâmes
un convoi d'ambulance tout composé de blessés qui y étaient par
quatre dans des voitures légères et faites exprès.

— Que fais-tu là ? dis-je à Servatius, un de mes amis, que
j'aperçus dans une de ces voitures.

— Mon cher Parquin, je suis en compagnie de mon colonel
et de deux officiers qui sont blessés comme moi.

— Quelle est ta blessure?

— Une balle à la jambe qui me fait bien souffrir ; car depuis
trois jours qu'on y a mis l'appareil, je n'ai pas encore été
pansé.

Une idée me vint à l'instant.

— Quoique blessé à la jambe, lui dis-je, peux-tu supporter
le cheval deux heures ?

— Je n'en ai pas, me répondit-il ; mes équipages n'ont pas
pu passer le pont de l'Elster.

— Mais moi, j'en ai un à t'offrir.

Puis j'envoyai tout de suite chercher mon domestique, et au
bout de quelques minutes je faisais sortir mon ami de la position
critique où il se trouvait ; car l'ambulance dut être abandonnée
au passage de la rivière de Fulde. Je fis panser mon ami Servatius
par le chirurgien-major du régiment, et j'eus le bonheur de le
ramener quatre jours après à Mayence, où il entra à l'hôpital.

Je dois parler ici de la rencontre que nous eûmes avec les
Bavarois, qui, au nombre de quarante à quarante-cinq mille
hommes, nous attendaient à Hanau et sur la Kinzig, et croyaient
avoir bon marché de l'armée ; mais c'était la garde, au nombre
de dix-sept mille hommes, infanterie, cavalerie et artillerie, qu'ils
allaient combattre... et l'Empereur était là !... Depuis la matinée,
le 30 octobre, le maréchal Macdonald avait ordre de déboucher
de la forêt ; mais il ne put y parvenir qu'à midi, tant les forces
de l'ennemi lui opposaient de résistance, soutenues qu'elles
étaient par une formidable artillerie. Une ferme, sur la gauche de
la route, en plaine, était vigoureusement défendue par les

Hanau.

Bavarois, qui y étaient retranchés derrière les murs... L'Empereur fit appeler le général Cambronne.

— Combien avez-vous de chasseurs à pied de la vieille garde ? dit-il.

— Sire, dix-huit cents.

— Vous allez vous mettre à leur tête, et forcer la ferme où les Bavarois sont au nombre de dix mille hommes ; je vous donne deux heures pour cette opération.

Le brave Cambronne en une heure avait délogé les Bavarois de cette position si avantageuse. Il n'avait pas tiré un coup de fusil, et avait franchement abordé à la baïonnette les Bavarois, qui n'attendirent pas les « ruches à miel », nom que l'ennemi donnait aux bonnets d'oursin des grenadiers et chasseurs de la vieille garde. Ces soldats d'élite répandaient la terreur partout où ils passaient.

Sur les trois heures, toute la forêt étant occupée par nos troupes, et l'artillerie venant d'arriver, le général Drouot déboucha à la tête de cinquante pièces d'artillerie de la garde, les mit en batterie sur la lisière du bois, et entama une canonnade des plus vives avec la formidable artillerie bavaroise.

Dans un mouvement par quatre que fit, sur la grand'route de la forêt, le régiment, je vis tomber le rang des quatre chasseurs qui me précédaient : un boulet ennemi venait de causer ce malheur. J'enlevai mon cheval de la main, et j'approchai vivement les jambes en les fermant ; mon cheval obéit en sautant par-dessus l'obstacle qui venait de se former devant moi.

Le mouvement du régiment avait pour but d'aller au secours de notre artillerie, menacée par la cavalerie bavaroise. Déjà même sur notre route six pièces d'artillerie avaient été entourées, et les canonniers se défendaient à l'arme blanche, lorsque le capitaine Oudinot, fils du maréchal, chargea vigoureusement à la tête de sa compagnie de chasseurs de la garde, reprit les pièces, et sauva les canonniers qui se trouvaient engagés.

Les grenadiers à cheval de la garde firent une charge à fond sur la cavalerie bavaroise. Mon ami l'intrépide Gaindé, sous-adjudant-major aux grenadiers à cheval, le même dont j'ai parlé dans la campagne de Prusse, où à Saalfeld il tua le prince Louis en combat singulier, fut trouvé mort le soir, sur le champ de bataille, tout couvert de coups de sabre, au milieu d'une demi-douzaine de cadavres de chevau-légers bavarois, à qui il avait fait payer cher sa mort.

Ce brave officier, le matin même de la journée, avait entendu dire à l'Empereur, au bivouac, à plusieurs officiers qui l'entouraient à pied dans la forêt :

— Comment trouvez-vous les Bavarois, nos alliés d'hier, qui prétendent nous barrer le passage, et nous empêcher de rentrer en France, et cela quand nous apercevons d'ici les clochers de Mayence !

— Parbleu, c'est un peu fort ! Soyez tranquille, Sire, avait repris Gaindé, les Bavarois nous payeront aujourd'hui leur trahison et leur jactance.

Le succès de la bataille de Hanau a prouvé la justesse de la réplique de mon ami Gaindé ; mais il devait payer lui-même de sa vie le gain de la bataille. Je lui avais serré la main au moment même où, partant avec les grenadiers à cheval pour charger, il ne devait plus revenir... Pauvre Gaindé !...

Dans la matinée de la journée de Hanau, je fis la connaissance du fils de l'illustre maréchal Moncey. Il était venu voir ses amis Lauriston, commandant dans le 1er régiment des gardes d'honneur, et Oudinot, capitaine au 1er régiment des chasseurs à cheval de la garde. Le commandant Moncey venait de quitter l'infanterie, où il avait servi quelques années, pour passer au 7e hussards. Il faut que je fasse connaître à mes lecteurs un fait fort honorable pour lui, lorsqu'il servait comme capitaine aux chasseurs à pied, dans la campagne de Russie. L'Empereur, quittant Smolensk, passa en revue le régiment des chasseurs à pied de sa garde, et ayant distribué quelques récompenses et décorations à ces braves, il fit réunir les officiers de ce régiment, et s'exprima ainsi :

— Outre les heureux que je viens de faire, j'ai une croix d'officier à donner à celui que le corps d'officiers me désignera comme le plus digne de cette distinction. Le choix que vous ferez sera le mien, ainsi prononcez : à qui la croix d'officier ?

Toutes les voix s'élevèrent, et prononcèrent le nom de Moncey.

— Mon ancien page, dit l'Empereur ; vous êtes des courtisans, c'est pour me flatter que vous faites ce choix. A un autre...

— Mais, Sire, puisque vous nous avez dit de parler franchement, nous vous déclarons que nous ne saurions en nommer un autre plus intrépide.

— Eh bien, dit l'Empereur, voilà la croix d'officier que je place en votre nom sur sa poitrine.

Des marques très vives de satisfaction accueillirent cette nomination.

En 1818, un accident de chasse causait la mort du brave colonel Moncey, à la fleur de l'âge, au moment où il promettait de marcher sur les traces de son père, dont le nom est un des plus glorieux de France.

Revenons à la journée de Hanau.

A quatre heures, le 3⁰ régiment des gardes d'honneur exécutait son premier fait d'armes, et préludait par une très belle charge de cavalerie. Sur les cinq heures, la bataille de Hanau était complètement gagnée, et nous refoulions les Bavarois sur la ville de Hanau, en forçant l'infanterie, qui repassa la Kinzig.

Le capitaine Schmidt [1], à la tête d'un escadron de chasseurs à cheval, dans lequel je me trouvais, fis mettre bas les armes à deux bataillons d'infanterie à la porte de Hanau. Ce fut dans cet engagement que je reçus un coup de baïonnette à la figure. Cette journée me valut le grade de capitaine dans le régiment des chasseurs à cheval de la jeune garde.

L'ennemi perdit, dans cette journée, six à sept mille hommes tués, blessés ou faits prisonniers. Le général en chef de Wrède, commandant les Bavarois, y reçut une balle qu'il conserva dans le corps jusqu'à sa mort, qui n'arriva que trente ans après.

Le lendemain 31 octobre, l'armée française arrivait à Francfort, et le 2 novembre à Mayence. Le jour de l'arrivée de l'Empe-

---

1. Schmidt (Jean-Baptiste-Michel), né le 10 septembre 1773, à Schlestadt (Bas-Rhin). Enfant de troupe au 4⁰ régiment de hussards, le 10 septembre 1789 ; élève-vétérinaire à l'Ecole d'Alfort, avec le grade de maréchal des logis ; vétérinaire au 16⁰ régiment de chasseurs le 30 nivôse an II ; a opté, le 24 nivôse an VIII, pour le service de maréchal des logis ; sous-lieutenant, le 22 prairial an IX ; lieutenant en second au régiment de chasseurs à cheval de la garde impériale, le 1ᵉʳ mai 1806 ; capitaine, le 6 décembre 1811 ; chef d'escadrons, le 30 avril 1815 ; mis en demi-solde le 1ᵉʳ octobre 1815. Membre de la Légion d'honneur le 16 mars 1806.

reur dans cette ville, j'avais l'honneur de commander le peloton
de son escorte devant le palais impérial où il logeait. Quand je fus
relevé de ce poste, au lieu d'aller rejoindre ma compagnie qui
était à trois lieues dans les villages environnants, je fis distribuer
par le commissaire des guerres de la garde im-
périale, à Mayence, les vivres en pain, bière et
eau-de-vie à ma troupe, qui en avait besoin ;
puis, ayant remis le commandement au

maréchal
des logis
de mon
peloton
pour re-
conduire
la troupe
au canton-
nement, je
lui donnai
un mot au
crayon
pour mon
capitaine,
le préve-
nant que
j'avais pris
sur moi
de rester
deux
heures à
Mayence,
pour m'a-
cheter plusieurs effets d'habillement qui me manquaient, et
ajoutant que je serais de retour dans la journée. Mon plus im-
périeux besoin était de manger, ce qui ne m'était pas arrivé
depuis la veille, à Francfort. Libre de ma personne et de mon
temps, je me dirigeai vers le premier hôtel que j'aperçus, et
c'était celui de la Ville-de-Paris. Mais je le trouvai véritable-

ment envahi par des militaires de toutes armes qui faisaient queue à la cuisine pour y faire cuire côtelettes de veau et de mouton. C'était la seule viande qu'on y trouvât, et encore fallait-il se donner la peine de faire cuire sa côtelette, et de rester auprès, le sabre à la main, pour empêcher qu'on ne vous l'enlevât sur le gril, à moitié cuite. Je pris mon parti, résolu de me contenter d'une croûte de pain de munition que portait mon ordonnance ; car il n'y avait pas d'autres hôtels ou restaurants où il n'y eût la même affluence de monde.

Je m'acheminais donc vers la porte de Paris pour gagner le village de mon cantonnement, lorsqu'en passant dans une des rues de Mayence, à cheval, ce qui me mettait à même de voir ce qui se passait dans les entresols des appartements, j'aperçus dans une de ces pièces servant de salle à manger une table complètement dressée pour le service d'une dizaine de personnes. C'était pendant le moment que le domestique de la maison fermait la fenêtre de l'appartement que j'avais fait cette précieuse découverte. La faim me suggéra une idée que je mis tout de suite à exécution. Mettant pied à terre, je donnai mon cheval à tenir à mon ordonnance. Je montai cinq marches, et fis tomber le marteau de la porte. Le domestique vint ouvrir et me demanda en langue allemande :

— Que voulez-vous, monsieur?

— Parler à votre maître.

— Ah ! vouloir parler à M. Hermann, répliqua-t-il.

Et il me conduisit à la salle à manger. Aussitôt que j'y fus installé, il alla prévenir son maître que je désirais lui parler.

— Monsieur Hermann, dis-je à un monsieur qui venait à moi et que je présumai être le maître de la maison, voudriez-vous avoir l'extrême bonté d'obtenir pour moi, de la maîtresse du logis, que je prenne ma place au repas qui est servi sur la table ? Il y a deux heures que j'ai passé le pont de Mayence en escortant l'empereur Napoléon ; je n'ai pas mangé depuis vingt-quatre heures, par suite de l'impossibilité de pouvoir se procurer quelque chose en ville, encombrée comme elle l'est de troupes et de consommateurs. En passant tout à l'heure devant votre maison, j'ai aperçu votre table servie, et j'ai pensé que si la maîtresse ou, à son défaut, le maître du logis, avait des entrailles, ils auraient pitié des miennes qui sont vides. Me serais-je trompé, monsieur? Dans ce cas, je suis prêt à me retirer.

— Monsieur l'officier, ma femme, que voilà, me dit M. Hermann en me présentant une des dames qui étaient parmi les convives, ne parle pas le français ; mais, connaissant son cœur, je suis persuadé qu'elle sera charmée de vous avoir à sa table. Nous sommes avec des amis que nous avons à dîner.

Je le remerciai, saluai la compagnie, et je me plaçai à côté de Mme Hermann, avec laquelle j'échangeai les quelques mots d'allemand que je savais. Son mari était le seul de notre société qui parlât notre langue ; il avait une place supérieure dans l'administration des eaux et forêts. La conversation générale étant en allemand, je ne m'en mêlai pas : mais je fis grand honneur au repas, qui était fort bon. Ayant prié M. Hermann de permettre que l'on portât une bouteille de vin à mon ordonnance qui tenait mon cheval à la porte, le maître du logis s'empressa de donner l'ordre de le faire entrer dans sa cour, et de mettre les chevaux dans son écurie. Le chasseur entra à la cuisine, où, comme son officier au salon, il eut un excellent repas ; enfin M. Hermann fit les choses fort bien. Quatre heures sonnaient à la cathédrale, la compagnie avait fini de dîner et venait de prendre le café, lorsque je pris congé de mes hôtes, en les remerciant de leur hospitalité, puis je présentai une carte de visite à M. Hermann, en lui disant :

— D'ordinaire, je demande la carte après avoir dîné ; permettez qu'aujourd'hui je vous présente la mienne, pour que vous vous rappeliez le nom de l'officier de la garde que vous avez accueilli si charitablement. Quant à votre nom et à celui de madame, je l'aurai longtemps dans ma mémoire.

Je donnai en partant un thaler (six francs) au domestique qui m'avait appris le nom de son maître à mon entrée au logis, puis je montai à cheval, et pris la route de mon cantonnement, où j'arrivai à sept heures.

Nous passions le temps dans nos cantonnements à remettre en état nos armes et nos habillements. Après une campagne aussi rapide et aussi meurtrière, nous en avions grand besoin. La réu-

nion dans les murs de Mayence, d'un nombre si considérable
de troupes, dont les blessés et les malades encombraient les
hôpitaux, engendra un typhus pestilentiel, qui emporta en
quelques jours bien des braves que le champ de bataille avait
épargnés.

Le village où nous restâmes huit jours était un gros bourg
qui, imposé de contributions de guerre, était obligé de fournir des
approvisionnements de tous genres à la garnison de Mayence. La
veille de notre départ, j'étais assis au coin du feu de la cuisine de
mon hôte, qui était un des gros bonnets de l'endroit. Il paraissait
raconter avec beaucoup d'animation, à l'un de ses voisins, quelques circonstances dont il avait été témoin à Mayence, où il avait
été dès le grand matin conduire une voiture de foin. Effectivement, mon ordonnance, qui était présent et qui parlait
l'allemand, me développa le sujet de leur conversation, que
voici :

Depuis huit jours que la mortalité était à l'ordre dans la ville,
par suite de l'invasion du typhus, toutes les voitures de la campagne, apportant à Mayence des contributions, étaient mises en
réquisition aussitôt que les denrées dont elles étaient chargées
avaient été reconnues et mises en magasin. On se servait alors
de ces voitures pour porter au cimetière les morts qui encombraient les hôpitaux, et cela jusqu'à l'heure de la nuit. Or, mon
paysan racontait que, ses denrées ayant été reconnues bonnes et
acceptées dans le magasin par le commissaire des guerres, sa
voiture, attelée de quatre bons chevaux. avait été requise pour le
service dont je viens de parler. Il avait déjà fait un voyage de
l'hôpital au cimetière et il était en route pour le second voyage,
lorsque, passant devant la porte de sortie de la ville qui donnait
sur la route de son village, il avait donné un vigoureux coup de
fouet à son cheval de devant, qui, obéissant à la bride, fit brusquement un à-gauche dans la direction de la porte. Ses chevaux,
mis par lui au trot, l'avaient bientôt mis hors de portée, et une
fois sur la route, pour se débarrasser de son chargement, il avait
eu le soin toutes les cinq minutes de lever une des planches de sa
voiture, faisant tomber ainsi un de ces cadavres; enfin, à son
entrée dans le village, il ne lui restait plus qu'un seul cadavre de

sa cargaison. Mais il ajouta qu'à celui-là il réservait les honneurs du cimetière de sa paroisse.

Je ne pus m'empêcher de faire la remarque que si tous les villageois n'étaient pas des Normands, ce paysan-là pouvait, certes, lutter avec Gaspard l'Avisé.

L'Empereur, après avoir passé cinq jours à Mayence pour réorganiser l'armée, partit le 6 novembre 1813 pour Paris, et il arriva le 9 à Saint-Cloud. Nous quittâmes nos cantonnements le 1er décembre pour nous rapprocher de l'intérieur de la France. Le 21 décembre 1813, dans les cantonnements de la Champagne, je reçus mon brevet de capitaine au 2e régiment de chasseurs de la garde ; je quittai avec regret ma compagnie, et particulièrement le capitaine Klein de Kleinenberg, dont j'avais eu beaucoup à me louer. L'officier payeur du régiment, M. Brice, en me donnant mon brevet, me donna également l'ordre du général Lefèvre-Desnouettes de me rendre à Paris, pour y prendre le commandement de la 11e compagnie des chasseurs à cheval, dont les cadres en sous-officiers et brigadiers étaient de la vieille garde. Le lieutenant Brice me donna aussi vingt sacs de mille francs chacun, pour être remis de la part du conseil d'administration du corps au tailleur Rabusson, qui fournissait le régiment. Je ne tardai pas à être singulièrement gêné par cet argent, dont je répondais, et qui empêchait mon sommeil d'être paisible. Arrivé en voiture à Saint-Dizier, avec mon trésor, j'y trouvai le général Cambronne, que j'avais l'honneur de connaître, et qui était lui-même très embarrassé pour pouvoir changer des bons sur le Trésor impérial, à dix jours de présentation à Paris. Il avait reçu ces bons en paiement du payeur de la garde, pour la solde due à son régiment. Je lui proposai les 20,000 francs que j'avais en espèces pour 20,000 francs de valeurs sur le Trésor, ce qui lui rendait service ainsi qu'à moi, car je me débarrassais d'une surveillance qui ne laissait pas que de m'être fort à charge, et ces bons ne perdaient rien par cet échange. Le général Cambronne m'en remercia, et me donna un très bon dîner à Saint-Dizier.

J'arrivai à Paris le 23 décembre, ayant pris la poste à Saint-Dizier, avec un colonel de cavalerie et un capitaine de grenadiers à cheval de la garde. L'avancement que nous venions de recevoir tous les trois nous obligeait à ce voyage. A la fin de la campagne de France, j'étais le seul de mes compagnons de voyage qui fût existant. Le colonel avait été tué à la bataille de Montmirail, et le capitaine à la bataille de Craonne. — C'est ainsi que tout passe dans ce monde, dis-je en apprenant cette nouvelle, lorsque je m'informai de leur santé.

La Pensée.
Lithographie de Raffet, représentant Napoléon dans une chaumière, pendant la campagne
de France.

CHAPITRE VI

Capitaine dans la vieille garde, à vingt-six ans. — Le capitaine Ibrahim bey. — Bataille de
Montmirail. — Combat d'Arcis-sur-Aube. — « Faites-moi des prisonniers. » — Bataille
de Craonne. — Parquin et le brigadier. — Lugubres présages. — Les adieux de Fontainebleau.

Campagne de France. — Napoléon ayant repassé le Rhin à la fin de
1813, les Alliés, au nombre de quatre cent mille hommes, partagés en
deux grandes armées, le suivirent en France. En outre, cent quarante
mille Anglo-Espagnols, sous les ordres de Wellington, arrivèrent par le Sud,
sans compter les Autrichiens et les Russes qui pénétrèrent par la Suisse et
par l'Est.

Napoléon ne disposait que de soixante mille hommes pour tenir tête à
un nombre d'ennemis qui, en quelques mois, devait dépasser le million.

Il fait face à tout. Il bat les Alliés à Saint-Dizier, le 27 janvier ; à Brienne,
le 29 ; à Champaubert, le 10 février ; le 11 du même mois, c'est à Montmirail qu'il remporte la victoire ; le 13, à Château-Thierry ; le 14, à Vau-
champs ; le 16, à Mormant ; le 17, à Nangis ; le 18, à Troyes ; le 22, à Méry-
sur-Seine ; quelques jours après à Craonne. Mais, après la bataille indécise
d'Arcis-sur-Aube, et Paris ayant été rendu trop tôt à l'ennemi à la suite du
combat de la barrière Clichy, Napoléon, plutôt que de poursuivre une
guerre qui ruinait le pays, se décida à abdiquer.

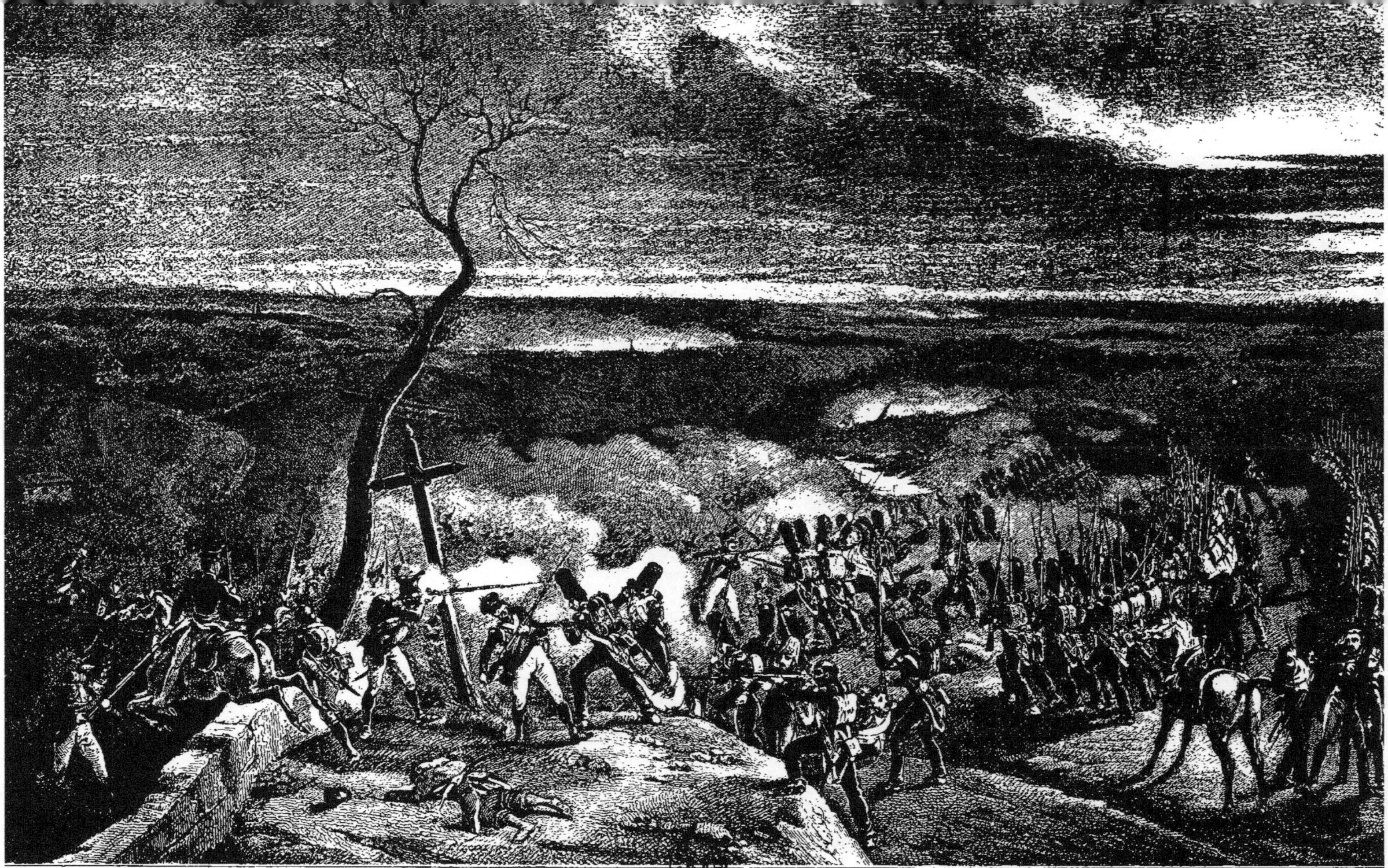

par H. Vernet

MONTMIRAIL.

Cette campagne de trois mois, dite campagne de France, a été, pour les habiles manœuvres de Napoléon, pour la rapidité de ses mouvements, comparée à la merveilleuse campagne de Bonaparte en Italie. Quant aux troupes françaises, elles furent extraordinaires de courage, d'abnégation et de patriotisme.

Le 1ᵉʳ janvier 1814, je me trouvai à Paris, réuni à ma famille. Onze années auparavant, à pareille époque, je m'étais engagé soldat ! J'étais devenu, je puis dire sur le champ de bataille, capitaine des chasseurs à cheval de la garde et membre de la Légion d'honneur. Certes, mes parents ont dû être satisfaits de moi, car je ne comptais que vingt-six ans d'âge ; mais j'avoue que je n'ai jamais eu l'occasion de me l'entendre dire, car ils n'approuvaient pas que je fusse militaire.

Je pris le commandement de la 11ᵉ compagnie dont j'étais le capitaine, et je dus partir un mois après pour rejoindre la vieille garde dans la Champagne, tandis que le 2ᵉ régiment, dont ma compagnie faisait partie, était à l'armée du Nord devant Anvers. J'ignore encore aujourd'hui ce qui me valut, à moi, ainsi qu'à ma compagnie et à une compagnie de mamelouks, l'avantage de faire la campagne de France à côté des vieux chasseurs de la garde. Le capitaine des mamelouks, qui fit la route avec moi, se trouvait être bien plus ancien, puisqu'il datait de la formation de ce corps sous le Consulat. Mais une disposition particulière dans la garde portait que les étrangers, Égyptiens, Polonais, Italiens et Hollandais, quelle que fût leur ancienneté, à grade égal cédaient le commandement à l'officier français de leur grade. Le capitaine dont il faut que je parle se trouvait en retraite depuis quatorze ans à Marseille. Il venait rejoindre les mamelouks, d'après le décret rendu par l'Empereur depuis l'invasion de la France par les Coalisés, invasion qui avait eu lieu le 2 janvier 1814.

Le capitaine Ibrahim bey [1] était le commandant de la compagnie de mamelouks qui était venue en France après la campagne

1. Hibrahim, né le 8 septembre 1776, à Delkalmar (Syrie). Entra comme capitaine à la compagnie des mamelouks, formée en Égypte par Bonaparte, le 1ᵉʳ messidor an VIII. Il passa au dépôt des réfugiés égyptiens, le 1ᵉʳ octobre 1806, et fut rappelé au service le 4 février 1814.

d'Égypte. A son arrivée à Paris, il s'égara un jour dans la capitale. Le costume oriental qu'il portait étonna les Parisiens, et la curiosité ameuta autour de lui une foule de monde. Comme le hasard le conduisit dans le quartier de la Halle au Blé, il trouva là des habitants qui le huèrent, le sifflèrent, lui jetèrent même de la boue, prétendant que ce n'était pas le temps du carnaval, pour s'habiller en Turc. Le capitaine Ibrahim bey, qui n'entendait pas le français, et encore moins raillerie, saisit ses pistolets, et à l'instant il étendit morts à ses pieds deux forts de la Halle. Il se préparait à continuer le combat, armé de son damas et de son poignard, lorsqu'une patrouille du guet de Paris survint, et s'empara de lui, non sans peine.

Le bruit de l'événement s'étant répandu aux Tuileries, le Premier Consul se fit conduire le capitaine Ibrahim bey, qui, dans l'interrogatoire qu'il subit, répondit qu'il avait agi de la même façon dont on usait dans son pays pour punir la populace, quand elle s'ameutait sur le passage des mamelouks.

— Tu n'es pas ici pour faire une pareille police, lui fit dire en langue arabe, par l'organe de son mamelouk, le Premier Consul ; tu vas partir demain pour Marseille. C'est un climat chaud ; tu vivras avec ta solde de six mille francs que je te conserve, mais dont deux mille francs te seront prélevés pour la pension aux deux veuves que tu as faites. On est habitué dans cette ville à ton costume ; toutefois, je te défends de te servir de tes armes, et même de les porter.

Le capitaine Ibrahim bey ne les reprit que pour s'en servir, quatorze ans après cet événement, contre l'ennemi, qui venait d'envahir la France.

Le 6 février 1814, notre détachement, fort de six cent hommes de cavalerie de la garde, quitta Paris, sous le commandement du chef d'escadron Kermann, une ancienne connaissance. (Le lecteur se rappellera le capitaine qui avait servi avec moi dans le 20ᵉ chasseurs.) Nous rejoignîmes l'armée le 10, la veille de la bataille de Montmirail. La journée du 11 eut lieu, à midi, sur le plateau. J'y reçus l'ordre du général Colbert de charger avec ma compagnie, par la gauche, un carré russe qui était également chargé, sur sa droite, par le général Letort, à la tête d'un escadron des dragons de la garde. Nous réussîmes parfaitement, et nos deux troupes firent jonction au milieu du carré russe.

Ces derniers comptaient tellement ne pas être entamés, qu'ils avaient posé leurs sacs à terre ; il fallut leur donner le temps de les reprendre, et d'y déposer en place leurs fusils.

La ferme des Greneaux fut le point le plus difficile à enlever, soutenue qu'elle était par une formidable artillerie. L'ennemi était retranché jusqu'au menton derrière les murs de la ferme, et il n'avait pu en être débusqué jusqu'à deux heures de l'après-midi. L'Empereur chargea le maréchal Ney de cette opération difficile. Le maréchal mit pied à terre, et, l'épée à la main, il alla se mettre en tête de six bataillons de la garde ; mais, avant de les mettre en route, le maréchal fit ouvrir le bassinet des fusils, pour en jeter l'amorce au vent. C'était à la baïonnette qu'il voulait aborder l'ennemi ; il marcha au pas de charge, et cette audace eut un plein succès ; les Russes et les Prussiens quittèrent la ferme, abandonnant leurs pièces, leurs caissons, voire même leurs marmites.

Au moment où le maréchal Ney décidait ainsi de la victoire, le général baron Henrion avait ordre de se porter avec son régiment des chasseurs à pied de la garde sur une redoute ennemie, armée d'artillerie, contre laquelle venait d'échouer une brigade d'infanterie de ligne. Le général baron Henrion forma sa colonne d'attaque et se mit en route au pas accéléré, sans se laisser ralentir par le feu terrible de l'ennemi. Le général Sacken, apercevant le danger où allaient se trouver ses pièces, si cette colonne d'attaque réussissait, lança sur son flanc droit une masse de cavalerie pour l'entamer ; ce que voyant, le général baron Henrion commanda à l'instant :

— Colonne, halte ! formez le carré !... Apprêtez armes, joue, feu !

Cette cavalerie, qui n'était plus qu'à dix pas, fut couverte de feux, et fit demi-tour, laissant sur le terrain un grand nombre de cadavres. Le général baron Henrion remit sa troupe en colonne d'attaque, et, sans recharger les armes, aborda la redoute, qu'il prit, malgré la défense désespérée des canonniers russes, qui se firent clouer sur leurs pièces.

L'Empereur, qui suivait attentivement ce mouvement qu'il venait d'ordonner, accourut au galop dans la redoute prise, et demanda le général baron Henrion, auquel il donna la main en le nommant commandeur de la Légion d'honneur, et en prononçant ces paroles :

— Général, j'ai approuvé votre temps d'arrêt.

La prise de cette redoute et de la ferme des Greneaux décida de la victoire, qui fut complète.

Le corps prussien du général d'York, et les Russes, sous les ordres du général Sacken, effectuèrent leur retraite ou, pour mieux m'exprimer, leur fuite sur Château-Thierry. Nous atteignîmes leurs colonnes le 14, à une lieue en avant de cette ville. Un de mes anciens chefs au 20e régiment de chasseurs à cheval, le colonel Curély, commandant le 10e régiment de hussards, gagna le grade de général de brigade, par deux brillantes charges qu'il exécuta, à la tête de son régiment, sur les Prussiens, et cela sous les yeux de l'Empereur. L'ennemi, qui, le lendemain de la bataille de Montmirail, n'avait plus ni artillerie, ni bagages, ni voitures, ayant abandonné ses blessés à la générosité du vainqueur, s'empressa d'arriver à Château-Thierry et de mettre la Marne entre lui et nous.

L'Empereur, satisfait d'avoir mis en déroute complète ces deux divisions, se reporta avec sa garde, par une manœuvre habile, sur l'armée du prince Schwarzenberg, qui s'avançait en longeant la Seine. Il la rejoignit dans les plaines de Nangis le 17. Les dragons venus d'Espagne, sous le commandement du général Treillard, firent essuyer une déroute complète à l'armée autrichienne, déroute qui eût fait tomber toute cette armée en notre pouvoir, si le maréchal Victor [1] s'était emparé du pont de Montéreau, comme l'Empereur lui en avait donné l'ordre.

Le 2 mars 1814, le gros de l'armée prussienne, sous le commandement du général en chef Blücher, avec lequel marchait un

1. Victor (Claude-Victor Perrin, dit), né à la Marche (Vosges), en 1764, fils d'un huissier, s'engagea au 4e régiment d'artillerie en 1781, et y resta jusqu'en 1791. Engagé aux volontaires de la Drôme, il gagna son grade de général de brigade au siège de Toulon, se distingua à Marengo, obtint son bâton de maréchal de France après Friedland. Il prit part à presque toutes les campagnes de la République et de l'Empire; envoyé en Espagne, y gagna les deux batailles d'Uclès et de Médellin ; fut grièvement blessé pendant la campagne de France. Il mourut en 1841. Napoléon l'avait créé duc de Bellune.

peint par Beauce.

PONT D'ARCIS-SUR-AUBE.

gravé par Aristide Cholet

corps d'armée russe, passa la Marne à Château-Thierry. Les Prussiens avaient une telle hâte de fuir, poussés qu'ils étaient par l'Empereur, qu'ils mirent

un obsta-
cle entre
eux et
nous, en
faisant
sauter une
arche du
pont sur la
Marne, ce
qui leur
assura la
retraite et
nous don-
na un re-

pos forcé de vingt-quatre heures, dont cependant nous avions
grand besoin. L'Empereur établit son quartier
général dans la maison du maître de poste, qui était dans le faubourg que nous occupions. Mais, le lendemain 3, les soldats du corps du génie étant arrivés, Sa Majesté vint s'établir, à

dix heures du matin, au bivouac, au bord de la Marne, pour être présente au travail du pont.

L'Empereur ayant demandé au général Bertrand, son grand maréchal, qu'il avait chargé de diriger ce travail, combien il lui faudrait d'heures pour que cet ouvrage fût fini, le général Bertrand avait répondu qu'il lui fallait quatre heures.

— Je vous en donne six, dit Sa Majesté.

Et quatre heures de l'après-midi sonnaient à Château-Thierry, que le pont était établi.

Le général Colbert, qui commandait la brigade de la garde dont je faisais partie, m'avait fait ordonner le matin au bivouac de me tenir prêt, avec cent chevaux de la vieille garde, pour une mission que je recevrais dans la journée de la bouche même de l'Empereur ! En effet, à quatre heures je me rendais au pont avec ma troupe, et l'Empereur, à qui je me présentai, me dit :

— Capitaine, marchez à l'ennemi, et faites-moi des prisonniers, j'en ai besoin.

Sachant que trois routes, partant de Château-Thierry, conduisaient à Soissons, à la Ferté et à Reims, je lui demandai :

— Sur quelle route, Sire ?

— Sur la route de Soissons, me répondit-il.

Un ordre aussi honorable à recevoir, émané d'une pareille bouche, devait produire son effet. Je mis ma troupe en marche, par quatre, sur le pont, et au pas. Quand je fus sur l'autre rive, je permis à mes hommes d'accepter sans s'arrêter le pain, l'eau-de-vie, le jambon et les saucissons que les bons habitants de la ville de Château-Thierry leur offraient, tout joyeux qu'ils étaient de revoir les troupes françaises, après avoir logé les Russes et les Prussiens, qui, il faut le dire, s'étaient fort mal conduits dans une ville ouverte et paisible.

Je venais de traverser la ville de Château-Thierry, comme on vient de le voir, au milieu de l'enthousiasme que ses braves habitants manifestaient pour l'Empereur, et j'avais fait trois lieues à peu près sur la route de Soissons, dans la direction que l'Empereur lui-même m'avait indiquée, lorsque la marche de mon escadron fut arrêtée par les flammes qui dévoraient un hameau abandonné de ses habitants. Ces derniers avaient préféré cher-

cher, au milieu de l'hiver, une retraite dans les bois, plutôt que
de s'exposer à la brutalité des soldats ennemis. J'avais inutilement
fait fouiller l'endroit pour y découvrir ne fût-ce qu'un vieillard
qui pût me donner des renseignements sur la marche des généraux Sacken et Blücher, lorsqu'un maréchal des logis des chasseurs de la garde, à qui je venais de faire mettre pied à terre,
vint me prévenir qu'à la dernière maison du village, la seule qui
ne fût pas encore atteinte par les flammes, il avait découvert des
traînards de l'armée russe, qui étaient étendus près du feu de la
cuisine, pour attendre probablement que leur manger fût cuit.
Le maréchal des logis ajouta qu'avec quelques chasseurs de son
peloton il allait s'emparer de ces fantassins ennemis. C'est ce qu'il
fit très adroitement. Il ordonna à ses chasseurs d'appliquer leurs
carabines chargées sur les carreaux de la fenêtre de la maison et
dans la direction de l'âtre auprès duquel étaient assis tranquillement
ces Russes, qui durent être des plus effrayés d'entendre siffler des
balles à leurs oreilles, après le commandement de feu que fit le
maréchal des logis. Ce dernier entra alors avec ses chasseurs, le
sabre à la main, dans la maison, et se rendit maître de ceux qui
y étaient, dont aucun ne se trouvait blessé. Il les emmena à la
tête de mon escadron, que j'avais fait former en avant du
village.

Si la France ne se fût pas trouvée envahie comme elle l'était
par les armées coalisées, j'aurais trouvé plaisant la capture d'une
marmite monstre, dans laquelle se trouvaient une trentaine de
volailles qui avaient cuit en compagnie de jambons, de pommes
de terre, etc. Le pain coupé et préparé que l'on trouva dans la
chambre compléta un repas délicieux dont le peloton de chasseurs de mon escadron profita.

D'après les lois rigoureuses de la guerre et dans la position
exceptionnelle où je me trouvais avec ma troupe, j'aurais dû faire
passer immédiatement par les armes les grenadiers russes du
corps d'armée du général Sacken, que je surprenais sur le
théâtre d'un village incendié par les ennemis, mais l'Empereur
venait de leur sauver la vie en me donnant l'ordre de lui faire des
prisonniers. Je poussai la générosité jusqu'à les admettre au souper
qu'ils nous avaient préparé, trouvant par trop dur de les priver

d'un repas qui leur avait porté malheur ; car, d'après leur dire, c'était le désir de ne pas se séparer de cette chère marmite, contenant le souper de leur compagnie, qui les avait fait demeurer en arrière de leur colonne de marche. Ils se proposaient de regagner le temps perdu par une marche de nuit. L'arrivée inopinée de ma troupe avait anéanti leur projet.

D'après les renseignements que je fus à même de prendre de ces prisonniers, je fus convaincu que je me trouvais sur les traces de l'ennemi, qui se retirait en toute hâte sur la ville de Soissons.

Après cette petite halte, je continuai ma route, laissant mes prisonniers à l'arrière-garde, sous les yeux du maréchal des logis qui la commandait. Quelque temps après, à une lieue de là, vers les dix heures, mes éclaireurs vinrent me rendre compte que l'ennemi occupait le gros bourg d'Oulchy-le-Château, village à quatre lieues sur la route de Soissons. Je m'empressai de faire prévenir le général Colbert, que je savais marcher immédiatement après moi avec une brigade de cavalerie de la garde, que les arrière-gardes ennemies avaient leurs postes en deçà d'Oulchy-le-Château, que le bourg était complètement occupé, et que les feux des bivouacs annonçaient assez que l'ennemi était en force. J'annonçais en même temps que j'allais exécuter l'ordre que j'avais reçu de l'Empereur, et je priais le général Colbert de faire soutenir mon mouvement par quelques escadrons de cavalerie, car il était possible que l'ennemi, revenu de sa surprise, me fît beaucoup de mal à mon retour.

Cette précaution prise, ayant eu le soin de faire rafraîchir les hommes et les chevaux, je mis mon escadron en mouvement, et au pas, sur le côté non pavé de la route, jusqu'au moment où j'aperçus l'ennemi à cent pas ; et, après avoir entendu le : *Wer da ?* (qui vive?) de la sentinelle je mis mon escadron au galop, j'enlevai la vedette, le petit poste, le grand poste, que je surpris complètement ; je traversai Oulchy-le-Château, j'y semai l'alarme, et je fondis avec ma troupe sur les bivouacs russes et prussiens, qui s'éveillèrent sabrés et pointés par les chasseurs et les lanciers, et sous le feu des dragons et des mamelouks, qui étaient armés de pistolets et de carabines. Mon escadron était composé à dessein de ces différentes armes de la cavalerie de la vieille garde.

L'ennemi, surpris dans la nuit aussi audacieusement, dut se croire attaqué par plusieurs régiments de cavalerie. Aussi l'épouvante fut-elle complète, et il y eut un grand nombre de tués et de blessés. Je fis une centaine de prisonniers, dont deux colonels et plusieurs officiers; ils furent immédiatement conduits à l'Empereur, qui se trouvait à Fismes. Sa Majesté apprit d'eux la fatale nouvelle que le général Moreau, commandant Soissons, avait ouvert les portes aux généraux coalisés, sur une simple sommation qui lui avait été faite.

« Ce nom-là m'a toujours porté malheur », dit Napoléon en entendant prononcer le nom du général Moreau.

Dans la charge audacieuse et si heureusement exécutée par mon escadron, M. Pellion[1], commandant le premier peloton, qui tomba à l'improviste sur la grand'garde russe, fit mordre la poussière, avec la balle de son pistolet, à l'officier ennemi qui la commandait. Cette circonstance contribua pour beaucoup au succès que j'obtins, et je me fais un plaisir de mentionner ce fait à la louange de M. Pellion, aujourd'hui colonel d'état-major attaché à M. le ministre de la Guerre.

La position de l'armée ennemie eût été des plus critiques si la ville de Soissons n'avait pas ouvert ses portes. La route de Château-Thierry à la Ferté était gardée par le maréchal Macdonald, avec un corps d'armée de dix-sept mille hommes. La route de Reims n'était pas pavée, et se trouvait impraticable dans cette saison pour une troupe. L'ennemi était donc acculé à Soissons, et l'Empereur, le maréchal Mortier et la garde, étaient là pour lui faire mettre bas les armes. Mais déjà la fatalité se déclarait contre nous !

Le 5 mars, étant envoyé en reconnaissance par le général Colbert contre l'ennemi, sur la route de Fismes, l'officier commandant sa troupe d'avant-garde poursuivit quelques éclaireurs cosaques, et passa imprudemment avec son peloton le défilé des moulins de Quinquampoix; je dus le soutenir avec les trois autres

---

1. Pellion (Jean-Pierre), né le février 1792, à Gray (Haute-Saône). Élève à l'École de Saint-Germain-en-Laye, le 15 août 1809; sous-lieutenant au 2ᵉ régiment de hussards, le 9 février 1813; passé aux chasseurs à cheval de la garde impériale, le 13 avril 1813; lieutenant en second aux chasseurs de la vieille garde, le 21 décembre 1813; en demi-solde le 1ᵉʳ novembre 1815.

pelotons de mon escadron, et je m'aperçus alors que j'avais sur les bras des forces excessivement supérieures. Je n'étais pas d'ailleurs envoyé pour combattre l'ennemi, mais pour le reconnaître ; j'ordonnai de repasser le défilé ; mais l'ennemi, tandis que j'effectuais ce passage, ce qu'on ne pouvait faire qu'au pas, par un, m'avait débordé et gagné de vitesse sur la route de Soissons. Aussi dus-je traverser à peu près cinq cents cosaques du corps d'armée russe, sous les ordres du général Wintzingerode. Ce dernier était lui-même poussé par le général Nansouty[1], qui, à la tête de la cavalerie de la garde, avait livré avec avantage le combat de Berry-au-Bac. Je ne pus traverser toute cette nuée de cavalerie qu'en faisant de grandes pertes. J'eus à regretter, en effet, deux officiers blessés et pris : M. de Montalembert, fils du questeur de la Chambre des Députés, et M. Lacrosse, fils de l'amiral de ce nom, aujourd'hui député ; plus, quarante-trois chasseurs de mon escadron, tués, blessés ou pris. Moi-même je reçus un coup de lance au bras ; mais ma reconnaissance rendit un véritable service à l'armée, qui, sans cela, eût été surprise sur ses derrières, quand elle se trouvait au bivouac devant Soissons, au delà de la portée des canons et des remparts. Lorsque je rentrai de ma mission, et que j'en rendis compte au général Colbert :

— On n'est pas toujours heureux à la guerre, me dit-il en faisant allusion à la brillante surprise que j'avais faite dans la nuit du 2 au 3 mars, à Oulchy-le-Château.

— C'est vrai, repris-je, mon général ; mais du moins, j'ai la satisfaction de vous dire qu'officiers et soldats ont fait vaillamment le coup de sabre ; la preuve en est que la moitié de mon escadron est hors de combat ; et, pour mon compte, trouvez bon, mon général, que j'aille me faire panser du coup de lance que j'ai reçu au bras gauche.

1. Nansouty (Étienne-Antoine-Marie Champion, comte de), l'un des meilleurs généraux de cavalerie de Napoléon avec Murat, Lasalle, Montbrun. Né à Bordeaux, en 1768 ; mort en 1815. Élève de l'École de Brienne, il entra au service en 1783, et en 1792 il était major de cavalerie. Général de division en 1803, après avoir pris part aux principales campagnes de la République et de l'Empire, il décida de la victoire d'Austerlitz, en se lançant contre les Austro-Russes à la tête de douze régiments de grosse cavalerie. Il fut encore brillant, à la tête de ses cuirassiers, aux batailles d'Eylau, de Friedland, de Wagram, en Russie, pendant les campagnes de 1813 et 1814. Rallié aux Bourbons en 1815, il termina sa carrière militaire et sa vie comme capitaine-lieutenant d'une compagnie de mousquetaires du Roi.

Ma blessure était peu de chose ; elle ne m'empêchait pas de continuer à faire la guerre. Quand la France était envahie, tous ses enfants devaient la défendre, et j'étais trop fier de me compter au nombre de ses défenseurs, pour me retirer en arrière. De l'eau de Cologne, de la charpie et de l'eau, mon remède favori, me tirèrent d'affaire.

Le surlendemain 7 mars, la bataille de Craonne eut lieu. Les généraux Nansouty et Grouchy, à la tête de la cavalerie de la garde, fournirent sur le plateau plusieurs charges qui eurent un plein succès. Ces deux généraux y furent blessés, et le général Laferrière, major des grenadiers à cheval de la garde, eut le pied emporté par un boulet, ce qui nécessita l'amputation de la jambe, qu'il subit courageusement aux cris de : « Vive l'Empereur ! » Mon ami le capitaine Hyacinthe, du 1er régiment des chasseurs de la garde, fut emporté par un boulet. Il avait annoncé le matin que c'était sa dernière journée. A deux heures il avait cessé de vivre. C'était un vieil officier qui datait des guides en Égypte. Il fut regretté de tout le régiment.

Avec mon escadron je fus constamment sous le feu de l'artillerie ennemie. Le lieutenant Numance de Girardin eut le fourreau de son sabre brisé, et son cheval tué, par un boulet. Il attribua son salut à une dragonne que lui avait donnée une très jolie femme de Paris, Mme Lavollée ; c'était un talisman, disait-il, qui avait écarté tout danger de sa personne. Cependant je dis le soir au bivouac, à ce jeune officier, qui faisait sa première campagne, qu'il était arrivé souvent qu'un boulet, sans vous toucher, pouvait occasionner du mal, et qu'il devait par conséquent se frotter la cuisse avec d'excellente eau-de-vie. Pour cela il fallait envoyer à une ville distante d'une lieue un paysan qui se trouvait au feu de notre bivouac. Le villageois se chargea de la commission et partit avec un napoléon. Il revint à deux heures du matin avec quatre bouteilles d'eau-de-vie. Cette denrée était rare et fort chère ; les cantiniers en manquaient. M. de Girardin dormait sur la paille d'un profond sommeil. Il eût été plus qu'inhumain de l'éveiller ; d'ailleurs, nous ne voulions que lui faire payer sa bienvenue à la compagnie, car il n'avait ressenti aucune douleur à la cuisse, et il n'avait rien à craindre. M. de Girardin, à son réveil, le matin, se prêta le mieux du monde à cette espièglerie ; et ce fut à la dame qui lui avait donné son talisman que nous vidâmes nos verres.

Je ne sais quelle fut la légère circonstance qui fit survenir une dispute entre le capitaine Ibrahim bey et le capitaine Lindzai, aide de camp du général Lefèvre-Desnouettes ; mais il ne s'agissait de rien moins que de se rendre derrière le mur d'une ferme, où nos deux champions devaient mettre le sabre à la main pour vider leur différend. Je raisonnai le mieux qu'il me fut possible Ibrahim bey, qui me priait d'être son témoin, lui représentant qu'un duel entre officiers était du plus mauvais exemple quand la France était envahie, que la vie de chacun de ses enfants, de ses défenseurs lui appartenait. Le capitaine Lindzai me comprit très bien, mais le mamelouck Ibrahim bey ne faisait que me répéter dans un langage moitié français, moitié arabe :

— Voyez-vous, mon camarade, moi, quand je suis ami, je suis doux, très doux, et caressant comme un *petit chien* ; mais aussi, moi fâché, *bataille*, je suis un *lion*.

Et en prononçant ces dernières paroles, les yeux d'Ibrahim lui sortaient de la tête.

— Eh bien, soyez amis, et donnez-vous la main ; vous voyez le capitaine Lindzai qui vous tend la sienne, dis-je au capitaine de mameloucks, qui se rendit enfin.

Quelques jours après, Ibrahim bey, se trouvant en tirailleur en plaine, s'y battait comme un vrai lion du désert ; mais, son turban s'étant déroulé sur ses yeux, les lances des cosaques l'atteignirent, et il fut blessé et pris, après avoir fait mordre la poussière à une demi-douzaine de cosaques.

Le 9, nous étions devant Laon, après avoir tourné Soissons, occupé par Blücher, Sacken et Wintzingerode. Le soir, mon escadron étant de grand'garde devant une position occupée par l'ennemi, je me rendis au grand poste pour placer les vedettes et le petit poste, chose que je faisais toujours moi-même, en campagne. En rentrant je rencontrai un brigadier de mon escadron qui portait une botte de fourrage sur sa tête, malgré l'ordre formel que j'avais donné à ma troupe de ne pas mettre pied à terre avant mon retour. Le brigadier, à qui je faisais des repro-

ADIEUX DE NAPOLÉON A LA GARDE IMPÉRIALE, A FONTAINEBLEAU.

ches, laissa tomber son fardeau ; mais j'étais tellement exaspéré de voir mes ordres enfreints dans les circonstances graves où se trouvait l'armée, qu'ayant, dans ce moment, le sabre à la main, j'en appliquai un coup, du plat, sur l'épaule du délinquant. Le pauvre diable découvrit à l'instant sa poitrine, et, me montrant sa croix au clair de la lune, mit la main sur son sabre, et me dit :

— Capitaine, il y a vingt-deux ans que je sers mon pays et mon empereur ; il y a

deux ans que je suis décoré ; et vous venez, en un instant, de me déshonorer pour toujours !

J'étais désespéré, comme on le pense bien, de m'être ainsi laissé emporter contre un vieux soldat, et je me hâtai de lui dire :

— Écoutez, brigadier, si j'étais votre égal, je n'hésiterais pas à vous rendre raison, car je ne vous crains pas ; mais je suis votre capitaine, et je vous demande excuse ; donnez-moi une poignée de main.

— Avec plaisir, mon capitaine, et sans rancune, répliqua le brigadier en me serrant fortement la main; puis il reprit sa botte de fourrage, et rentra au bivouac.

Une demi-heure après, il partageait mon souper bien modeste, mais relevé par une bouteille d'eau-de-vie.

Le lendemain 10, étant sous le feu de l'ennemi, un boulet atteignit une file d'un peloton de chasseurs à cheval de la garde qui était devant mon escadron, et abattit neuf hommes de front. Depuis la journée de Hanau, je n'avais pas vu un tel ravage fait par une pièce d'artillerie. Le 13, nous fîmes une contremarche sur Reims. Le général Corbineau avait été obligé d'abandonner cette ville. Le général Philippe de Ségur, à la tête de son régiment de gardes d'honneur, entra pêle-mêle avec les Russes, qu'il chassa de la ville. Le général de Saint-Priest, qui commandait les Russes, était un émigré français, et il périt dans l'action. Un éclat d'obus blessa au pied le cheval que je montais. C'était le beau cheval de l'officier anglais que j'avais démonté et pris en Espagne devant Salamanque.

— Capitaine, nous vous en prendrons un autre à l'ennemi, me dit un de mes chasseurs.

— Bien, lui dis-je en le remerciant ; mais je doute qu'il soit aussi bon que celui que je viens de perdre, et auquel je tenais beaucoup.

Le 18, l'Empereur manœuvra sur l'ennemi à la Ferté ; le 20, nous étions à Arcis-sur-Aube. Ce fut dans cette journée qu'un obus étant tombé près du cheval que montait l'Empereur et ayant éclaté, le couvrit de poussière. Sa Majesté, qui s'aperçut que cet incident avait jeté quelque émotion dans un carré d'infanterie de la garde qui était près de lui, s'écria :

— Rassurez-vous, mes enfants ; l'obus qui doit me tuer n'est pas encore fondu !

Le 20 mars, après avoir séjourné à Saint-Dizier, nous étions en route pour Vassy, lorsqu'une forte canonnade se fit entendre sur nos derrières ; c'était le corps d'armée du maréchal Oudinot qui devait remplacer le quartier général à Saint-Dizier, et qui était harcelé vivement par l'armée russe. A cette nouvelle, apportée par un aide de camp du maréchal, l'Empereur suspendit la marche de la cavalerie de la garde, passa avec elle la Marne au gué de Valcourt, et, par une habile manœuvre, se porta sur le flanc droit des Russes.

Je marchais avec ma troupe en tête de la colonne, lorsque le général vint me donner l'ordre de charger à outrance avec mon escadron sur dix-huit pièces que les Russes avaient établies en plein champ. J'exécutai l'ordre que je venais de recevoir ; mais, arrivé à cent pas des pièces, la mitraille vint tellement éclaircir les rangs de mon escadron, que je donnai l'ordre aux deux pelotons de droite et aux deux pelotons de gauche de se jeter en tirailleurs, laissant ainsi derrière eux le terrain à découvert. Bientôt les lanciers rouges de la garde arrivèrent, chargèrent les pièces, et nous nous en emparâmes.

Une division de cuirassiers russes venue au secours de l'artillerie se heurta contre les lanciers de la garde, qui, soutenus à temps par les 3ᵉ et 6ᵉ dragons, sous les ordres du général Michaut, mirent en déroute cette grosse cavalerie, dont près de six cents restèrent en notre pouvoir. Dans cette mêlée, j'avais, par un coup de pointe de sabre porté au cou, jeté à bas de son cheval un maréchal des logis de cuirassiers russes. Un chasseur de mon escadron prit la bride du cheval en me disant:

— Vous n'avez pas été longtemps à vous remonter, capitaine !

— Oui, lui dis-je ; mais donnez le porte-manteau au prisonnier ; car j'ai été aussi prisonnier en Russie, et je sais la souffrance d'un soldat dans cette position, lorsqu'il a été dépouillé de tout.

Ma volonté fut exécutée.

L'échec éprouvé par les Russes fut complet. Leur infanterie, qui se retirait à marches forcées sur la route de Bar-sur-Ornain, se serait trouvée compromise si la nuit ne fût venue et si la forêt ne l'eût protégée ; car l'Empereur lui-même, l'épée à la main, la poursuivait, à la tête de la cavalerie de la garde.

La conséquence de cette belle journée permit au duc de Reggio d'entrer à Saint-Dizier.

Ce fut la dernière fois que la garde mit le sabre à la main contre l'ennemi ; mais cette journée était bien digne de clore cette admirable campagne de 1814, que des tacticiens ont comparée, pour les manœuvres, aux campagnes d'Italie par le général Bonaparte.

Dans le compte rendu que le général Sébastiani fit à l'Empereur, de cette journée, il s'exprima ainsi :

— Il y a vingt ans, Sire, que je suis officier de cavalerie, et je ne me rappelle pas avoir jamais vu une charge plus brillante que celle qui vient d'être exécutée par l'escadron d'avant-garde.

Ces paroles, qui me furent rapportées, étaient flatteuses pour l'escadron et pour moi qui le commandais ; mais j'aurais préféré que l'Empereur m'accordât la croix d'officier de la Légion d'honneur. Le commandant Kermann, de la garde, mon chef immédiat dans cette campagne, m'avait annoncé qu'il en avait fait la demande pour moi, lorsque j'avais rempli si heureusement la mission dangereuse que l'Empereur m'avait donnée de sa bouche au pont de Château-Thierry, le 2 mars.

Le 26 au soir, au bivouac, je fus agréablement surpris en visitant mon cheval de prise, d'abord de reconnaître qu'il était beau et bon, et ensuite de trouver pour mon souper une bouteille de champagne, que le chasseur à qui j'avais donné l'ordre d'emmener ce cheval avait trouvée enveloppée de foin dans la musette (petit sac en toile qui sert aux cavaliers pour serrer la brosse et l'étrille). Dans le premier moment, je fus enchanté de vider le champagne en compagnie du chasseur qui venait de l'apporter. Mais bientôt, on le croira facilement, un serrement de cœur me prit en songeant que les Russes campaient dans la Champagne ! Ce n'était plus le temps où nous dations nos bulletins de Vienne, de Dresde, de Berlin, de Moscou, de Madrid ou de Lisbonne... La France était envahie !

Ce fut le 27 mars, au bivouac devant Saint-Dizier, que l'Empereur, qui avait appris le soulèvement des populations des Vosges, de la Lorraine et de l'Alsace, se décida à envoyer le capitaine Brice, du 1er régiment des chasseurs de la garde, avec la périlleuse mission de traverser l'armée ennemie et de se rendre dans les Vosges, où il était né, pour y provoquer une levée en masse. Cet officier, un des plus braves de l'armée, justifia, autant que les événements le permirent, la confiance de l'Empereur. Il traversa, déguisé en roulier, l'armée ennemie qui le séparait de ses compatriotes.

Le 28, l'Empereur, à la tête de la garde, se dirigea sur Troyes en passant par Brienne. A côté de ce bourg se trouve Brienne-la-Vieille ; un de mes parents en était le curé. Désirant le voir, je devançai la colonne pour passer quelques heures avec lui. Comme j'arrivais dans le village, je demandai à une paysanne qui, un livre à la main, paraissait sortir de l'église, si elle pouvait m'indiquer la demeure de M. Joffrin, son curé.

— Hélas ! mon brave monsieur, il est mort hier, et on l'enterre dans ce moment-ci, ce pauvre cher homme ! mais bien sûr qu'il ira en paradis, car il a fait le bien sur cette terre !

Puis elle fit le signe de la croix.

— Ma brave femme, lui dis-je, de quoi est mort votre curé ?

— Ma foi, il a surpris tout le monde ; car, avec ses soixante-seize ans, il se portait fort bien ; mais le Bon Dieu l'a appelé à lui, et il est parti sans rien dire à personne. Il est tombé mort en rentrant de l'église dans sa maison.

Je compris que mon cher parent était mort d'une attaque d'apoplexie. Ayant pris congé de cette bonne femme, je ralentis l'allure de mon cheval. Le but qui m'amenait au village ne pouvant plus se réaliser, j'attendis la colonne, et rejoignis mon escadron.

Le lendemain, n'ayant pu profiter des vingt-quatre heures de congé que le commandant Kermann m'avait accordées, je les obtins de nouveau pour précéder le régiment à Troyes, ville sur laquelle nous marchions. J'y entrai le 30, suivi de mon ordonnance, et je me fis indiquer la demeure de M. Couturier, négociant de la ville, l'un des amis de mon frère l'avocat. J'étais bien aise de le voir et de loger chez lui. En frappant à la porte cochère de sa maison, mon ordonnance ayant demandé si M. Couturier y était :

— Oui, répondit une servante en pleurs ; mais il est mort ce matin, et il n'est pas encore enseveli.

Je fis demi-tour à l'instant, et me dirigeai sur une auberge, l'hôtel de la Poste-aux-Chevaux, où je vis la figure d'un bon vivant d'aubergiste qui, pour mon argent, me traita très bien, ainsi que mon ordonnance et nos chevaux.

— Rendez-moi le service de me dire de quelle mort a été frappé M. Couturier? dis-je au maître de l'hôtel.

— M. Couturier, me dit-il, était un des premiers négociants de la ville, et en cette qualité il était aussi un des membres du conseil municipal. Comme tel, il est allé souvent visiter les hôpitaux, qui sont encombrés de blessés et de malades, et c'est en remplissant ce devoir avec un grand zèle que M. Couturier a contracté le typhus, qui sévit en ce moment dans la ville et dont il est mort.

— Servez-moi à souper, et surtout du bon vin, afin que je chasse la mort, qui prend plaisir à me précéder ; car, hier et aujourd'hui, j'apprends le décès de deux personnes que je cherche à voir.

Le surlendemain, 30 mars, l'Empereur quittait Troyes avec mille cavaliers de sa garde, dont les chevaux pouvaient supporter une course de longue haleine. Mes chevaux et moi, nous nous étions parfaitement reposés et refaits à l'hôtel de la Poste-aux-Chevaux. Aussi, je fis partie de l'expédition. Nous marchâmes sur la route de Fontainebleau, où nous arrivâmes le 31 dans la journée. Cette cavalerie avait fait vingt-cinq lieues en vingt-sept heures ! L'Empereur s'était mis en chaise de poste pour arriver de sa personne à Paris, et se mettre à la tête des corps d'armée des maréchaux Marmont et Mortier, et de la garde nationale, en attendant l'arrivée des cinquante mille hommes et des cinq cents pièces de canon de l'armée, qui marchaient de Troyes sur Paris. Mais l'Empereur apprit à Villejuif, du général Belliard, la capitulation des maréchaux Marmont et Mortier ! Sa Majesté revint à Fontainebleau, et logea au palais impérial.

L'armée continuait d'arriver de Troyes à Fontainebleau ; toute la garde bivouaquait dans la forêt. Du 1er au 2 avril, de sinistres nouvelles circulaient dans les rangs de la garde, mais ne décourageaient pas d'aussi intrépides soldats.

Le 5 avril 1814, après une revue passée par l'Empereur, l'ordre du jour suivant fut lu à haute voix dans chaque compagnie de la garde.

« Soldats !

« L'ennemi nous a dérobé trois marches, et s'est rendu maître de Paris ; il faut l'en chasser ! D'indignes Français, des émigrés auxquels nous avions pardonné, ont arboré la cocarde blanche et se sont joints à nos ennemis. Les lâches ! ils recevront le prix de ce nouvel attentat. Jurons de vaincre ou de mourir, et de faire respecter cette cocarde tricolore qui, depuis vingt ans, nous trouve dans le chemin de l'honneur ! »

Toutes les voix crièrent à l'instant : « Vive l'Empereur ! A Paris ! » Tous les cœurs étaient à l'espérance.

L'Empereur à Fontainebleau, avec cinquante mille hommes dont vingt-cinq mille de la garde, une forte et redoutable artillerie, les corps d'armée des maréchaux Mortier, Marmont et du général Souham, la division de cavalerie du général Belliard ; l'Empereur, dis-je, étant maître des deux rives de la Seine, pouvait se présenter à Charenton avec cent mille hommes. Ce n'est pas trop présumer de la brave population de Paris, en disant qu'elle aurait fourni cinquante mille hommes, qui se seraient joints à l'armée de cent mille hommes à la tête de laquelle se trouvait l'Empereur, sur les derrières de l'ennemi, qui ne comptait que cent trente mille hommes, dont il devait laisser au moins cinquante mille pour garder la capitale, en supposant qu'il voulût s'opposer à notre marche entre Charenton et Paris. Bien plus, l'armée ennemie qui avait fait une pointe sur la capitale, était sans munitions, sans artillerie, sans bagages, etc. Elle avait toute retraite sur le Rhin coupée. Les souverains alliés étaient donc dans l'obligation de faire la paix sous Paris, ou d'effectuer leur retraite sur les côtes pour s'embarquer sur la flotte qui y croisait. Telle était leur alternative ! Une défection dans nos rangs devait tirer les Alliés d'embarras.

Le 4 avril, l'ordre du jour suivant vint remplir l'âme du soldat de douleur et d'indignation :

« L'Empereur remercie l'armée pour l'attachement qu'elle lui témoigne, et principalement parce qu'elle reconnaît que la France est en lui, et non pas dans le peuple de la capitale. Le soldat suit la fortune et l'infortune de son général, son honneur et sa religion. Le duc de Raguse n'a pas inspiré ces sentiments à ses compagnons d'armes : il a passé aux Alliés. L'Empereur ne peut approuver la condition sous laquelle il a fait cette démarche; il ne peut accepter la vie et la liberté de la main d'un sujet. Le Sénat s'est permis de disposer du gouvernement français; il a oublié qu'il se doit à l'Empereur, dont il abuse maintenant; que c'est l'Empereur qui a sauvé une partie de ses membres des orages de la Révolution, tiré de l'obscurité l'un, et protégé l'autre contre la haine de la nation. Le Sénat se fonde sur les articles de la constitution pour la renverser. Il ne rougit pas de faire des reproches à l'Empereur, sans remarquer que, comme premier corps de l'État, il a pris part à tous les événements. Il est allé si loin, qu'il a osé accuser l'Empereur d'avoir changé les actes dans leur publication. Le monde entier sait qu'il n'avait pas besoin de tels artifices. Un signe était un ordre pour le Sénat, qui, toujours, faisait plus que l'on ne désirait de lui. Le bonheur de la France paraissait être dans les destinées de l'Empereur ; aujourd'hui que la fortune s'est décidée, la volonté de la nation seule pourrait le persuader de rester plus longtemps sur le trône. S'il se doit considérer comme le seul obstacle à la paix, il fait volontiers ce dernier sacrifice à la France. Il a, en conséquence, envoyé le prince de la Moskowa, le duc de Vicence et le duc de Tarente à Paris pour entamer les négociations. L'armée peut être certaine que l'honneur de l'Empereur ne sera jamais en contradiction avec le bonheur de la France ! »

Enfin, le 11 avril fut le jour de l'abdication de l'Empereur à Fontainebleau, et le 20 du même mois, à midi, l'Empereur fit ses adieux à sa garde assemblée. Il prononça ces paroles qui retentiront toujours dans l'âme des vieux soldats de l'Empire :

« Officiers, sous-officiers et soldats de ma vieille garde, je vous fais mes adieux ; depuis vingt ans que nous sommes ensemble, je suis content de vous. Je vous ai toujours trouvés sur le chemin de la gloire. Toutes les puissances de l'Europe se sont armées contre moi. Quelques-uns de mes généraux ont trahi leurs devoirs, et la France elle-même a voulu d'autres destinées. Avec vous et les braves qui me sont restés fidèles, j'aurais pu entretenir la guerre civile ; mais la France eût été malheureuse ! Soyez fidèles à votre nouveau roi, soyez soumis à vos nouveaux chefs ; n'abandonnez pas notre chère patrie ; ne plaignez pas mon sort, je serai heureux lorsque je saurai que vous l'êtes vous-mêmes. J'aurais pu mourir : si j'ai consenti à survivre, c'est pour servir encore à votre gloire. J'écrirai les grandes choses que nous avons faites ensemble. Je ne puis vous embrasser tous, mais j'embrasse votre général. Venez, général Petit, que je vous presse sur mon cœur ! Qu'on m'apporte l'aigle, que je l'embrasse aussi. Ah ! chère aigle, puissent les baisers que je te donne retentir dans la postérité ! Adieu, mes enfants ; mes vœux vous accompagneront toujours ; gardez mon souvenir. »

Ces paroles firent verser bien des larmes ! C'était à de vieux soldats qu'elles s'adressaient, à des hommes qui admiraient mais déploraient une si grande abnégation. D'un mouvement spontané et unanime, après le départ de l'Empereur, les soldats brûlèrent les aigles, et quelques-uns même, pour ne pas s'en séparer, en avalèrent les cendres.

Les corps d'officiers de la garde prirent congé de l'Empereur. Le général Krazinski, commandant les lanciers polonais, qui passait un des derniers avec son corps d'officiers, en prenant congé de l'Empereur prononça ces paroles, qui font le plus grand honneur à sa nation :

« Sire,

« Si vous fussiez monté sur le trône de Pologne, vous y seriez mort ; mais tous les Polonais se seraient fait tuer à vos pieds. »

L'Empereur quitta le même jour Fontainebleau, ayant avec lui le grand maréchal du palais, et prenant la route de Lyon, suivi des commissaires alliés, et précédé d'un bataillon de la garde, qui le suivait à l'île d'Elbe.

Ainsi finit, en 1814, cette merveilleuse période de l'Empire, commencée en 1804.

Un diplomate russe, M. de Nesselrode, disait à ce sujet :

« Que reste-t-il de ce grand drame politique? Un Gascon au Nord et un Gascon au Midi. »

Il faisait allusion au trône de Naples occupé par Murat, et à celui de Suède occupé par Bernadotte.

Que reste-t-il de ce grand drame politique?

Tous, et M. de Nesselrode lui-même, s'il s'agissait de répondre sérieusement à cette question, diraient que si l'homme extraordinaire qui a présidé à ces grandes choses a succombé, toutes les conséquences qu'il se promettait de réaliser ne se sont pas évanouies avec lui. Non, cette grande lutte de la Révolution française en faveur des idées de la liberté, d'unité, d'avenir; cette grande lutte que l'empereur Napoléon a personnifiée, comme chacun le sent d'instinct, en dépit de toutes les théories d'esprits doctoraux, froissés par une trop vive lumière; cette grande lutte n'est pas encore jugée; non, un coup de tonnerre n'a pas suffi pour la trancher ! Et d'ailleurs la France n'en recueille-t-elle pas aujourd'hui même quelques fruits? A qui donc doit-elle cette organisation admirable, cette unité puissante, qui la fait encore maîtresse des destinées du monde?

FIN DES SOUVENIRS MILITAIRES

UN CORSAIRE SOUS L'EMPIRE

UN CORSAIRE SOUS L'EMPIRE

LE CAPITAINE BLACK
DU PORT DE BOULOGNE

I

C'était en 1805, l'empereur Napoléon venait d'arriver au camp de Boulogne, où une magnifique armée de plus de cent mille vétérans des légions d'Allemagne, d'Italie, d'Égypte, attendait, et non sans impatience, le moment d'aller frapper au cœur la séculaire rivale de leur patrie.

Debout au sommet de la falaise, le héros, pensif, regardait la mer houleuse ; ses yeux semblaient suivre la course rapide des nuages poussés par le vent d'ouest et obscurcissant de leurs grandes ombres mobiles la surface moutonnée de la mer. Parfois une déchirure de la masse vaporeuse laissait entrevoir un coin du ciel bleu, et un rayon de soleil, en les éclairant subitement, paraissait faire émerger du sein des flots la blanche silhouette des côtes britanniques.

Il regarda longtemps ; sa pensée était comme errante à la surface de l'immensité océanique.

Derrière le rideau noir qui se levait du côté du couchant, qu'entrevoyait donc le regard du conquérant ? Était-ce la gloire du vainqueur d'Austerlitz ? était-ce la pâle et fugitive figure du vaincu de Waterloo, du captif de Sainte-Hélène ?

— Sire, dit en s'approchant un officier d'ordonnance, un exprès du ministre de la Marine...

— Qu'il vienne! répondit vivement l'Empereur, dont la physionomie s'éclaira soudain, et, s'adressant au messager, un jeune lieutenant de vaisseau :

— Eh bien, quels renseignements m'envoie-t-on de Paris ? Y sait-on quelque chose, enfin?

— Sire, répondit l'officier, la corvette *Égérie*, sortie de la rade de Brest après avoir réussi à tromper la vigilance de l'escadre de blocus, a été rencontrée et poursuivie à la hauteur d'Aurigny par deux vaisseaux de ligne anglais; elle a dû gagner le mouillage de Cherbourg...

— Et sa mission?... Comment ! sa mission n'a pas été remplie ?

— Les forces anglaises sont considérables, Sire; elles surveillent nos rades, nos baies, nos anses, jusqu'aux moindres criques de nos rivages ; l'*Egérie* a essayé, mais sans y réussir, d'échapper aux croiseurs. Malgré la disproportion des forces, son capitaine brûlait du désir de tenter le passage, mais les instructions formelles du ministre de la Marine lui enjoignant d'éviter tout combat, il a dû renoncer à poursuivre son expédition.

— C'est juste, murmura l'Empereur, il nous faut attendre, toujours attendre... toujours reculer.

— Pour mieux sauter, ajouta à demi-voix le lieutenant.

— Bien répondu, monsieur, reprit l'Empereur en souriant et congédiant le messager de M. Decrès, ministre de la Marine.

« Ne saurai-je donc ce qui se passe là-bas? se disait Napoléon resté seul. Qu'y a-t-il de vrai dans tous ces renseignements contradictoires qui me parviennent de tous côtés ?... Où est Nelson ?... Que font ces Anglais avec qui je gouvernerais le monde, si au lieu de m'insulter, au lieu d'ameuter l'Europe contre moi, ils acceptaient sincèrement mon alliance ? Se gardent-ils dans leur île, ou bien leur fol orgueil s'imagine-t-il que pour mes soldats la mer est une barrière infranchissable? Auraient-ils oublié l'Egypte ? Ah ! que Villaret et Gantheaume me secondent, que durant quatre heures seulement ils arrêtent Nelson, même au prix de la destruction de leur flotte, pendant la bataille la mer sera libre, et nous franchirons le détroit! »

Son regard embrassa le vaste panorama du camp qu'il dominaît et dont les tentes de toile bise s'étendaient à perte de vue en longues files symétriques. « Avec de tels hommes que ne peut-on entreprendre ? que ne peut-on oser ? »

En ce moment, un bruit sourd et cadencé monta de la ville vers le héros, comme pour réclamer une part de la victoire à venir en faveur de ces obscurs mais courageux ouvriers qui, dans les chantiers, les ateliers, les bassins du port, travaillaient jour et nuit à préparer le triomphe.

Napoléon allait parvenir à un point de la falaise d'où l'on pouvait apercevoir à la fois et la ville et la rade, quand il s'arrêta. Devant lui, debout, immobile au port d'armes, la main au turban, était un de ses mamelouks, attendant, pour parler, que l'autorisation lui en fût donnée.

— Qu'est-ce encore ? demanda l'Empereur.

— L'homme demandé ce matin par Votre Majesté est là, Sire.

— Quel homme ?

— Il se dit capitaine-corsaire...

— Ah ! bien, je me souviens, répondit Napoléon : le commandant du petit navire rentré hier en ramenant une prise faite aux Anglais... Je l'attends, en effet... qu'il vienne.

Un homme s'avança : il était de taille moyenne, vêtu d'un pantalon, d'un gilet et d'une veste en gros drap gris de fer, le tout rehaussé et relevé par de larges boutons de cuivre polis et brillants.

— Ah ! vous voilà, monsieur, dit l'Empereur, en apercevant le héros d'un combat naval livré, la veille, presque sous ses yeux, combat à la suite duquel le côtre le *Furet* avait pris et ramené à Boulogne le *Swan*, gros brick anglais, chargé de riches pelleteries du Nord... Ah ! vous avez vaillamment combattu.

Le corsaire s'inclina gauchement ; lui, l'héroïque marin qui bravait journellement la fureur des éléments, les boulets et la mitraille des hommes, qui n'avait jamais pâli pendant les plus effroyables tempêtes, se surprit à trembler et, intérieurement, s'avoua avoir été beaucoup plus à son aise la veille, pendant l'abordage du *Swan*, qu'à cette heure, en face de son souverain.

Napoléon allait donner un ordre concernant le capitaine Black, commandant le *Furet*, quand, se ravisant et revenant à son idée fixe... — Capitaine, dit-il, vous connaissez les côtes anglaises ?

— Sans doute, Sire ; avant la guerre le *Furet* faisait le cabotage entre Boulogne et le port de S'Gravesend, sur la Tamise.

— Et depuis ?

— Oh ! depuis, Sire, nous nous contentons de faire le commerce sur la mer seulement.

— Alors, vous ne savez pas quelles sont les dispositions de défense de l'ennemi, quels travaux de fortifications interceptent l'entrée des ports et couvrent les points les plus faibles des côtes ?

— S'ils se gardent bien sur mer, il n'est guère possible d'en douter, car d'ici il est facile d'apercevoir leurs croiseurs,... mais sur terre...

— Eh bien, sur terre ?...

— Sur terre, c'est autre chose... dame ! à dire vrai, je n'en sais rien...

— Ah ! vous non plus, interrompit l'Empereur impatienté, et qui reprit sa promenade sans paraître s'occuper davantage du brave marin qu'un instant auparavant il avait voulu complimenter lui-même.

Celui-ci, gêné de cette indifférence, regarda sa casquette sur toutes ses faces, la mit sur sa tête, puis la retira, la retourna dans ses doigts, l'écrasa sous son bras, et, surmontant enfin son émotion et le violent dépit qu'il éprouvait du sans-gêne avec lequel il se voyait traité :

— Sire !... dit-il.

L'Empereur n'entendit sans doute pas, car il continua son monotone exercice, interrompu seulement pas de courtes pauses pendant lesquelles il considérait, avec un orgueil certes bien légitime, l'immense flottille improvisée en si peu de temps, flottille à bord de laquelle devait s'embarquer l'armée française.

— Sire !... reprit le marin, d'une voix plus élevée.

— Comment ! vous êtes encore là ? demanda Napoléon d'un air bourru.

— Si vous y tenez, Sire, on pourrait s'assurer de la chose, répliqua vivement le corsaire, comme s'il craignait que l'ordre ne fût donné de l'éloigner.

— Ah ! et par quel moyen, monsieur ?

— Eh parbleu ! en y allant voir, répondit le marin en riant de ce que ce qui paraissait si simple, si naturel, à lui du moins, n'eût pas été immédiatement saisi par son illustre interlocuteur.

Napoléon s'arrêta, son regard sévère et mécontent éteignit soudain l'hilarité du corsaire, et ramena la gravité sur le visage des divers auditeurs de cette scène, tous prêts à régler leur contenance extérieure sur l'humeur apparente du maître.

— Sans doute, Sire, continua le marin intimidé de nouveau, si Votre Majesté veut bien m'accorder un ou deux jours... peut-être trois... on verra à se procurer des renseignements, et quand on en aura, on jasera... La chose n'est pas impossible...

— Ah ! vous trouvez, ce n'est pas l'avis de Decrès ; il est prudent, lui, le ministre de la Marine. Enfin, soit ! je vous donne vingt-quatre heures ; allez, dit Napoléon, et surtout revenez... Ah ! à propos, capitaine, quelle preuve me donnerez-vous de votre visite des côtes anglaises ?...

— Des preuves ?... mais, Sire, répondit le marin en rougissant, la parole d'honneur du capitaine Black est connue de Boulogne à Cherbourg...

— C'est vrai, on me l'a dit, et je l'avais un instant oublié. Pardonnez-moi, capitaine Black. Puis, tendant la main à celui qui venait de lui faire cette fière réponse, et qui cette fois ne tremblait plus sous son regard... Au revoir ! lui dit-il, au revoir, capitaine ; j'ai toute confiance en vous.

— Hum ! hum ! Patron, le temps se gâte, la brise fraîchit de plus en plus ; il fera cette nuit un temps à ne pas mettre un Anglais dehors... C'est égal, la partie sera bigrement amusante... Va-t-on s'en donner !... Qui faut-il prévenir ?

— Prends avec toi les matelots Jacquet et Labrue, ce sont de solides gaillards, et le mousse Bonne-Humeur, il est intelligent. A nous cinq, ce sera jouer de malheur si nous ne réussissons pas.

Telles étaient les quelques paroles qu'en revenant du camp le capitaine Black avait échangées avec son maître d'équipage François Paillot. Quant à s'inquiéter ou même à raisonner au sujet des dangers de l'entreprise, cette idée négligea de se présenter à l'esprit de l'intrépide marin ; cela regardait le capitaine, lui seul était responsable.

Paillot partit aussitôt pour prévenir Labrue et Jacquet, qu'il savait où trouver. Le premier, chez sa payse, la gentille Yvonne, vive et alerte cabaretière ; le second, à l'auberge du *Bon-Espoir*, où il jouait ses futures parts de prises, celles de la veille n'existant déjà plus pour lui qu'à l'état de vague souvenir.

Quant au mousse, constitué gardien du navire, il savait trop bien à quoi pouvait l'exposer un instant d'abandon de son poste. Si le bras de maître Paillot était long, plus lourde encore était sa main, et terriblement prompt et sûr était le bout de son pied. A cela près, doux comme le plus doux des moutons, maître Paillot, quand il ne se mettait pas en colère; mais s'il se fâchait — ce qui malheureusement lui arrivait pour le moins deux ou trois fois par jour, — c'était un ouragan.

Donc, inutile de chercher le mousse, il était à bord du *Furet*, svelte et léger sloop normand de cinquante tonneaux, porteur d'un puissant appareil de voilure qui, à première vue, paraissait hors de proportion avec l'exiguïté du petit navire. Mais tels étaient son excellent gabarit, sa parfaite stabilité sur l'eau, que cet énorme poids ne le surchargeait nullement. S'il lui fallait appuyer la chasse à un opulent *ship*, dont les flancs rebondis regorgeaient des trésors des Indes, ou bien fuir un adversaire de force trop respectable, on le voyait dévorer l'espace, tantôt couché sur les flots, tantôt en équilibre sur leur crête, ou disparaissant dans le sillon des vagues onduleuses : alors il défiait à la course les croiseurs de première marche, vaisseau, frégate ou cutter.

Sur les dix heures du soir, au moment où le reflux commençait à se faire sentir, le *Furet*, son équipage d'expédition au complet, sans aucun fanal à son bord, sortait du port en jetant à voix basse à la sentinelle du stationnaire le mot d'ordre de rigueur.

Certainement que le *Furet* méritait bien son nom : car, malgré un vent déjà violent, en dépit des lames qui roulaient furieuses les unes sur les autres avant de venir se briser et mourir sur la grève, sans prendre garde à la pluie qui alourdissait ses voiles, aveuglait son équipage, inondait son pont, il s'inclina sous sa grand'voile, parut un instant hésiter sur la route à suivre, puis, ayant pris le vent, se glissa rapide et sûr de lui vers un point de l'obscur horizon.

Une heure ou deux après, les audacieux corsaires purent reconnaître, à leurs feux qui se réfléchissaient et semblaient se jouer dans le miroir mobile et vacillant de la mer, les nombreux croiseurs, au milieu desquels ils se faufilaient avec la plus incroyable témérité, mais aussi avec la confiance la plus aveugle dans l'habileté et le bonheur de leur chef. Ils relevèrent les fanaux des nombreux postes qui surveillaient la côte, et parfois, pendant une courte accalmie, ils purent distinguer le cri de ralliement des sentinelles et des patrouilles.

Dans leur appréhension d'une descente, les Anglais avaient

garni de retranchements armés d'artillerie toutes les anses, les criques, les plages qu'ils croyaient propices à une tentative de débarquement; ils avaient élevé des tours, planté des mâts de signaux sur tous les points d'où l'on pouvait découvrir une certaine étendue de mer.

— Or ça ! mes amis, dit Black, rompant le silence gardé jusqu'alors, ce n'est pas tout, l'Empereur a douté de ma parole...

— Hein ! s'écria François, tout prêt à lancer un formidable juron.

— Chut ! pas si haut. Oui, il m'a demandé, à moi, le capitaine Black, quelle preuve je pourrais bien lui donner de l'accomplissement de ma mission...

— Comment, votre parole ne suffisait pas? interrompit le maître d'équipage... on voit bien que tous ces pousse-cailloux, ça vient de Paris...

— Ah ! patron, si c'était moi qui avais osé vous demander cela ! ajouta le mousse...

— Tu en aurais reçu une giboulée de gifles, marmotta Paillot d'une voix irritée...

— Suffit ! c'est un terrien, il ne faut pas lui en vouloir, reprit Black ; mais cherchons, et portons-lui plutôt la preuve qu'il désire ; cela fera enrager tous ces beaux mirliflores chamarrés d'or sur toutes les coutures, qui avaient l'air de se moquer de moi quand j'ai offert à l'Empereur d'aller dévisager la côte anglaise... Accoste, François, et nous, les enfants, vite à la besogne !

III

Après un temps qui lui parut bien long, Bonne-Humeur, laissé seul à bord du *Furet*, voyait revenir ses compagnons qui, aussitôt embarqués, mirent le cap sur Boulogne.

Au point du jour, les jetées étaient en vue, et de la terre on put apercevoir un sloop qui s'avançait, rapidement poussé par la marée montante ; son pavillon aux trois couleurs nationales flottait fièrement à la corne de sa grand'voile. Plus loin, aux dernières limites de l'horizon, deux autres voiles grandissaient aussi, et parfois un éclair, suivi d'une détonation affaiblie par la distance, jaillissait de leurs flancs.

Ce bruit du canon attira bientôt sur les jetées un nombre considérable de spectateurs.

— Hé, qui vient donc là ? se demandait maître Boiru, le chef des haleurs du port en voyant piquer droit sur Boulogne le sloop, que parfois une lame monstrueuse dérobait à sa vue. C'est le *Furet*, parbleu ! et il est poursuivi... Encore une niche qu'il vient de jouer aux Anglais ; cela c'est sûr.

— Le *Furet* ? reprit un matelot ; en êtes-vous certain, maître ? Le sloop du capitaine Black est dans le port, il me semble, et j'ai encore rencontré son maître d'équipage hier au soir, à neuf heures.

— La belle raison ! Est-ce que le capitaine Black n'a pas le droit d'aller se promener la nuit ?

— C'est juste… En effet, c'est bien le *Furet*, ajouta le matelot quand l'ascension du navire sur la crête d'une vague lui permit de reconnaître le gréement du sloop; mais que diable nous rapporte-t-il?

— Maître Boiru, passez donc votre longue-vue, demanda un bourgeois de la ville.

— Minute! dit celui-ci, aussi intrigué que son interlocuteur, ne pouvant, malgré le secours de l'instrument, reconnaître un volumineux objet solidement amarré sur le pont du *Furet*, et qui affectait la forme d'une caisse allongée, irrégulière et enveloppée dans une grand'voile de rechange.

— Ce ne peut être que de la contrebande, disait l'un.

— Allons donc, de la contrebande! reprenait un matelot; est-ce que le capitaine Black ne sait pas qu'on la lui confisquerait, sa contrebande, et sans la lui payer encore?

En un instant et malgré l'heure matinale, la foule des marins, des ouvriers du port et de la ville, grossit et finit par encombrer la jetée. Chacun hasarda un avis, émit une opinion, voulut placer son mot au sujet du singulier ballot que portait le *Furet*.

— C'est une épave, disait un mousse.

— Ce sont des armes pour la flottille, répliquait un quartier-maître.

— Oui, c'est cela ; c'est de la poudre.

— Des bombes…

— Un canon monstre…

— On le dirait pointu d'un côté… C'est un ponton de débarquement, reprenait un bourgeois.

— Allons donc! lui répliquait maître Boiru; est-il ignare, ce terrien; si c'était un ponton, il le traînerait à sa remorque, au lieu d'en encombrer le pont du *Furet*, au risque de chavirer.

— C'est quelque chose pour le camp, affirma un homme sérieux; on dit que l'Empereur fait expérimenter une foule d'engins de destruction. Dernièrement, un Américain est venu lui proposer de faire marcher un navire à l'aide d'une pompe à feu, et cela contre vents et marées.

Les marins partirent d'un grand éclat de rire, les soldats et les bourgeois les imitèrent sans savoir au juste pourquoi.

— Ce que vient de dire monsieur est vrai, ajouta à son tour un vieux bonhomme, à l'air respectable et qui passait pour savant... un monsieur Falton... Fulton... je ne me souviens pas bien du nom, mais peu importe... est venu, en effet, présenter à l'Empereur un projet de bateau à feu ; mais cet individu est évidemment un fou ou un imposteur, car jamais il ne viendra à la pensée d'un homme de bon sens de faire lutter le feu contre l'eau.

— Parbleu ! le vieux a raison, reprirent les fortes têtes de la foule.

— Tout cela est bel et bon, reprit le maître-haleur; mais nous ne savons toujours rien au sujet de ce que rapporte le capitaine Black... Que diable cela peut-il être?....

— Place ! place ! s'écria tout à coup la voix de Bonne-Humeur, débarqué seul à l'entrée du chenal, dont le *Furet* suivait toutes les sinuosités.

Le mousse parut sur le port, suivi d'un grand haquet que traînaient deux vigoureux chevaux, le tout requis et emprunté par lui au nom connu et admiré de son capitaine. Cependant le sloop, ayant donné dans les jetées, allait s'amarrer au fond du port...

— Bas les mains ! c'est fragile, dit Paillot en débarquant... Ah ! mais, que personne ne bouge, ou gare ! s'écria-t-il en écartant un peu rudement les officieux qui, dans l'espoir de satisfaire leur curiosité, s'empressaient pour aider au déchargement du *Furet*.

Un sourd murmure accueillit la menace du maître d'équipage, murmure qu'un seul de ses regards suffit pour faire cesser.

Pendant ce temps, Black et les deux marins transbordaient à l'aide d'une grue le mystérieux colis du pont du navire sur le haquet amené par Bonne-Humeur, pendant que celui-ci, pour maintenir les curieux à distance, faisait tournoyer et claquer son fouet.

— Pour sûr, disait un bourgeois, cela doit venir des Grandes-Indes.

— Hein !... entendez-vous ? dit tout à coup un autre...

— Quoi donc ? demandèrent une foule de voix.

— Des gémissements !... oui, en effet, écoutez... le ballot geint...

— C'est un être vivant, — un homme, — c'est Pitt qu'on a fait prisonnier.

Sans prendre garde aux commentaires, l'équipage du sloop, escortant le haquet, se dirigea vers le camp, suivi d'une immense multitude grossissant d'instant en instant et avide d'avoir le mot de l'énigme.

Bonne-Humeur, pour la possession d'une belle et large pièce blanche que fit luire devant ses yeux un bourgeois cossu, aurait peut-être cédé à la tentation de toucher un mot du secret ; mais son ange gardien, sous la figure du sévère maître d'équipage, marchait justement derrière lui ; aussi, malgré sa convoitise, le mousse jugea-t-il prudent de pratiquer le mépris des richesses.

Lorsque, ayant traversé la grande avenue du camp où son passage avait fait émeute, Black arriva au quartier général, il donna l'ordre de descendre le colis à terre, de le dresser sur la base la plus étroite, et attendit l'Empereur, déjà prévenu de son arrivée...

— Je l'avais deviné, moi, que c'était pour l'Empereur, dit l'homme sérieux en promenant sur la foule un regard de triomphe...

Celle-ci, frappée de tant de perspicacité, eut un mouvement de respectueuse admiration pour cet homme.

— Ah ! vous voilà de retour, capitaine, dit l'Empereur, qui parut dans sa tenue ordinaire semi-bourgeoise, semi-militaire, d'une extrême simplicité, et suivi de son brillant état-major tout miroitant de passementeries d'or et d'argent... Eh bien, quelles nouvelles nous apportez-vous ?...

— Sire, répondit le marin, comme le pensait Votre Majesté, et s'il faut en juger par les quelques points que nous avons pu voir, les côtes anglaises sont gardées et bien gardées. Le long des rivages croisent de nombreux navires tout prêts à signaler aux bâtiments de guerre la moindre voile suspecte ; les balises, les bouées ont été enlevées, et les feux de côte ne sont pas allumés. Sur terre, des postes nombreux et armés, des lignes de sentinelles et de vigies semblent observer la mer et communiquer avec l'intérieur.

— C'est bien, monsieur, je vous remercie...

— Ah ! mais, mon Empereur, ce n'est pas tout, s'écria maître Paillot en s'avançant et prenant la parole sans la demander, ce n'est pas tout... Vous avez douté de la parole du capitaine Black, et le capitaine Black, bien que, contre son habitude, il n'ait rien dit, a été joliment vexé.

« Or ça, mes enfants, a-t-il dit, on ne force pas la confiance de ceux qui n'en ont pas, c'est clair ; il nous faut donc rapporter une preuve de notre petite promenade d'agrément. Cette preuve, notre Empereur, nous l'avons cueillie ; la voici...

Comme le maître d'équipage terminait son discours, que Napoléon avait écouté le sourire sur les lèvres, en retenant d'un geste ses aides de camp qui, sans doute, voulaient faire comprendre à l'orateur ses épouvantables hérésies en fait d'étiquette, la toile enveloppant le colis inconnu avait été enlevée, et laissait voir aux regards ébahis des officiers, des soldats, des marins et des habitants, une guérite anglaise, garnie de son rouge factionnaire, debout, raide, immobile, au port d'armes, tout son fourniment admirablement astiqué, une tenue parfaite enfin. Il est bon d'ajouter que, dans un intérêt facile à comprendre et pour l'empêcher de se trop défraîchir, l'équipage du *Furet* avait soigneusement et proprement ficelé sa prise comme on ficelle, avant de le plonger dans la marmite d'eau bouillante, un homard récalcitrant.

Une immense explosion d'hilarité, partagée par Napoléon lui-même, des hourras frénétiques, des trépignements saluèrent le singulier produit que, selon l'expression de François Paillot, l'équipage du *Furet* avait été cueillir sur le sol anglais.

— Sire, dit Black en s'avançant, voici, avons-nous pensé, l'une des preuves les plus convaincantes de ce que, selon le désir de Votre Majesté, nous avons observé. Voici donc le poste, et voilà celui qui le garnissait, le tout en bon état.

— Je vous remercie, monsieur, répondit l'Empereur ; je me

souviendrai de vous. Duroc, dit-il en se tournant vers l'un de ses aides de camp et lui désignant les quatre compagnons du capitaine, faites que ces braves soient contents de nous.

— Vive l'Empereur! hurla François Paillot. — Vive l'Empereur! répétèrent ses compagnons. — Vive l'Empereur! redit après eux la multitude, dont les acclamations allèrent se répétant au loin jusqu'aux dernières limites du camp.

IV

Comment les quatre marins avaient-ils pu se rendre possesseurs d'un produit si éminemment national, du sol britannique ? C'est ce que Paillot racontait le soir dans la grande salle de l'auberge du *Bon Matelot de Boulogne*, où le capitaine Black donnait un plantureux souper à l'équipage, au grand complét cette fois, du *Furet*. Naturellement le maître d'équipage, les matelots Labrue et Jacquet, le mousse Bonne-Humeur en étaient les héros ; quant à la sentinelle anglaise, on avait eu la délicate attention de lui faire oublier sa mésaventure en l'invitant à prendre sa part de la fête, ce qu'elle n'avait eu garde de refuser.

— Ah ! çà mais, capitaine, demanda le lieutenant du navire, désolé de n'avoir pas pris part à l'expédition et désignant la sentinelle anglaise, nous direz-vous comment vous avez pu vous emparer de ce brave et digne homme, avec sa maison et son fourniment ?

— Peuh ! en le prenant, répondit Black.

— Ah !... c'est ce que je pensais...

— Allons, allons ! le capitaine me cède-t-il son tour de parole ? demanda Paillot ; et sur un signe affirmatif de Black : vous voulez savoir la chose, je vais vous la narrer. Bonne-Humeur, mon garçon, ouvre tes hublots, on ne dort pas à table, surtout quand je cause, c'est malhonnête...

— Je ne dors pas, maître, puisque...

— Allons ! assez causé ; ferme ton sabord maintenant.

— Je ne dis rien, maître.

— Tais-toi tout de même, ou sinon...

— Le vent sifflait, comme mille millions de vipères, commença le maître d'équipage en suivant du coin de l'œil le mousse, qui imitait ses moindres mouvements et que ce regard ramena bientôt au respect ; la pluie tombait drue et serrée, et la mer roulait comme si elle eût pris le parti des Anglais ; bref, vers minuit ou une heure du matin, nous accostions la côte, à deux milles au-dessous du feu de Folkstone ; — entre nous, les Anglais avaient eu la méchanceté de ne pas l'allumer. — A cause du mauvais temps, les hommes des postes étaient prudemment rentrés dans leurs casernes, les péniches tirées sur le galet ; quant aux vigies, il n'y avait rien à faire pour elles par cette nuit noire, et puis, si elles virent quatre hommes se promener, apparemment qu'elles ne les prirent pas pour l'armée française... Seules, quelques patrouilles faisaient semblant de circuler d'un poste à un autre, tout en soufflant dans leurs doigts...

— Et vous avez eu la chance de n'en pas rencontrer ? demanda le lieutenant...

— Si fait, une seule, d'une douzaine d'hommes. Nous brûlions de les rosser amicalement, histoire de s'entretenir la main ; mais le capitaine jugea qu'avant tout, le mieux était de ne pas faire d'esclandre. Il nous fit donc retourner sur nos pas, puis prendre à gauche, puis prendre à droite ; le diable m'emporte si, dans tous ces virements de bord, il ne nous fit pas arpenter pour le moins une bonne lieue, et dans le même cercle encore. Mais, dit le proverbe, à quelque chose malheur est bon : car notre course forcée nous amena juste sous le vent d'une sentinelle anglaise...

— Ah ! firent les auditeurs.

— Cette sentinelle, continua Paillot, s'était mise à l'abri dans sa guérite, une guérite toute neuve, en beau et bon bois de chêne, fraîchement peinte... elle fit envie au capitaine. « Quelle belle maison pour Pitt, hein, capitaine ? » dit ce flatteur de Bonne-Humeur. Pitt, ajouta le marin, c'est le chien du capitaine, et il paraît que les Anglais ont donné ce nom à un de leurs ministres, un fameux homme, ai-je entendu dire, qui voudrait nous voir, le capitaine, vous, moi, l'Empereur, l'armée, la France tout entière, à cinq cents brasses sous l'eau...

— Oh ! oh !

— Si c'est son idée, à cet homme, interrompit Black, il ne faut pas lui en vouloir, toutes les opinions sont libres ; seulement, il peut être certain que s'il veut nous avaler, nous saurons bien nous mettre en travers...

— ... Pour l'étrangler, acheva Labruc.

— Un peu qu'elle me fait envie, continua le maître d'équipage, qui venait de profiter de l'interruption du capitaine pour se remettre en voix au moyen d'un verre de cidre respectueusement versé par Bonne-Humeur. Un peu qu'elle me fait envie, mais je voudrais aussi ce qui est dedans.

— L'homme rouge ?... Suffit, capitaine... dans un instant, il verra si j'y suis... dans l'autre monde...

— Ah ! mais non, reprend vivement le capitaine, dont l'âme est bonne ; s'il est gentil, il ne faut pas lui faire de mal, et, tout bien considéré, je veux la boîte et l'homme, le tout exempt d'avaries...

— Pas dégoûté, dit Jacquet...

— Attention ! dit le capitaine. Tout doucement alors nous faisons un détour pour nous rapprocher de la guérite, dont l'occupant ne se doute de rien, pas plus qu'en ce moment, dit le marin en désignant l'Anglais, qui, la tête lourde et vacillante, glissait insensiblement sous la table. Alors, suivant les indications du capitaine, tous les quatre à la fois, par une poussée rapide, nous flanquons à terre la boîte, qui tombe et reste étendue sur le sol, l'ouverture du côté de la terre.

« L'Anglais, étonné de la chute de sa maison, qu'il attribue sans doute à un coup de vent, se débat, cherche à relever sa guérite, mais va te faire..., te promener. Jacquet et moi, nous étions assis dessus. Le prisonnier met l'œil à l'un des hublots... mais disparaît aussitôt devant un canon de pistolet qui vient sans crier gare de lui caresser le bout du nez... il en éternue de stupéfaction... il se retourne vers son autre fenêtre, mais là autre canon de pistolet aussi sans gêne que le premier, et qui cette fois lui chatouille désagréablement la tempe... Il se remue, il se

démène, il crie, il fait le diable à quatre, il va avoir l'inconvenance de réveiller ses compagnons, qui peut-être dorment dans le
poste voisin, quand le capitaine, que tout cela ennuie, lui bara-
gouine en anglais que, s'il bouge, son affaire est baclée, tandis
que tout ira pour le mieux s'il veut être raisonnable.

« Apparemment que l'énergique *goddam!* dont M. Black,
à la santé de qui je bois ce verre de cidre, appuya son
injonction, rafraîchit les idées du bonhomme, car, à partir de ce
moment, il se tint coi... Alors, bien délicatement, pour ne pas
l'abîmer, nous passons des planches sous la guérite, que nous
soulevons, ficelons et transportons sans fâcheuse rencontre et
sans le moindre accident à bord du *Furet*,... et, en route pour
France !

— Mais vous avez été poursuivis? dit le lieutenant.

— Sans doute ; on ne fut pas longtemps sans s'apercevoir de
la disparition d'une sentinelle. L'éveil fut très probablement
donné par le détachement qui venait la relever... mais, grâce à la
précaution d'abord prise de ne pas nous éloigner du rivage et de
rester, malgré nos allées et venues, à dix minutes au plus du
Furet ; puis aussi à l'obscurité, épaisse alors à couper au tranche-
lard, nous achevions notre transbordement et filions déjà, quand
retentirent les premiers cris, suivis bientôt de coups de feu et,
ma foi, d'un coup de canon... Malgré tout ce vacarme, rien
d'inquiétant... Mais au petit jour, deux gros cutters ayant entrevu
notre petit *Furet*, ont mis le cap dessus... Il ne s'en est pas
pressé davantage, et n'a eu qu'à se... rire de quelques boules qui
sont venues faire le plongeon à vingt brasses au moins de ses
bordages... Une fois sous les feux du fort du Nord, la manœuvre
d'un gros brick de guerre a donné à réfléchir aux Anglais, qui ont
disparu sans tambour ni trompette.

— Vive le capitaine Black ! hurla l'équipage, ivre de joie,
d'orgueil, et certainement aussi de cidre, de bière et d'eau-de-vie.

Chacun s'empresse autour des héros de l'expédition, et, les liba-
tions recommençant de plus belle, on vide les verres en l'honneur
du capitaine, en l'honneur du lieutenant; on boit à maître François Paillot, au quartier-maître, au matelot Jacquet, au matelot
Labrue, au mousse, à l'Anglais, au chien Pitt. au noble petit

Furet; puis la série terminée des triomphateurs, vient le tour de chacun des matelots de l'équipage, celui de toutes les prises passées, présentes et futures du *Furet*. Labrue, dans un noble élan de patriotisme, propose même de vider un verre en l'honneur de chacun des cent mille *brairs pousse-cailloux* réunis au camp. Bref, le soir en s'en retournant et courant dans les rues des bordées excessivement dangereuses pour le vitrage des boutiquiers attardés, plus d'un convive, incapable de regagner son gîte, attendit patiemment que ce gîte vint le trouver, car les marins, et en général tous les gais amis de Miss Bottle (Mademoiselle la Bouteille) ont pu s'assurer que, décidément, la terre est animée d'un mouvement giratoire.

. . . .

Un mois après, le camp de Boulogne était levé, l'armée tout entière se dirigeait sur le Rhin; elle allait traverser l'Allemagne, pour vaincre et anéantir à Austerlitz une nouvelle coalition. En soulevant l'Europe contre nous, le génie patriotique du plus fameux des ministres anglais avait éloigné de son pays l'immense péril qu'il venait de courir.

Quant au corsaire Black, oublié dans ce gigantesque pêle-mêle d'événements, les jours, les mois, les années s'écoulèrent sans qu'il vît jamais venir à lui cette brillante étoile de l'honneur que plus d'une fois il avait si bien gagnée, et qu'avait semblé lui promettre l'Empereur. Mais, philosophe comme tout vrai marin, Black, selon son expression, arrima ses espérances au plus fin fond de cale, et continua la course contre le commerce anglais, dont il devint le fléau concurremment avec le fameux Bucaille.

FIN DU CAPITAINE BLACK

TABLE DES MATIÈRES

SOUVENIRS MILITAIRES

CHAPITRE V

CHÁPITRE VI

Châteauroux. — Imprimerie et Stéréotypie A. MAJESTÉ ET L. BOUCHARDEAU.

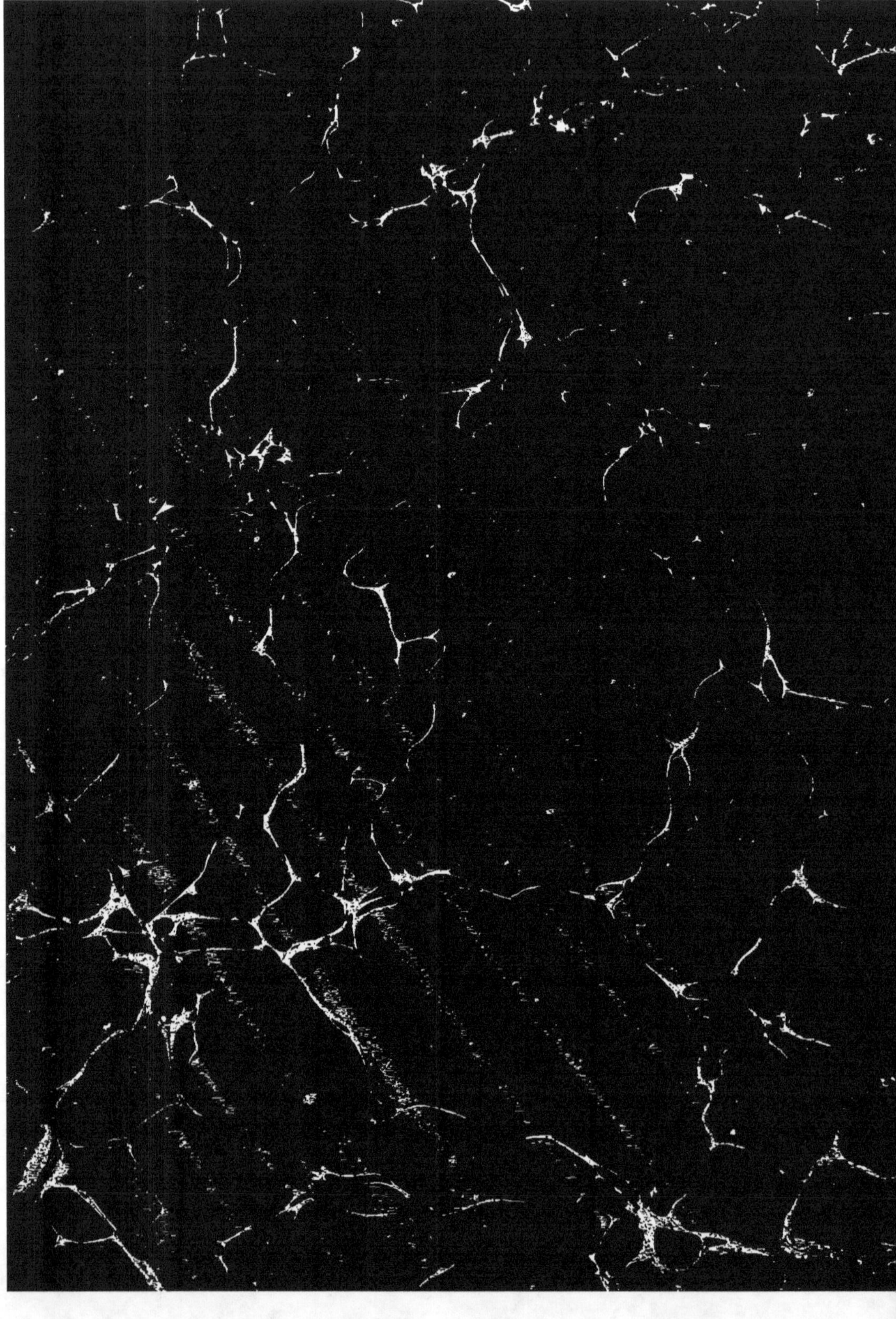

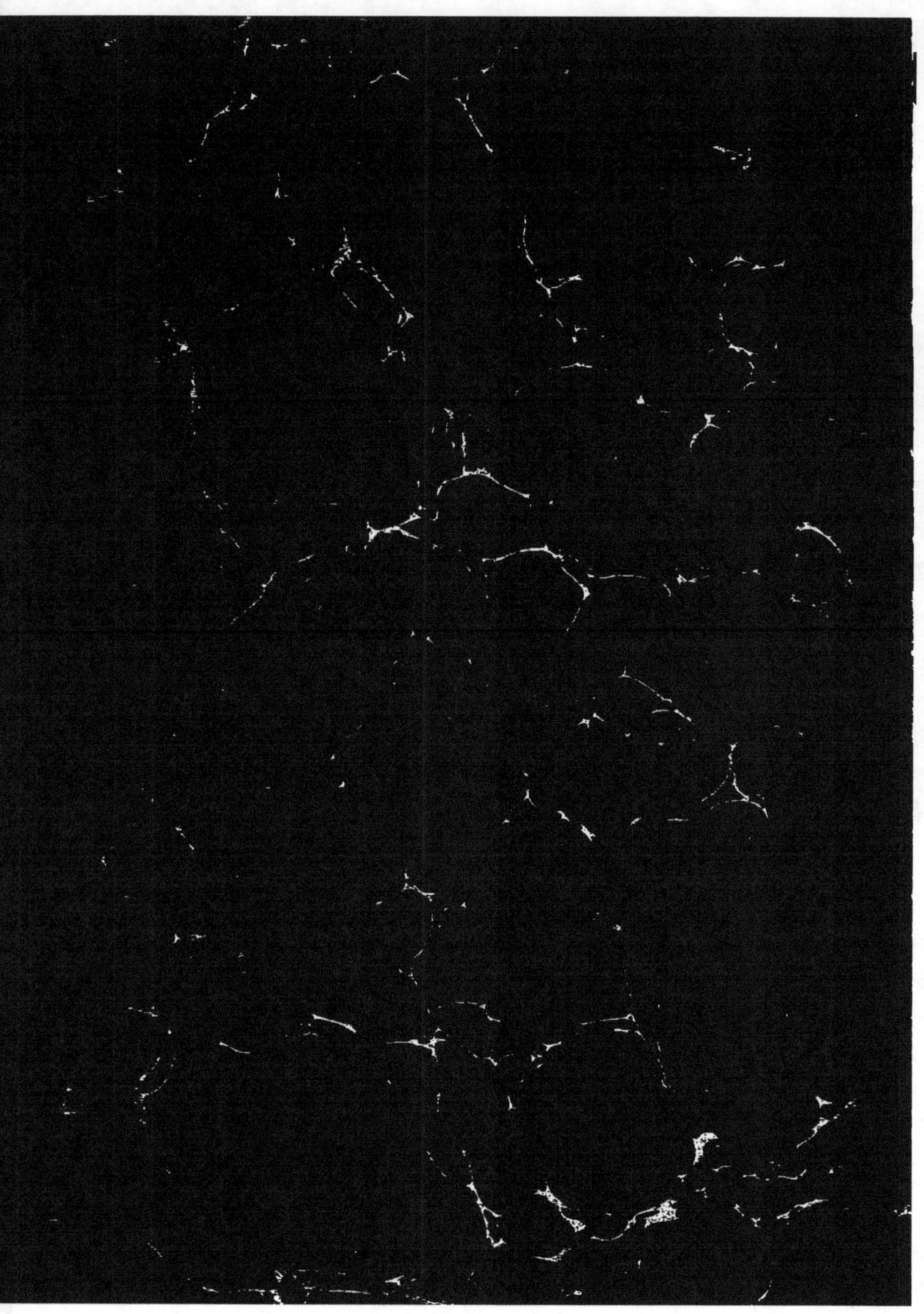

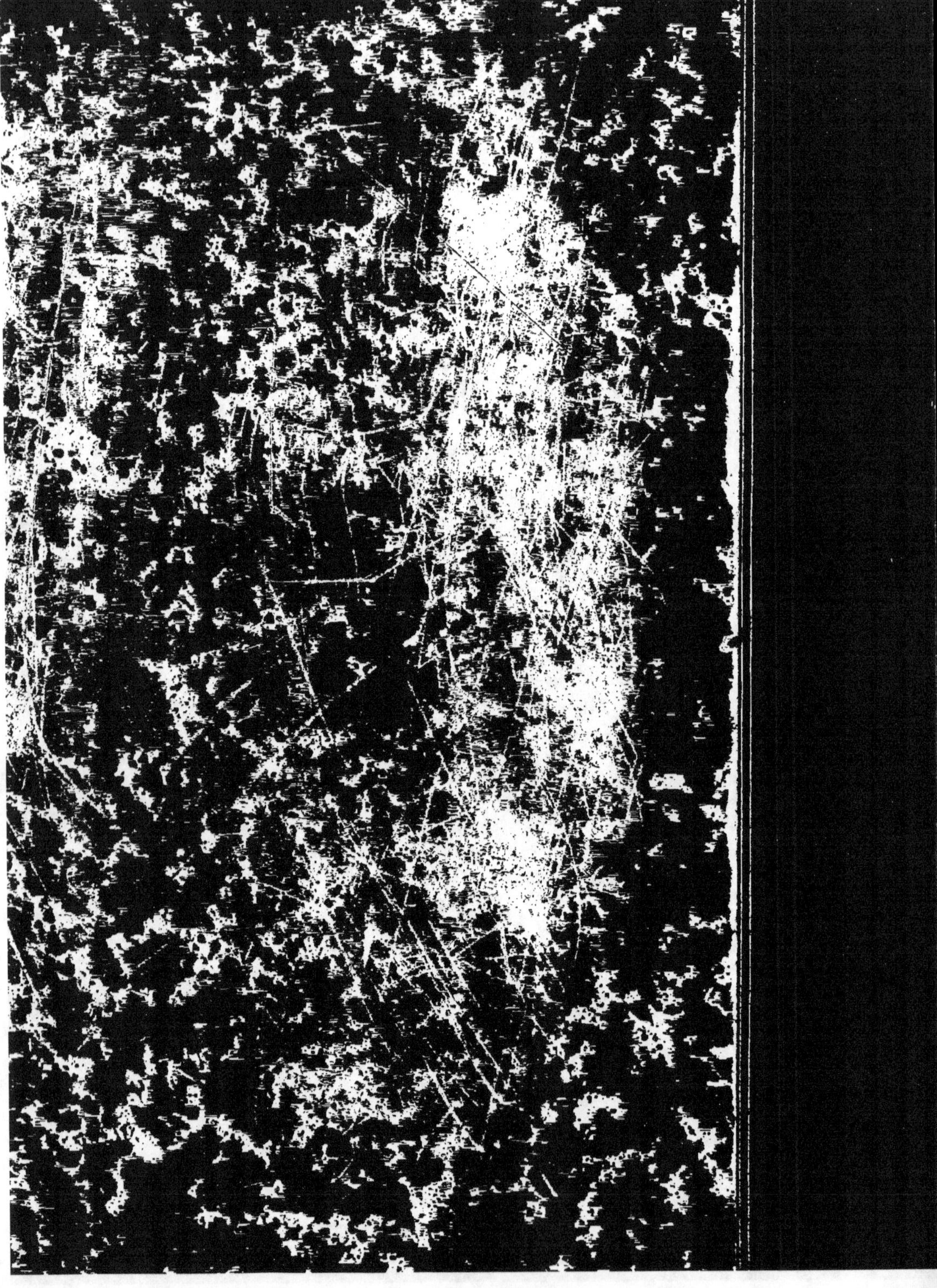

www.ingramcontent.com/pod-product-compliance
Lightning Source LLC
Chambersburg PA
CBHW071552030726
47593CB00001BA/127